关于知识价值的若干思考

余青山 著

企业管理出版社
ENTERPRISE MANAGEMENT PUBLISHING HOUSE

图书在版编目（CIP）数据

关于知识价值的若干思考/余青山著. — 北京：企业管理出版社，2019.4
ISBN 978-7-5164-1947-2

Ⅰ. ①关… Ⅱ. ①余… Ⅲ. ①知识经济学 Ⅳ. ①F062.3

中国版本图书馆CIP数据核字（2019）第076323号

书　　名：	关于知识价值的若干思考
作　　者：	余青山
责任编辑：	蒋舒娟
书　　号：	ISBN 978-7-5164-1947-2
出版发行：	企业管理出版社
地　　址：	北京市海淀区紫竹院南路17号　邮编：100048
网　　址：	http://www.emph.cn
电　　话：	编辑部 (010) 68701661　发行部 (010) 68701816
电子信箱：	26814134@qq.com
印　　刷：	北京虎彩文化传播有限公司
经　　销：	新华书店
规　　格：	170毫米×240毫米　16开本　17印张　273千字
版　　次：	2019年6月第1版　2019年6月第1次印刷
定　　价：	68.00元

版权所有　翻印必究·印装有误　负责调换

前 言

本书是对实践的反映和描述，不是对实践的设想和推测，目的是揭示知识在财富增长中的巨大作用。

哲学和经济学都来源于实践，又统一、融合、服务于实践，并在实践中相互转化、相互促进。本书的基本逻辑是从哲学认识论到经济学价值论，探索哲学价值与经济学价值之间相互转化的现象，揭示交换价值中隐藏的知识秘密，关键是非商品价值可以转化成商品价值，劳动价值、使用价值、效用价值、稀缺价值、外部价值转换为交换价值，为此，将阐述以下几个方面的问题。

1. 实践出真知，知识是劳动产品，有使用价值和劳动价值。知识有商品，也有非商品。劳动力扩大再生产必须有知识增加，否则只能是简单再生产。劳动力的差异主要是由于劳动者掌握的知识技能有差异。

2. 生产者和需求者追求的是劳动产品的使用价值，而不是劳动价值。获得商品的使用价值是交换的主要目的。使用价值的差异是由于劳动者的知识技术差异造成的；没有知识技术差异，就没有使用价值差异。

3. 交换不是价值实现的唯一方式，学习、借鉴、认同、接受、使用和吸收等也是劳动价值及其他价值实现的方式和途径。通过交换实现的价值属于商品性价值，不通过交换而实现的价值属于非商品性价值。商品和非商品可以相互转化，商品价值和非商品价值也可以相互转化。

4. 劳动产品一旦进入市场，变成商品，商品的价值就不再由生产者单方面决定，而由交换双方共同决定；其价值就不再单纯由生产商品的劳动量决定，而由商品的劳动价值、使用价值、效用价值、稀缺价值、外部价值等共同决定。

本书一般采用实证法，尽量用事例来佐证观点。

余青山

二〇一八年八月一日

目 录

第一章 实践出真知 1
第 一 节 ／ 主体与客体的互动共生关系 3
第 二 节 ／ 实践产生知识 9
第 三 节 ／ 知识丢失与失真 19
第 四 节 ／ 实践出真知的本质是劳动创造知识 21

第二章 商品与非商品 23
第 一 节 ／ 商品 24
第 二 节 ／ 非商品 29
第 三 节 ／ 非商品的游离状态 36
第 四 节 ／ 非商品与商品可以相互转化 37

第三章 劳动力的生产和再生产 41
第 一 节 ／ 劳动力生产和再生产的基本含义 42
第 二 节 ／ 劳动力简单再生产 45
第 三 节 ／ 劳动力扩大再生产 49
第 四 节 ／ 劳动力扩大再生产是人类必然 58

第四章　劳动力的使用价值及劳动力的使用　61

第 一 节 ／ 劳动力和劳动力的使用　62

第 二 节 ／ 劳动力使用价值的形成过程　70

第 三 节 ／ 劳动力劳动价值的形成过程　76

第 四 节 ／ 简单劳动和复杂劳动的几种关系　78

第 五 节 ／ 熟练劳动与生疏劳动　84

第 六 节 ／ 创新劳动的关键是知识创新和技能创新　85

第 七 节 ／ 劳动力的劳动价值的衡量　89

第 八 节 ／ 价值生产与劳动力提升统一于劳动过程中　90

第 九 节 ／ 不同劳动生产出不同的产品　91

第 十 节 ／ 使用科学技术能减轻人的劳动消耗　92

第五章　劳动的目的——获得使用价值　93

第 一 节 ／ 劳动的目的是获得使用价值　94

第 二 节 ／ 使用价值　101

第 三 节 ／ 不同的知识导致不同的使用价值　107

第 四 节 ／ 使用价值是科学技术水平的重要体现　109

第 五 节 ／ 使用价值是人类的追求　112

第 六 节 ／ 使用价值可以衡量　113

第 七 节 ／ 追求使用价值不都是拜物主义　115

第六章　物质产品使用价值　119

第 一 节 ／ 物质产品使用价值的概述　120

第 二 节 ／ 物质产品的基本分类　124

第 三 节 ／ 物质产品使用价值的基本呈现　127

第 四 节 ／ 物质产品使用价值来源于生产者的知识和技能　131

第 五 节 / 不同使用价值可以相互转变 134

第 六 节 / 被使用是物质产品使用价值实现的主要方式 138

第 七 节 / 使用价值可以衡量 141

第七章　知识的使用价值 143

第 一 节 / 知识生产的特殊性 144

第 二 节 / 知识使用价值的基本特性 147

第 三 节 / 知识使用价值具有放大效应 153

第 四 节 / 商品知识和非商品知识使用价值相互转化 158

第 五 节 / 知识使用价值的几种特性 162

第 六 节 / 知识产权保护必须科学 163

第 七 节 / 知识使用价值的衡量 166

第八章　商品的劳动价值和非商品的劳动价值 169

第 一 节 / 劳动价值 170

第 二 节 / 具体劳动与抽象劳动 174

第 三 节 / 劳动价值的衡量 177

第 四 节 / 劳动价值实现方式 179

第 五 节 / 两种劳动价值的相互转化 187

第 六 节 / 劳动价值论承认存在非商品价值 188

第 七 节 / 劳动量是劳动价值的唯一构成 193

第 八 节 / 劳动价值赋值与负值 197

第 九 节 / 创新劳动有利于劳动价值增殖 201

第 十 节 / 劳动产品与价值观的关系 203

第十一节 / 劳动价值守恒与不守恒现象 206

第十二节 / 劳动价值的"四性" 208

第十三节 ／ 劳动生产率提高与劳动价值的关系 208

第十四节 ／ 劳动价值不是人类的追求 209

第九章 知识的劳动价值 211

第 一 节 ／ 知识劳动价值的含义 212

第 二 节 ／ 知识劳动价值的来源具有独立性和社会性 216

第 三 节 ／ 知识的劳动价值实现方式 220

第 四 节 ／ 知识的劳动价值与使用价值的递增、递减关系 221

第 五 节 ／ 商品知识与非商品知识的劳动价值的实现 222

第 六 节 ／ 知识的劳动价值运动与劳动力再生产的融合 223

第 七 节 ／ 知识的劳动价值的"四性" 228

第 八 节 ／ 知识的劳动价值的衡量 229

第十章 交换价值 231

第 一 节 ／ 与交换价值高度相关的价值 232

第 二 节 ／ 交换价值实现的条件 242

第 三 节 ／ 交换类型 245

第 四 节 ／ 交换的失与得 249

第 五 节 ／ 交换价值隐含的内容 251

第 六 节 ／ 等价交换 253

第 七 节 ／ 交换双方的考虑 254

第一章 实践出真知

1965年7月26日,毛泽东在中南海接见刚从海外归来的原国民党政府代总统李宗仁和夫人时,向李宗仁的机要秘书程思远发问:"你知道我是靠什么吃饭的吗?"程一时茫然不知所对。毛泽东接着意味深长地说:"我是靠总结经验吃饭的。以前我们人民解放军打仗,在每个战役后,总来一次总结经验,发扬优点,克服缺点,然后轻装上阵,乘胜前进,从胜利走向胜利,终于建立了中华人民共和国。"(据人民网2017年3月9日。作者:张珊珍;原题:"我是靠总结经验吃饭的"——学习毛泽东的思想方法和工作方法。)其实,早在1963年,毛泽东就写下了《人的正确思想是从那里来的?》哲学名作,文中说:"人的正确思想是从哪里来的?是从天上掉下来的吗?不是。是自己头脑里固有的吗?不是。人的正确思想,只能从社会实践中来,只能从社会的生产斗争、阶级斗争和科学实验这三项实践中来。"

凡是学过马克思主义哲学的人都知道,世界是物质的,物质是运动的,运动是有规律的。物质决定意识,意识是人脑对客观物质世界的反映,意识对物质又有能动的反作用。人既是物质的,又是意识的、精神的。自然物质的运动规律常常是不变的,它们的运动常常是依规律循环往复的。但是,人的意识的运动规律似乎并没有那样循环往复的特征,而是不断向前、向前、向前的,这是因为,人的意识揭示的是物质运动规律。物质及其规律的无限性,人的实践的无限性,引导人的意识不断向前、向深、向上发展,永无止境。

实践是知识之源。人类的实践,既生产出物质产品,又生产出知识这种产品。实践就是人的劳动。既然知识是实践的产物,那么,知识就是人的劳动产物,就凝结了人的劳动量;知识可供人使用,说明知识具有使用价值。从实践的角度来说,实践出真知,知识需要在实践中检验,也需要在实践中应用。知识总是伴随着人类的实践一路地走着,它并不是先验地存在着,也并不是人类的中心。它不是人类发展的根本力量,却是人类发展的关键力量。它是人类劳动实践的产物,又反过来助力、促进人类劳动实践的发展。

第一节　主体与客体的互动共生关系

一、什么是主体、客体

主体，就是从事实践和认识的人，就是实践者、观察者、探索者。本书所指的主体是人，而不是事或物。就劳动来说，主体就是劳动者；就认识论来说，主体就是观察者、思考者。

客体，就是被实践、被观察、被探索的人或事物。客体可能是人，也有可能是事或物。就物质生产劳动来说，客体通常是土地、技术、原材料、工具及劳动产品等；就认识论来说，客体通常是被观察、被思考、被认识的人或事物，以及由此产生的认知结果等。

工人进行劳动，工人就是主体，劳动对象、劳动材料、劳动产品等就是客体。如果工人在劳动中既加工产品，又钻研加工技术，那么，技术及劳动者加工的材料、工艺、操作流程、产成品等都是客体。企业管理者进行人事管理，主体就是管理者自己，被管理的员工们就是客体。科学家们观察、探索宇宙，科学家们就是主体，宇宙就是客体。研究人员研究分析进出商场的顾客情况，研究人员就是主体，顾客就是客体。

二、主体与客体的关系

有主体就有客体，有客体就有主体。不可能只有主体而没有客体，也不可能只有客体而没有主体。

主体与客体的角色并不是固定不变的。对于不同的观察角度，主体与客体的角色可能会不同，甚至出现互换的情况。比如，观众看魔术表演，观众就是主体，表演者就是客体。但是，从表演者的角度看，表演者是主体，观众是客体。科学家们探索宇宙奥秘，科学家们就是主体，宇宙就是客体。但是，从组织者的角度看，组织科学家们进行探索的组织者是主体，天文台的科学家们作为被组织者，就是客体。作家写小说，作家就是主体，小说就是客体。但是，对于研究作家及其小说的研究者来说，研究者是主体，被研究的作家及其小说就是客体。

主体和客体可以统一于一体。自己总结自己的经验教训，自己反省自己，自己思考自己的过去、现在、未来，自己照镜子，自己给自己照相、画像，把自己作为独立的事物进行独立的观察、分析，那么，自己既是主体，又是客体。

三、主体与客体相互作用

主体与客体是一对矛盾统一体，它们之间相互影响、相互作用。

(一) 主体影响、改变客体

医生救治病人，使病人获得健康，医生这个主体改变了病人这个客体。工人做馒头，工人作为主体，改变了作为客体的面粉、面团。

(二) 客体影响、改变主体

人类在大自然、宇宙面前显得相当渺小，大自然、宇宙有它自己的运动规律，这些规律不受人类的控制。大自然给人类"制造"了许多灾难，这些灾难教训教育了人类，使人类认识了大自然的规律，学会了如何适应自然，如何规避大自然给人类"制造"的灾难等。这是客体对主体的影响。

(三) 主体与客体相互影响、相互改变

主体对客体的影响或客体对主体的影响，往往不是简单的、单向的、单纯的，而是复杂的、互动的、综合的。许多情况下，主体与客体存在相互影响、相互改变的情形，只不过存在谁改变谁更多、更显著的情况。比如，某些资本家为工人提供就业机会、使工人对资本家产生依赖的同时也对工人进行剥削压迫，在这个过程中，工人也在改变资本家，使得资本家也要依赖某些（技术）熟练工人，并不得不满足某些（技术）熟练工人的要求，因为，无论是资本家，还是工人，都是智慧动物，都知道如何认识对方、适应对方、利用对方和改变对方。

主体与客体的这种相互作用，类似物理学中的"微波推进器"原理。"微波推进器"是近几年物理学与航空航天推进器的研究热点。科学家研究表明，在某种特殊结构的腔体内制造微波，微波会在该腔体内反复振荡，并且，这种振荡会不断地自我加强，进而在一端的开口处产生强大的推进力量，这种力是由于来回振荡力差造成的。主体与客体的这种相互作用，也会产生巨大的推力，从而推动双方共同进步，推动人类发展进步。

(四) 人的主观能动性

人能够主动认识规律、掌握规律，并运用规律为人类造福。天文学家们探索宇宙规律，生物学家们探索自然生物活动规律和生命奥秘，这些实践，使得科学家们获得了对大自然、宇宙规律的认识，从而可以使人类变得更聪明，能更好地适应规律、运用规律进行新的实践。比如，人类掌握了二十四节气的规律之后，用节气规律来指导农业生产，效果不错。人类揭开某些疾病的奥秘之后，就可以研制出相应的药物来治疗疾病，为人类造福。这是人的主观能动性的体现。

四、主体实践与客体实践

(一) 主体实践

主体实践，就是主体作用于客体，按照主体的意志改造客体，从对客体的实践上获得某种成果。

主体实践包括三种情形。

1. 主体的人加工物质产品。

主体对物质的客体进行加工、改造，在实践的现场就可使客体按照主体的意志进行变化。比如，农民进行水稻插秧、施肥、除虫、除草、灌溉等劳动，每一样劳动都有具体的成果，使水稻在田地里茁壮成长，最后，农民可以收获粮食。工人在工厂里进行钢铁冶炼，把铁矿石冶炼成钢铁产品这种劳动通常会使客体在实践的现场发生运动状态、形态、成分、结构、品质、性能等方面的改变，也就是发生物理或化学方面的变化。这种改变，就是物质生产劳动成果。

2. 主体的人管理、影响客体的人。

管理者开展管理工作，使作为被管理者的人按照管理者的意志进行劳动，这种管理工作，既属于物质实践，又属于知识实践、思想实践。从管理者这个实践主体的角度看，管理者主要是运用知识、思想，从事管理劳动实践；从客体角度看，被管理者主要是在思想、意识、知识等方面受到主体的影响，接受管理者对自己发出的知识、指令等，从而改变自己的行为、表现等。因此，从这两个方面看，也可以说管理、教育实践，也是脑力劳动实践、知识劳动实践。

教师教育学生、榜样影响他人，都是作为主体的人管理、影响作为客体的人的具体例证。

3. 主体的人观察研究客体的人或事物，而不直接改变作为客体的人或事物的运动状态或形态。

主体对客体进行观察研究，探索、认识并掌握客体的运动规律，生产出新的信息、新的知识产品。比如，天文学家观察天象，了解宇宙运动信息，探索宇宙运动规律和奥秘；社会科学家观察人类的社会行为、思想活动等，探索人类社会运动规律，生产出新的信息、知识等。主体的这种实践，一般不直接、现场地改变客体，而是掌握了客体的运动信息、规律等，为今后改变客体或者为适应和运用客观规律创造条件。

主体对客体的作用、认识，属于劳动；主体对客体的作用、认识过程，属于劳动过程。主体作用于客体，通常会使主体有一定的收获，这种收获，既有物质性的，也有大脑思维认识上的、精神上的，包括信息、意识、经验、知识等。

主体通常开始是按照自己的主观意识作用于客体的，也就是按照自己的主观意识运动的，但是，当主体掌握了一定的客观规律之后，主体的这种意识和作用又常常受到客观条件和规律的限制，并且在一定程度上受到客体的引导、影响。比如，农民种植水稻，水稻种植就会受到水稻生长规律的影响，农民只能遵照而不能违背水稻生长规律。

主体作用于客体、认识客体时，主体的大脑中会留下对客体产生的某种印象。这种印象会印在主体的大脑里，在主体的大脑里产生记忆，从而使主体本身发生某种认识上的变化。比如，看到别人在路上被石头绊倒，自己走路时，就会小心；看到别人的船因触礁翻沉在那里，自己行船经过时，就会主动避让礁石和沉船。这就是客体对主体的影响，也是主体进行认识劳动的表现，是主体主观能动性的体现。

(二) 客体实践

客体有两种，一种是作为客体的人，另一种是作为主体的人所认识、改造的客观物质对象，即客观的物质世界。无论是作为客体的人，还是客观物质世界，都有自己的运动规律，在没有受到主体的影响之前，会按照自己的规律运动。

自然界有其自身相对独立、客观的运动规律。比如，宇宙会按照自己的规律进行运动，这种运动通常不受人的意志的干扰和影响。各种生物都会按照自己的自然规律进行生长、繁衍等。水稻在没有受到人的影响之前，会有自己的生长方式和规律。但是，水稻一旦受到人的影响，它的生长方式和规律就可能发生变化。

有些主体作用于客体时，客体会产生某种反应，这种反应又会作用于主体，使主体也产生反应。这就是物理学上的"作用力与反作用力"。比如，作为主体的管理者对作为客体的人进行管理，这种实践，既会产生作用力，又会产生反作用力，因为被管理的人既是客体，又在一定程度上是主体，与管理者会形成一种矛盾运动的统一体，管理者不能只考虑自己的主体性，而忽视了被管理者的主体性。人与人之间会双向影响,而非单向影响。客体的人影响作为主体的人,会使作为主体的人调整实践思路、方法、路线、策略等。

(三) 主体与客体共同的实践

就人类社会而言,如果主体和客体都是人,并且是相对着的人,比如,工人与老板、学生与老师、领导与员工,那么,这种实践及认识的统一体,就是主体与客体有着共同的实践和认识。从矛盾论角度看,他们是矛盾着的统一体,双方是辩证统一的,他们有着共同的实践,通常会产生共同的认识。这种实践和认识着的矛盾统一体,也必须是开放式的,必须从外界吸收知识、信息、能量、物质等,用开放、相融的思维对待自己与外界,这样的统一体才能形成符合双方要求的正确合理的实践和认识。

老板与工人、领导与员工,他们的工作岗位虽然有差异,但是,他们既有不同的实践,又有共同的实践;既有不同的利益,又有共同的利益,是实践和利益的共同体。他们既会产生不同的认识,也会产生相同的认识。是扩大共同利益、扩大共识,还是扩大差异,取决于他们在各自实践和共同实践中所积累、吸收、掌握、发现、发明、创造的知识、信息的差异。长期地看、宏观地看,增进共识、求同存异、寻找最大利益公约数,扩大共识和共同利益从而扩大彼此利益,应是他们共同的选项;就全社会而言,这甚至是他们和平共处的必然选项。这样的实践才能发展他们各自的利益,才符合他们共同的利益,才是有生命力的,才有可能长久。

五、劳动的主体与客体

(一) 体力劳动的主体与客体

体力劳动主体,就是有目的地从事体力劳动的人。体力劳动通常会改变事物的形态或运动状态。比如,翻开一本书、把一个面团揉成馒头的形状,就是改变事物的形态;用力摇扇子并产生风,是改变扇子和空气的运动状态。

被体力劳动施加作用的事物,就是体力劳动的客体。

体力劳动的主体只有一种,就是人。

体力劳动的客体有三种。

第一种是自然或加工后的物质,比如农作物、矿产资源、建筑物、工具等。

第二种是他人。比如,把某人从甲地背到乙地,背人的人就是主体,被背的人就是客体。但是,如果被背的人是主人,而背人的是仆人,那么,从主人的角度看，也可以把背人的人当作客体，而被背的人是主体。

第三种是自己。比如，自己进行体育锻炼，使自己具有健壮的体魄，自己既是主体，又是客体。

体力劳动者，经常在体力劳动中思考如何节省体力，如何提高或改进自己体力劳动时的动作、技能，提高体力劳动的效率。比如，农民在插秧劳动中，思考如何提高插秧的速度和质量；采矿工人在挖矿时，思考如何提高自己挖矿的效率。这种思考，有时是针对自身的动作，有时是针对劳动对象。针对劳动对象的，主体就是人，客体就是劳动对象；针对自己的动作、技能的，则主体是自己，客体也是自己，这里的主体与客体是统一的。

(二) 脑力劳动的主体与客体

人的大脑进行有目的的思考活动，就是脑力劳动。人的大脑思考的对象和内容，就是客体，人就是主体。

脑力劳动的主体与体力劳动的主体相同，都是指人。

脑力劳动的客体也有三种。

第一种是客观的事或物。天文学家研究宇宙，天文学家是脑力劳动的主体，宇宙是脑力劳动的客体。病毒学家研究病毒，病毒学家是脑力劳动的主体，病毒是脑力劳动的客体。作家写书，作家是脑力劳动的主体，书中要表达的内容信息是脑力劳动的客体。读者读书，读者是脑力劳动的主体，书中的内容信息是脑力劳动的客体。

第二种是他人。社会科学家观察社会群体及现象，社会科学家是脑力劳动的主体，社会群体及现象是脑力劳动的客体；老师教育学生，老师是脑力劳动的主体，学生是脑力劳动的客体；医生治疗病人，医生是脑力劳动的主体，病人是脑力劳动的客体。

第三种是主体自己。例如，某人为了提高自己的记忆力，经常进行记忆力训练；某人为了掌握某种知识，进行自学；某人为了改变自己的言行，提高自己的素养，进行自修。这样的脑力劳动，其主体是自己，客体也是自己。

(三) 体力劳动与脑力劳动的关系

人是受大脑支配的动物，人的体力的使用是受到人的大脑脑力支配的，是脑力劳动的结果和表现。体力劳动者并非单纯地从事体力劳动，而是需要运用一定的脑力的，需要在自己大脑意识的支配下运用一定的信息、知识、技能的。只是体力劳动者所运用的知识、脑力等，大多不很复杂。当然，即使是摇扇子这样简单的动作，人并不是一开始就会的，而是需要观察、学习，需要掌握这方面的技能的。

某人20岁之前，只看过别人骑自行车，自己并没有骑过自行车，但是，他观察过别人骑自行车，听别人介绍骑自行车的体验、经验、快乐等，羡慕别人有自行车骑。20岁之后，他才得到了一部旧自行车。车一拿来，他就骑了上去，骑了起来，骑得很稳，姿势也很对。他之前并没有骑过自行车，为什么一拿来就会骑呢？这完全是因为他之前已听闻、观察、思考并在大脑中形成了某种指令性认识思维的结果。他经常听闻、观察别人如何骑自行车，知道骑自行车的要领、技术规范等，而且，大脑里形成了正确地骑自行车的支配性思维，因此，他一骑起来，就能得心应手。

有些带有一定技术性的体力劳动，比如，木工、电工、车工、焊工等所从事的劳动，有时就有很高的技术性，一般的体力劳动者甚至技术人员都无法胜任。

(四) 实践的主体与客体

人的生命过程就是实践的过程，人的实践是不可能不使用脑力的。人的所有体力劳动实践及脑力劳动实践，都是人的实践的具体表现，都归于人的实践集合。因此，体力劳动实践的主体与客体、脑力劳动实践的主体与客体，就是实践的主体与客体，都归于实践的主体与客体集合中。

第二节　实践产生知识

人们常说，"纸上得来终觉浅，绝知此事要躬行""读万卷书，不如行万里路""深山读书，不如路边学话"，说的就是实践出真知。

一、知识来自实践

知识是人类在实践中获得的认识和经验的统称。人类的知识不是头脑里固有的，也不是凭空产生的，是来自人类的实践。

(一) 知识首先是对客体的描述

知识，最简单的含义就是知道事物、了解事物、认识事物和识别事物。人是灵长类动物，有发达的大脑、灵巧的四肢，有眼、耳、口、鼻、舌、皮肤等灵敏的感觉器官，对外界和自身的刺激有灵敏的感觉。人能观察分辨出周围环境的细微变化，能分辨、描述多种颜色、气味、声音等。2017年5月11日，美国《科学》周刊刊登的美国新泽西州拉特格斯大学进行的一项研究表明，人类的嗅觉能力并不逊于其他哺乳动物，这项研究是由神经科学家约翰·麦根领导的团队进行的。人有丰富的表情，能够用丰富的、细腻的表情表达思想，也能够细致地分辨出他人表情所表达的含义。人的一切感觉、知觉，都属于人的实践范畴，是实践的一部分。人类从实践中得到知识，首先是在实践中观察到、接触到、感觉到客体，获得客体的信息，像照相底片那样把客体的信息印到自己的大脑里，这些信息成为人脑认识、思考客体的基本元素。人脑能够借助思维、语言、肢体、图像、文字等描述客体。这就是认识论中所说的"感觉、知觉、表象"。客体是运动的，当这种运动与人的连续观察实践结合时，人的大脑就会在实践中获得客体一连串的动态信息。

(二) 知识对实践的描述

人的实践是在大脑思维支配下进行的，人的大脑思维首先对自己在实践过程中的感受、感知形成记忆、描述，对自己在实践中感受、观察到的情况形成记忆和描述。实践的一举一动，既是大脑思维支配的结果，又会在大脑思维中形成印象、形成记忆。人能重复自己感觉很好的实践，又能改进或避免自己感觉不很好的实践。正是有了记忆，有了描述，才能传播自己在实践中的感觉、感知、认识、知识，才能运用实践中形成的知识，才能借助记忆的知识重复或改进自己的实践。

(三) 知识在实践中积累

知识、信息需要积累。人的最大特点是能够积累点点滴滴的知识、信息。人有超强的记忆，这让人能够记忆很多知识、信息。科学研究表明，人的大脑有复杂的沟壑、广阔的表皮，可以记忆大量的知识信息，这就使得人类获得、拥有的知识在不断地增加。随着人所记忆的知识、信息的增多，就会出现由量变到质变的变化过程。人们常说的"聚沙成塔""积跬步以至千里""涓涓细流汇成大海"，就是这个道理。人类又把记忆积累的这些知识，进行组合、分析、演绎，从而得到新的知识、信息。没有知识的积累，就没有知识的发展、创新、进化、提高。人类总是在不断的实践中，不断地发现知识，不断地积累知识，并不断地发展知识的。人的记忆力超过其他任何动物，能够记忆和积累时间久远的知识，这是其他动物很少有的能力。某些候鸟的迁徙、鱼类的洄游，并非完全靠记忆，而是靠食物、温度等自然因素的指引，以及生命、生理周期的驱使，是一种自然现象，而非智慧现象。

积累知识，就是积累知识的力量、积累人付出的劳动量。知识的积累和劳动量的积累，就是知识力量的积累。不同的知识反映不同的规律，有不同的使用价值、不同的力量。知识越丰富，积累、吸收的劳动量越大，知识的力量就越大。科学家掌握的知识所具有的力量，不知道相当于多少普通人的力量，工程师支配的力量，不知道相当于多少普通工人的力量。

(四) 知识来自实践中的观察

观察实践，就是从现象上掌握实践的信息，把握实践的动向，吸收实践的能量。观察社会实践，就是从宏观、中观、微观等方面观察社会现象的实践，吸收社会实践的能量。我们的实践视野有多宽阔，我们吸收的能量就有多大，在观察者的大脑中形成的知识、信息就有多大的能量。宏观世界是由微观世界构成的，我们既要注重观察宏观、中观世界，又要注重观察、探索微观世界，见微可能知著。

(五) 知识来自实践中的探索思考

客观事物在被人类改造之前，总是以自己的自然状态呈现出来，而不是以主体期望的状态呈现出来。树并不知道自己称为树，是人称它为树；地球并不知道自己叫地球，而是人称它为地球。如果人不对客观事物进行观察、感知、认识、记忆、分析，那么，客观事物永远保持它自己的运动状态。只有主体的人去认识它，揭示它的内在规律，赋予它主体的含义，那么，客体才会在主体面前呈现出其"文化""知识"的一面。

我们每个有眼力的人，都看到过太阳、月亮、星星，但是，并不是我们中的每个人都知道它们的运动规律，只有那些天天观察它们、研究它们的天文学家才知道它们的运动规律。天文学家主动探索、思考宇宙的运动规律。他们不仅自己探索，还要吸收前人的探索成果，还要相互交流分享各自的观察、思考、探索、研究的成果，从而使人类能更全面地、更持续地、更科学地掌握宇宙运动规律。

人类的知识是在实践中不断积累、发展、进化、提高的。各个国家到底该建立什么样的社会制度，需要各国人民长期实践、探索才能得出正确的认识。

现代医学中的器官移植技术，是科学家们经过无数次的动物试验、临床试验，克服了配型、排异、血管和神经缝合等难题之后，才逐渐走向成熟的。没有他们持续不懈的探索，就没有技术上的成熟。

热爱生活、热爱探索知识的人，把每一次出行都当成一次欣赏美景、搜集信息、了解情况、学习探索思考知识、增长知识见闻、传播知识和正能量、树立好形象、提升和扩大自己的品牌影响、增进感情友谊的活动。

随着劳动实践的持续，知识信息不断在人脑中积累，最初的感觉、知觉、表象在实践中不断地、反复地积累、综合、交叉、重叠、验证等，众多的知识在知识与知识之间、知识与实践之间又不断地发生着复杂的"物理和化学"式的反应、变化，在人脑的思维中发展成为概念、判断，最后，又上升到推理阶段。人类的知识、思想、意识全部来自人在实践中对事物的感知，这是人的意识最基础的元素。不经过实践，人类就不能接触、观察到事物，就无法感知、感觉事物；不产生感知，人类就无法在自己的大脑中形成信息。正是人有发达的大脑，才能够把自己在实践中所感知的事物转化成信息并加工成知识。人类的知识、认识没有不反映人在实践中对事物的感知、认识的。在实践中对事物的感知、认识是人类一切精神、思想、知识的来源。

在实践中，人类产生了好奇心，产生了求知的渴望。在这个好奇心和求知渴望的驱动下，人类又开始了新的实践，并在新的实践中产生了新的知识。比如，美国科学家对睡眠与工资收入的关系这个看上去很偏的课题进行了研究，他们发现，睡眠充足者的工资通常比睡眠不充足者的高。

(六) 规律性

知识是人对客观物质及其运动特点、内在外在规律的揭示和描述，体现的是客观性和规律性，是可以重复和复制的。只要某种物质或物质现象存在，那么，它的规律就会存在，就会重现。物质和物质现象如果不是一次性的存在，它的规律就不会是一次性的存在。只能一次性出现的，就不是规律。知识可以复制是因为规律可以重复。

(七) 普遍性

物质是构成世界的普遍成分，物质现象是普遍存在的现象，规律伴随物质及其现象而存在。物质在何时何地存在、呈现，其内在和外在规律也就会在相应的地方和时间呈现，人类发现、揭示的相应的规律就会相应地适用。物质及其运动普遍地存在，那么，反映、揭示其运动的规律也就会相伴相随地存在，人类发现、揭示的相应的规律也就普遍适用。规律的普遍性是物质及其运动普遍性的体现，是知识可以被复制、可以普遍适用的客观基础。

(八) 认识的局限性

1. 片面的实践产生片面的认识。

人的实践是有局限、缺陷的。有什么样的客观实践条件，就会影响什么样的实践与认识。比如，"盲人摸象"的寓言故事正是阐明这点。几个盲人之前没有见过也没有听说过大象。一天，他们听说有人牵着一头大象经过他们的身旁，就想摸摸大象，了解大象长得什么样。他们摸了之后，就各自描述自己对大象的感知。有的人说大象像一根粗大的柱子，有的人说大象像一把大扇子，有的人说大象像一根粗绳子，还有的人说大象像一堵墙。这是由于他们都只摸到了大象的一部分，而没有摸到大象的全部，产生的都是片面的感觉和认识。比如，井底的青蛙说天只有井口那么大，而生活在井外的小鸟则认为天比井口大多了。过去，人们认识宏观宇宙，没有更强大、先进的望远镜，对宇宙的认识有当时的局限性；现在所拥有的望远镜比过去更先进、强大，人对宇宙就产生了新的认识。过去，人们进行微观研究，只有一般的光学显微镜，没有更先进的电子显微镜；现在有了超级先进的电子显微镜，产生的认识也就进步多了。过去人们看天气，只能依据人的肉眼进行地面观察和经验判断，现在有了气象卫星，以及许多地面观测设备，就可以从地面和天上两个方向看天气。条件发生了变化，上了台阶，有助于人们的研究和认识上台阶。有什么样的实践，就产生什么样的认识。比如，从事农业生产的农民，会对庄稼产生基本的认识，而无法在农业生产实践中产生对冶炼钢铁的基本认识；从事钢铁冶炼的工人，会对钢铁产生基本的认识，而无法在炼钢实践中产生种植庄稼的基本认识。实践在什么样的水平上，认识就在什么样的水平上。比如，在细胞研究实践水平阶段，科学家们产生了细胞研究实践水平上的认识；而到了基因研究阶段，人们就会产生基因科学实践水平上的科学认识。不同的实践导致人的认识是有局限的，甚至有缺陷的。没有完美的认识，只有不断接近完美的认识。人类需要反省、反思，并在反省、反思中不断修正、完善、提高自己的认识。比如，对战争的反思与反省，就是人类走向和平的必要条件。

2. 系统的、全面的实践产生系统的、全面的认识。

要形成系统的、全面的、整体性的知识，往往要经过一个较长时间、较广范围的实践。比如，一个新思想是不是真理，不能只看一时一地一事的应用，而要看能否在更广阔的范围、更长的时间、更宽泛的领域内得到应用。一次小的胜利不算胜利，只有长远地、更大范围地取得胜利，才算胜利了。一时一地一事的成功，可能只有特殊性，而不具普遍性。比如，有的科学实验在实验室是成功的，而在实际应用中却不成功，原因可能是多方面的。知识来源的实践范围越广、时间越长、整体性越大，知识的系统性、全面性、整体性、适用性就越强。

系统的、全面的知识，通常不是由一个人、一时一地独立完成的，而是由广大人民群众在长期的、共同的、广泛的、系统的实践中，共同完成的，是经过反复实践和反复检验才形成的。

(九) 失败是成功之母

失败或失误，可以转化为经验、教训类知识，可以排除某种确定性或不确定性，可以激发人类的再实践、再探索、再创新，从而有利于人类的知识与实践的进步。正如中国人民解放军国防信息学院夏新民所言，失败之后的反思，能提升"预见力、管控力、应变力、判断力"（见《中国社会科学网》2017年1月16日转《解放军报》文章）。许多知识需要经过失败和挫折才能获得，所谓"失败是成功之母""吃一堑，长一智"，就是这个道理。爱迪生在寻找电灯泡发光的合适材料时，选择了几百、上千种材料，做了几百、上千次的材料发光实验，其中，大量的材料在实验中被否定了，只有钨丝才是最合适的材料。正是之前的几百、上千次的否定和失败，排除了许多不合适的材料，积累了材料发光方面的信息和知识，最终寻找到了钨丝。之前的否定和失败中含有的劳动和知识都融入了最后成功的结果之中。

(十) 知识在实践中得到检验、修正

很早以前，人们只知道天鹅是白色的，没有人看到过黑色的天鹅。但是，有一天，人们发现了黑色的天鹅，从此改变了"天鹅只有白色的"的片面认识。

很久以前，人们并不知道地球是圆球状的，人们甚至认为地球是平面的或是立方体状的，人们还以为地球是宇宙的中心，太阳是围绕地球转的。随着人类实践的不断发展、积累，航海技术、数学、物理科学、天文学等也不断发展，特别是中国发明的指南针广泛应用后，人们发现，地球其实是圆球状的，宇宙是广阔无垠的，太阳系是巨大的，地球只不过是太阳系行星中的一颗行星，是围绕太阳转的。

(十一) 知识发展的线性与非线性

总体上看，知识发展遵循"实践—认识—再实践—再认识—知识不断提高"的线性发展规律和路径。但是，由于实践的发展性和丰富性、资源的丰富性和变化性、知识的隐蔽性和无形性以及认识的有限性和发展性等，导致有些知识的发展从外观上呈现出不确定性，存在非线性和离散性。对于同一主体、同一知识，线性特征较为明显，而对于不同主体，非线性特征则较为显著，所谓"士别三日，当刮目相看"就有这个意思。不同的人，学习的方式方法不同。有的人学习行为较为显著，其获得的知识也呈现出较为显著的线性；而有的人学习行为并不显著，其获得的知识也就呈现出"非线性"特征。出现这种情况，有时是由于外部性不足或观察不细致造成的，有时是由于实践的丰富性和非线性发展造成的。我们不能用知识的线性发展规律来否定知识发展的非线性、离散性现象的存在；当然，也不能因为非线性、离散性现象的存在，而否定知识发展的线性规律。

二、实践的一举两得、一劳两收

实践产生知识，这是就总体情况、普遍情况而言的，具体情况则需要具体分析。有些情况下实践是产生知识的，有些情况下实践并不产生知识。

(一) 个体实践的一举两得、一劳两收

个体实践可带动、组成、汇聚、集合而成社会实践，因此，个体实践相当重要。

学生学习也有同样的情况。学习认真的学生，不但学到了知识，考试成绩也好，会得到老师的表扬和同学们的羡慕、尊重，自己的心情也会很好。相反，学习不认真、考试成绩差的学生，什么收获也没有。当然，有的学生学习成绩不好，但其他方面表现优异，比如，有礼貌、善交友、情商高、与同学关系好、有其他方面的特长等。

(二) 社会实践的一举两得、一劳两收

由社会群体共同进行的实践，称为社会实践。社会实践离不开个体实践。社会实践产生社会认识。社会物质生产实践，既能生产出物质产品，同样还能生产出社会知识、思想等精神产品。社会实践既改造客观物质世界，同时也能改造人的主观精神世界。社会实践就是大数法则、集合法则下的个体实践，个体实践的偶然性、特殊性汇聚成社会实践的必然性、普遍性。在个体实践中表现为偶然性的，其在社会实践中则表现为必然性。尽管个体实践本身有完整的阶段，但是，社会实践仍然由相互关联的个体实践组成、汇聚。当社会群众进行共同实践的时候，无论是个体，还是群体，都会外溢出许多信息。这些信息，不是天然的，而是社会共同实践的结果，它同个体实践一样，是劳动产品。从这些信息，可以判断社会群体甚至个体的实践情况、状况等。比如，改革开放以来，中国大量的农民持续地离开家乡土地，外出工作，这方面的信息就是社会群体实践信息，是社会群体实践的结果。分析这方面的信息，可以从中了解到推动农民工流动的因素、动力、分布等许多新的信息，也就是得出某种调查研究和分析判断的结果，这个结果是知识性的。准确、及时、全面地掌握这方面的知识、信息，又有利于指导中国在社会、经济、政治、文化、教育等方面的科学决策与建设。

(三) 一举两得、一劳两收的特性

1. 一举两得、一劳两收，是在同一次劳动过程中，既获得了物质产品，又获得了精神产品。

对普遍劳动者来说，是指在一次劳动过程中，在利用相同的劳动对象、劳动资料、劳动工具、劳动条件、劳动时间、劳动方式、目的、形式、形态、资源的过程中，既获得了劳动报酬，又获得了知识、信息、技能等。这种劳动，与只获得劳动报酬的劳动相比，并没有额外增加多少人类的劳动量，并没有额外增加多少人类资源的消耗。这种劳动，其物质产品所消耗、凝聚的劳动量，与同时获得的知识产品所凝聚的劳动量几乎是相同、相等的。

2. 一举两得、一劳两收是利于人类发展的。

一举两得、一劳两收是符合人类发展需要的，可以节约人的劳动，提高人的劳动效率，是有利于人类发展的，因此是正义和高效。如果只有一劳一收，那么，就是对人类劳动的浪费。一举两得、一劳两收，使得人类劳动的收获更大了。

也许有人认为，体力劳动与脑力劳动是两种不同的劳动方式，为什么把劳动中消耗的体力劳动和脑力劳动看成是"一举"劳动，而不认为是"两举"劳动呢？实际上，前述的"一举"劳动，是体力劳动与脑力劳动的融合，而不是完全独立的两种劳动方式，而且，体力劳动本身就不能脱离脑力劳动而存在。即使是那些被蒙着眼睛拉磨的驴子，也不可能不用脑子。这与钢琴家可以蒙着眼睛弹钢琴、打字员能够蒙着眼睛打字一样，他们都是完全凭自己的大脑记忆和思维支配动作的。眼睛只是观察感觉器官，它有利于大脑思维，却不是大脑思维器官本身，也不是支配肢体的器官，不具有大脑的思维能力，不能代替大脑这个思维器官。肢体的行动是受大脑支配的，而不是受眼睛支配的，眼睛只是为大脑思维提供了精准信息原料，使大脑思维和支配更正确。

三、人的主观能动性

人的认识与人的实践是互馈的，并非单一的流向决定的。人在实践中产生认识，认识又在一定程度上指导人的实践。人能够主动地认识规律、探索规律，并主动地运用规律改造世界，为人类造福。比如，一个人行走时，能识别物体，知道路中间的物体会挡住自己的去路，就是在实践中产生的认识；人又能主动避让物体，绕开物体前行，这就是人的主观能动性的体现。

强大的水力能够冲毁山体、房屋，淹没农田，给人类造成灾害，但是，如果科学利用水力，是能够让水力为人类造福的。修筑堤坝，把洪水拦蓄起来，并把洪水引向水力发电机，用于发电，那么，强大的水力就会源源不断地为人类制造清洁能源。核裂变会产生巨大的能量，如果控制不当，会给人类造成灾难。但是，如果能够有效控制核裂变，那么，强大的核能就会造福人类。核电、核医学、核农业等都是核裂变给人类创造的福利，都是人类发挥主观能动性的表现。

人类所运用的一切科学技术，无一不是人类发挥主观能动性的体现，都是人类主动应用的结果。科学技术发明出来是一码事，而运用好科学技术又是另外一码事。发明、发现的技术不去运用，就是劳动及劳动成果的白白浪费和流失。只有把发明创造出来的知识、技术运用好，才能造福人类。

四、实践在知识应用中发展

实践产生知识，知识又被应用到新的实践中，使得新的实践与旧的实践有很大的发展进步。比如，2017年3月中央电视台报道了一则新闻，一位名叫郭磊的青年人辞去了中国驻以色列外交官的职务，开始了自己的回乡创业历程。他创办了华以农业科技公司，把以色列的农业设施引入中国潍坊。一开始，他是完完整整地把以色列的设施全部引进过来。但是，他在使用推拉泡沫床时，发现推的一边容易与拉的一边发生错位和碰撞，不但导致泡沫床破损，还影响劳动效率。于是，在第二期工程中，他对该设施进行改造，在中间加一道隔板，从而在推拉过程中不会产生错位和相互碰撞，损耗大大降低。并且，他结合中国的地形和气候特点，将以色列的高架式结构，改为下挖式的通道结构，这也大大降低了投资成本。他在之后的几项工程建设中，都把从之前的实践中得到的经验、知识等应用到新的工程建设实践中，从而促使新实践更完善、更高效，并使新实践在应用中得到了新发展。

五、实践与认识的层次性

认识是有层次的，一般是由表面的认识到深入的认识、由感性认识到理性认识、由简单的认识到复杂的认识、由低层次认识到高层次认识的不断发展、进化的，即由表及里、由浅入深、由低到高发展进化的。由于人的实践受到大脑支配，人的认识对人的实践有能动的指导作用，这导致实践也具有层次性，也是从表面向深入、从简单向复杂、从低级向高级不断发展、进化的。每一次实践，会产生新的认识，这个新的认识，又能指导人类进行新的实践，从而使新实践在更高层次上进行。在新实践的基础上，人类又不断探索、产生新知识，这个新知识又能指导更新的实践，使这个更新的实践较之前的实践又有新的发展、进步。人类的实践，就是在"实践—认识—提高—再实践—再认识—再提高"的路径上无限发展、螺旋上升的。

以移动通信技术为例。移动通信一开始是模拟信号，之后出现第一代数字技术，之后又经历了第二代数字技术，现在普遍使用的是第三代、第四代数字技术，正向第五代数字技术发展。现在的技术与移动通信初期的技术相比，数据处理能力更强大，传输速度更快。过去，下载一部电影需要一个小时甚至更长时间；现在，只需要一眨眼的工夫就可以解决。过去，用手机看电影、看电视，总是需要缓冲，很不流畅；现在，随时随地都可以流畅地看电视、看电影等。这得益于科学家们在科学技术实践中不断推动科学技术的发展进步和升级换代。技术升级换代了，我们的应用实践也就随之升级换代了，这就是技术升级带动了实践的升级。

社会实践也是如此。人类从迷信封建皇权、迷信上天的社会，进化到崇尚民主、唯物辩证、科学推动、创新驱动的社会，是人类认识和实践上的巨大飞跃，是社会认识和社会实践的升级换代。

知识发展的层次性不仅是实践发展的层次性的体现，也是人类社会发展的层次性的体现。

第三节　知识丢失与失真

知识失传、失真是普遍现象，而非特殊现象。

一、某些人的实践可能产生不出知识

前面，谈到了实践的一举两得、一劳两收情况。但是，也有"一举一得、一劳一收"的情况。

如果劳动者不注意收集劳动实践中发现的知识信息，而是只收获物质产品，忽视了劳动实践中产生的知识信息产品，抛弃了知识信息产品，丢失了知识信息产品，那么，就是自己抛弃了自己的劳动产品、劳动成果。这样的实践也很难产生知识。举一个例子。父母都很爱自己的孩子，精心养育自己的孩子，都时时刻刻关心自己孩子的成长，可是，又有多少父母记录了自己孩子每一天的成长情况呢？孩子每天长高了多少、吃了什么食物、体重增加了多少、他们每天都穿了些什么衣服、什么时候开始会说话、什么时候开始会走路、什么时候能独立思考问题、都是些什么问题、他是如何解决这些问题的，等等。这些问题都是在养育孩子的实践中所呈现出来的信息，我们是否都记录、记得、记住了？恐怕绝大多数的父母对孩子都是"粗放型"地养育，而把这些对养育好孩子有帮助的好信息、知识产品都丢弃了。

二、某些人的实践可能产生不出真知识

无巧不成书，实践的丰富多彩性远远超过作家们的想象和创作。现实所呈现出来的图景、现实中所发生的事情，远远超过所有文学作品的描述。知识的初始状态就是客体在人脑中的印象、写真的信息。人脑如同照相底片，可以照下客观事物，可以记录实践中所见所闻所思。如果镜头的焦距没有对准，照出的像也是模糊的。平静的水面，可以清晰地照见蓝天白云。如果水面起了波浪，就无法清晰地照出蓝天白云。比如，我们经常要学习新知识、接受新信息，久而久之，就忘记了旧知识、旧信息，如果能把记忆的知识、信息变成文字等，由书等客观物质性载体承载，就不再怕知识、信息被遗忘了。

人的大脑在反映客观情况时，也会产生类似的失真情况。一是实践不全面，导致知识不全面，如盲人摸象，出现片面的情况。二是实践的不深入，导致知识本身发展的不足，还不成熟，从而推导出错误、扭曲的知识。比如很早之前，人类以为地球是宇宙的中心，太阳绕着地球转。三是生命和实践的短暂性而非持久性，导致知识的片段性、不科学性。只有持久的实践，才能产生科学的知识。四是一种知识掩盖、遮蔽、淹没另一种知识，导致真知难现。

全面的实践能得出全面的知识，片面的实践得出片面的知识。片面的知识、失真的知识，就是愚昧的知识。愚昧的人掌握了愚昧的知识，会做出愚昧的行为，干出愚昧的事情。

世界是矛盾的，矛盾有着既对立、又统一的两方面。我们看待问题、了解情况，不能只站在矛盾的一个方面，而应当站在矛盾的两方面、从两个甚至多个角度了解情况，看待问题。兼听则明，偏听则暗。要学会设身处地、换位思考。

矛盾有着普遍性，是普遍存在的。所有事物都存在矛盾。我们不但要学会站在某一矛盾领域看问题，还要学会跳出某一矛盾领域，从广泛联系的领域，了解其他矛盾情况，看其他矛盾是如何解决、如何发展、如何变化的。要学会从外界吸收解决矛盾的办法和智慧。

我们分析企业家与工人之间的矛盾关系，不能仅仅站在工人的角度和立场上，还要站在企业家的角度和立场上，站在两者是辩证统一体、利益共同体的角度和立场上，站在大市场的角度和立场上，站到全社会的角度和立场上，站在发展的角度和立场上，只有这样，才能得出较为客观、公正、科学的观点。我们不能仅仅看到单一矛盾，而要看到更多、更复杂的矛盾；不仅要看到企业家与工人，还要从全社会的角度，看科技劳动者、政治劳动者以及其他社会劳动者与企业、与工人之间的内在联系。要把矛盾放到更广阔的领域去分析，才能得出科学的观点，才不至于使知识失真。

三、知识失传

知识或被人掌握，或被物质产品记载。如果知识只掌握、储存在个别人的大脑里，当掌握、储存它的人遗忘了知识，知识就失传了；如果此人离世了，那么，知识也会随着人的离世而失传。如果知识只被单件物质产品如某一本书所记载，如果该书因为某种原因而被毁灭，那么，其所记载的知识也会因此而被毁灭,从而导致知识失传。

四、旧知识被新知识淘汰

知识失传还有一种情况,就是因为知识的进步,旧的知识不断被新的知识所替代、落后技术不断被先进技术淘汰。比如,过去人们所普遍应用的活字印刷术,被现代激光照排技术的发展进步所替代、淘汰。人类在不断创造新技术、淘汰旧技术。人类的发展过程,就是不断创造新技术、新知识,淘汰旧技术、旧知识的过程。

五、知识与实践的回溯、时空穿越

随着时间的流逝和实践的发展,人类总是不断由低层次向更高层次发展进步的。在这个过程中,总会淘汰落后的技术和落后的生产、生活方式。今天的人类,回过头去看历史,总觉得历史是那样的神奇、不可思议,或者是那样的落后,甚至那样的艰辛、苦难。但是,人类都是从历史中走过来的,无论历史是什么,都是人类所经历的,人类没有跳过自己的历史,而是经历了自己的历史。历史就是人类所走过的道路。那些我们今天看来落后的技术,都曾经是人类的先进技术,都是人类曾经为之追求、为之欢欣鼓舞、引为骄傲自豪的技术。比如,2000多年前的一些铜铸文物,在今天来看,都会让人感叹其做工是那样的精巧、结构是那样的复杂,以至于今天的人想复制都是相当困难的,都不知道古人是如何制造出来的。今天的人不懂古代的技术,要花很大的精力去研究古代的技术,去研究当初人是如何制造它的。但是,在2000多年前的科学技术和社会物质生产力背景下,制造这些"文物"的技术是当时很多普通人都能够掌握的。为什么今天的人不懂得古代人的技术?这是因为,人类已发展进步了,时间和实践已久远了,昨天的技术已不再使用,失传了。对于失传了的技术,人类想再现它是非常困难的,因为整个社会的条件都不同了。

第四节 实践出真知的本质是劳动创造知识

实践出真知的本质是什么?从前面的分析中可以看到,知识、信息、经验、数据等,都不是天然的产物,不是凭空而来的,不是头脑里固有的,而是由人在劳动实践中创造的,是人的劳动产品。拥有知识、信息、经验、数据等，就拥有了劳动产品。人的劳动实践创造了除自然界外的一切。知识凝结了人的劳动。实践出真知的本质是：所有知识都是劳动产品，有使用价值和劳动价值；只有人的劳动实践，才能创造出科学知识、真理性的知识。没有劳动实践就创造不出科学知识、真理性的知识。实践越扎实，知识就越扎实。实践越丰富、持久，知识就越真实、完整，就越接近于真理、科学。

第二章 商品与非商品

商品与非商品是人类社会普遍的经济学范畴，是人类社会财富的全部。

第一节　商品

一、商品的基本含义

(一) 基本概念

商品是指用来交换的劳动产品。凡是需要交换才能得到的产品，就是商品。交换，就是双方拿出各自的产品来进行互换。

(二) 属性

1. 必须是人的劳动产品，不是劳动产品，就不能作为商品。

2. 必须是由人占有的物品。

人的劳动产品，如果不被人占有，而是没有人占有，就不能成为商品。天然之物，只要被人合法占有了，有处置权，可以拿去与他人进行物品交换，就可以变成商品。被占有的天然物品，也可作为商品进行交换。

现实地看，占有也是人类社会的一种劳动行为、一种实践行为，是从人类社会的价值角度，发现事物对人类的价值，使事物进入人类社会的价值体系。占有通常有具体的占有行为，比如插旗、看护、收藏、保管、告示等。占有者也要花费一定的占有、看护的精力和劳动，要考虑占有是否合算，是否有能力、有财力、有权力去占有，能否确保自己的占有权得到他人、法律的承认。

天然资源占有权的具体形成是相当复杂的，是多种因素及长期实践的结果。比如，合法占有某块土地。土地并不是人的劳动产品，但是，随着社会实践的发展，社会契约不断形成和完善，土地价值有赖于人的发现、保护和宣告，土地资源的稀缺性逐渐显现，合法占有土地成为社会契约的一部分。合法占有权是人们在社会实践中派生出来的一种权利，它不是凭空而来的，它同样是实践发展的结果。没有社会实践，就没有社会契约，就没有对天然资源的合法占有权。不同的社会契约，是不同的社会实践的结果。社会契约，也会随着社会实践的发展变化而被调整、修改甚至废除。

3. 必须具有可使用性。

商品必须具有可供人使用的属性。不能供人使用，没有使用价值，就不能成为商品。可使用性是商品本身必须明确具有的属性。

4. 必须能够满足人的需要。

一方的商品必须对交换对方具有使用价值，能够满足交换对方的需要。如果没有明确的使用价值，不能够满足对方的需要，就无法成为商品。

5. 必须是用于交换的。

凡是不用于交换的物品、产品，就不是商品。交换是产品成为商品的关键因素。

二、商品概念的基本范畴

(一) 内涵

用于交换的劳动产品，就是商品。"用于交换"，是行为和目的趋向的指示，是一种预期、一种趋势，也决定了行为目的，决定了劳动产品的性质。

1. 交换的方式和对象有很多，比如物品与物品交换、物品与知识交换、物品与劳动交换、物品与货币交换。

2. 交换的商品主要有劳动、实体商品、无形商品。

• 劳动：比如，工人完成一定质量的劳动，企业老板就支付相应的劳动报酬。按劳取酬主要是按劳动的质和量获得（或支付）报酬。

• 实体商品：由物质实体构成的，具有一定外在空间形态和功能，使用价值能够满足人们的某种需要，用于交换的劳动产品。实体企业生产的产品，一般就属于实体商品。

• 无形商品：由人的劳动创造的，没有具体的形态，或者只是借助某种具体的形态作为载体，来储存、承载、传递感情，传播知识、信息，增长知识，增强信心，提升快乐的产品。人们需要这种产品，并不是需要承载这种产品的某种物质实体，而是要其中所蕴含的感情、信息、知识、信心、快乐精神等。这种产品，可以有不同的载体和外在形态，比如，音乐产品，可以是人亲自唱出来的声音，也可以是广播里播放的声音，以及电脑、电视、MP3播放的声音等。人们不在乎这个声音是由哪种实体工具发出的，只在乎这个声音是不是好听，是不是诉说了自己的心声，听了是不是心情很舒畅。

3. 劳动、有形商品、无形商品三者之间可以相互转化。作家、科学家消耗了食物、纸笔等有形商品，用自己的体力和脑力进行创造活动，而他们创造的成果又可能是无形的文学艺术和科学知识。

(二) 外延

一切用于交换的东西，都是商品，没有例外。

1. 凡是用于交换的劳动产品，都是商品。凡是不用于交换的，就不是商品。

2. 凡是天然形成的但由人占有、用于交换的物品，也是商品。天然形成的且不被人占有的，或者由人占有但不用于交换的物品，就不是商品。

3. 是否为商品，关键要看是否用于交换。不用于交换的产品、不需要通过交换就能得到的产品，就不是商品。

4. 商品的外部性通常不是商品。

商品的外部性不是天然的，它同商品实体一样，是人的劳动产品，但商品生产者、出售者无法占有、交换商品的外部性，因此，商品的外部性通常不是商品。

三、商品有明确的使用价值

商品通常是有明确的使用价值的产品，有被大多数人认可的主流的使用价值。没有明确的使用价值的，难以成为商品。商品是用于交换的产品。交换不是盲目的、无目的的。交换者是奔着对方商品对自己有明确的用途、能满足自己需要的目的而去的。人们要交换，必须找那些对于自己来说有明确用途，也就是有明确使用价值的东西，能够满足自己某种具体的需要。交换者对使用价值追求的目的是明确而具体的，不含糊的。一件商品的使用价值，至少包括两个方面。

一是商品的主要使用价值。主要使用价值，就是该商品主要有哪方面的功能、功效、作用，主要能够满足需求者哪些方面的需要。购买者购买该商品，主要是为了获得该商品的主要功能和作用。比如，一个精美的盒子里，装了个质量档次很高的月饼。月饼是供人们食用的。这件商品的使用价值主要是月饼的食用价值。商品的主要使用价值必须是明确的，即主要的功能。当然，也有人纯粹是为了好看、为了面子，看中的是商品的外包装，而不是商品的质量。

二是商品的次要使用价值。次要使用价值，是指商品主要使用价值之外的、人们很少使用的使用价值，还包括这件商品的外部效应。次要使用价值通常可大可小、可有可无。包装月饼的精美盒子，可以给人某种精神和审美享受，也许可以作为装饰品，有一定的装饰价值；也许有储存其他物品的使用价值，比如，可作为针线盒使用，也许还可以成为其他月饼生产者、包装盒生产者、设计者们学习借鉴的样品，成为某些社会学家、经济学家们研究的对象。

次要使用价值还取决于需求者（主体）个性化需要的特点和个人主观判断能力。个人有"非主流"的需要，又有主观判断、使用的能力，次要使用价值就能得到有效的开发和利用。如果个人不需要，又没有独特的主观判断能力，那么，次要的使用价值也就无法得到有效的开发和利用。例如，有的人把废弃的易拉罐扔掉了，有的人则把它制成装饰品、烟灰缸等，最大限度地发挥了废物的使用价值，使废弃物的使用价值得到充分的利用。不同的人，对物品的认识结果是不同的，这在一定程度上取决于人的主观方面。

四、货币商品

商品生产、交换发展到一定水平，就出现了共同认同和追求的商品，并且，这种商品就成了交换媒介，成了一般等价物，这就是货币。这既是商品生产、交换发展的结果，又大大方便和促进了生产、交换的发展。

货币是由生产实践、生活实践、交换实践和认识发展而来的，并不是天生的。货币的功能、作用、流动方式等会在实践和认识的发展中得到发展，而不是一成不变的。从货币的发展历史看，货币的物质形态有着多种多样的存在和发展变化，比如贝壳、铜质材料、银质材料、金质材料、纸质材料、方形、圆形等，不一而足，并朝着数字货币方向发展。随着交换、市场、政府和法制的不断发展，货币由硬通货演变成了纸币，自此之后，同一经济区域内有了统一的货币。这大大方便了交换，大大提高了流通速度、交换速度，也大大拓展了货币的应用领域，使得以货币为追求、为工具的生产、交换、生活方式得以形成，即新的、用货币进行投资、生产以及人与人之间交流的新方式得以形成。

随着经济和社会发展，社会财富积累增多，逐步形成了货币运作和投资的理念，从而再次极大地拓展了货币应用功能、领域、流动方式，拓展了人类社会的交换实践和认识的新领域、新范畴、新方式。货币的出现，尤其是纸币的出现，大大加快了人类社会价值共同体的形成，大大促进了人类社会物质产品生产、科学技术生产、人口生产的速度和质量，大大加快了人类社会的实践和认识进程，大大改变、拓展并创新了人类社会的生产生活实践和认识方式。有的人把钱埋在土里，有的人把它存在银行里，有的人把它借给他人，有的人用它进行生产投资，不同的货币使用、管理方式，体现的是货币拥有者不同的实践和认识差异；不同的实践和认识主体——人，会对相同的货币有不同的认识和使用方式，从而会有不同的货币使用表现和使用效果。

五、劳动力商品与劳动商品

(一) 劳动力商品

劳动力商品是指把人的整体劳动能力当成商品进行交易，换句话说，就是把人的劳动力甚至劳动者作为一个整体进行打包出售、交换，购买者可能是一次性付款，也可能是分期付款，并获得了劳动者的全部劳动力。劳动力成为商品之后，就成为购买者的附庸，可以任由购买者支配和使用，劳动成果全部归购买者所有。

劳动力商品的交易价格通常要考虑两个方面，一方面是劳动力的生产和再生产所需要的费用，即劳动力的生产成本，另一方面是劳动力在使用中能创造什么使用价值和劳动价值。

劳动力成为商品，一般会表现为购买者对劳动者的全部劳动力及其全部劳动拥有完全的支配权，甚至包括人身支配权。雇佣劳动者通常就属于商品性的劳动力，一般采用月薪制、年薪制、结构工资制等。

(二) 劳动商品

劳动商品是指劳动者不交换、出售自己的整体劳动力，而只是向对方交换相应的劳动量。比如，我们装修房子，找装修工，跟他谈好做什么事，完成什么数量和质量的工程，怎么给予市场报酬。双方达成了协议，并在完成相应工程的质和量后，就按照市场价格给付相应的劳动报酬。房主要的是装修工的劳动，而不是装修工的劳动力。装修工的劳动能为房主完成装修劳动，房主购买的是装修工的劳动（量）。今天大量的建筑农民工，一般就是按照市场价格与需求方洽谈所完成的工程质和量以及相应的结算价格、方式等，这样的工人就没有整体出售自己的劳动力，而只是交换自己的劳动量，即完成一定的工作量，就可以获得相应的劳动报酬，而劳动力仍然归自己，由自己自主支配自己的劳动力。农民之间相互换工，也是劳动商品的体现。

劳动商品是劳动者只出售和交换自己的劳动量，而不出售和交换自己的整体劳动力。工人按照要求完成了劳动量，就应得到相应的市场报酬。按劳分配并不是按人分配，而是按照劳动的质和量进行分配，这也说明，劳动是商品，是可以用货币进行度量、可以与货币等进行交换的。

劳动商品的计酬方式一般是随行就市的，通常采用计件制、计时制、定额制的市场工价制。

(三) 劳动力商品与劳动商品产生的条件

劳动力商品与劳动商品同时存在，是市场经济充分发展的结果。

劳动商品成立的条件通常要求交换双方都是平等的市场主体，是在能确定具体且精确细化的劳动的数量和质量、市场价格，能及时结算劳动报酬的情况下发生的，双方不存在显著的人身支配或依附关系。劳动力商品通常是在无法明确具体精确细化的劳动量、市场价格难以掌握的情况下发生的，并且存在市场主体不平等，存在显著的人身依附或支配关系。现实地看，劳动商品交易通常是双方关系不固定的、短期的、一次性的、不连续的、零碎的交易，而劳动力商品交易通常是双方关系较为固定的、长期的、连续的、打包式的交易。

市场成熟、竞争充分的情况下，劳动力商品与劳动商品可同时存在，并形成相互竞争、相互平衡、相互调节、相互补充的格局；在市场不成熟、不充分竞争、就业岗位供不应求的情况下，劳动力更可能成为商品，成为被支配者、依附者。

(四) 劳动力商品与劳动商品的关系

劳动力商品在使用中的劳动付出量或者创造的价值，有时高于其获得的交换价值，即存在剥削情况。

劳动商品的使用价值与劳动力商品的使用价值有交集，即劳动所完成的具体工作承载了劳动，承载了劳动的质和量，体现了劳动力的实际能力和水平。

劳动商品与劳动力商品的差异在于交换对象上的不同。劳动力商品是以整个劳动力为交换的对象，它与劳动力的具体使用、劳动量的具体付出、劳动的质的具体呈现等是分离、脱节的；而劳动商品交换是以劳动的具体付出、劳动的质和量的具体呈现为交换对象。

第二节　非商品

一、非商品的基本含义

(一) 基本概念

非商品，是指由人的劳动创造的，但不是用于交换的产品。理论上，一切劳动产品在没有用于交换之前，都属于非商品。商品与非商品以是否用于交换作为判断和区分的标准。凡是不需要交换就可以得到的产品，就是非商品。

(二) 基本属性

非商品的属性与商品的属性正好相反。

1. 劳动产品中的非商品。

非商品的首要属性是劳动产品。不是劳动产品，就不能列为非商品。天然之物，在没有被人占有、用于交换之前，不是商品。比如，目前的大气、太阳、月亮、宇宙等，还没有被人占有，还没有成为商品。凡天然之物，已由人占有，有明确的所有权，可供人使用，也属于劳动产品。

人类的一切都是人的劳动生产的，但是，商品只是其中的一部分，另一部分则是非商品。比如，人们的观念也是人们在劳动实践中形成、产生的，但是，观念并不是商品。人们可以观察、感知到的市场信息，可以感知到的人与人之间的感情等，也不是商品。

2. 没有用于有目的的交换。

没有用于交换包括不是为了交换、不应交换、无法交换。比如，父母对儿女们的爱不是为了交换，而是完全的无私奉献，是无私的爱，是最伟大的爱。不应交换的，比如一个企业生产出了一批新产品，为了推销这批新产品，企业召开展销会，在柜台上展示样品，供人们参观、了解，这样品不能卖，只能作为展示之用。

2017年5月3日，小米公司董事长雷军在武汉市委中心组（扩大）专题报告会上就"小米的互联网+方法论"做了分享。雷军介绍，小米在互联网上发动了几百万人帮忙出主意，一起做研发，倾听用户意见，坚持每周迭代，已经升级了330周。"米粉们"提交了1.5亿帖的意见，有的意见长达几万字。小米现在支持五十几种语言版本，其中50种是全球各地的爱好者义务做的。这些人也就是小米的免费推广者。"这就是走群众路线。怎么样用互联网的方式从群众中来到群众中去。"雷军说。这就是说，小米的生产经营从全球吸收了大量的非商品。

二、非商品范畴

(一) 内涵

1. 实体产品。

非商品包括许多实体产品，比如，母亲给孩子编织的毛衣、做的饭菜。企业为推销产品，向用户、经销商赠送一些非卖的样品，供其试用或展示，这些赠送的非卖品也不属于商品。企业生产的产品，存放在仓库里，严格来说，只是理论上的商品，在没有完成交易前，还不是真正的商品。

2. 产品的外部性。

产品外形的外部性。许多实体性产品通常有其客观的外在形态，其在外观、结构、功能方面都有实实在在的外部表现，都向外部散发出信息。即使把它放在那儿，它都有与众不同的表现。比如，苹果手机的外形与华为手机的外形就不一样，这是消费者可以看到的。这是实体产品的外部性。

产品使用的外部性。有些产品，你不观察、感受、使用它，就不知道它有什么功能。比如，当你使用一款新手机时，你就会对比它与其他型号手机的功能，就会知道它的某些特别功能。

3. 劳动的外部性。

非商品包括劳动的外部性。有的劳动过程能够被外部感知，对外部有某种影响。这些信息、这种影响，就是劳动的外部性。比如，一个铁匠在打铁时，旁观者可以看到他打铁的动作、听到他打铁的声音。这是铁匠劳动的外部性。

4. 劳动中积累、自学到的技能、经验。

实践出真知。随着劳动实践的发展，劳动者能在劳动中生产出某种实体产品，获得一定的劳动报酬，也会在劳动实践中不断地积累经验、技能、信息、知识等。劳动中积累的这些技能、经验、信息、知识是劳动者在劳动中"额外"获得的，并不是商品，而是非商品。

5. 亲友、教师、领导、朋友们向我们传递的知识、信息等，都不是商品，而是非商品。

6. 某些信息呈无规则、无目标的散发状态。

我们每天观察、接收到许多信息，包括网络、电视、广播、报纸、杂志、街头各种广告上的信息。这些信息处于无规则、无目标的散发状态。人们接收这些信息并没有付出什么、交换什么。这些信息都是非商品。头脑聪明的人，善于从中吸收营养，获得灵感，找到商机和经营的资源。

7. 世界观、人生观、价值观等都是人的实践的产物，但都不是商品。

这些观念会影响人的行为，影响人的生产和生活活动，会对商品生产和非商品生产产生影响。

(二) 外延

非商品包括许多劳动产品，还包括许多由人合法占有的天然、自然资源。

非商品中的重要部分是非商品性知识，包括各种自然知识、技术知识、科学知识、社会知识、社会文化和信息等。

三、非商品的种类

(一) 一般非商品

一般非商品，是指产品本身就不是用于交换的。

1. 一般非商品中的有形产品。

一般非商品，是指生产的某种产品，本身不是为了交换，不需要通过交换就可以获得这种产品。凡本身就不是为了交换而生产、不需要交换就可以获得的有形产品，就不是商品。自给自足的产品、向亲友赠送的产品、企业向社会捐赠的本企业生产的产品、人的行为表现出的信息等，都不是商品。

2. 一般非商品中的无形产品。

父母对儿女们的关爱，很多情况下是无形的，不是商品。无形产品，是指能够满足人的精神、意识、思维、情感等方面需要的产品。这种产品，需要人的大脑思维、身体感觉器官等来感知，体现人的大脑思维和身体感觉器官的感知能力。

我们从外界获得的知识、信息、经验等，都是非商品。比如，行船的人看到别的船因为撞上暗礁而翻沉，那么，自己就会记住那个地方有暗礁，不能接近，必须绕过去才安全。别人的"沉舟"对自己来说，就是非商品，是可以吸收、借鉴的经验教训。人在路上行走，没有注意到脚下还有一个小堑，在这个小堑上不小心跌倒了。爬起来后，自己就会长记性，就会注意路上、脚下是不是还有其他的会使自己跌倒的东西。这就是"吃一堑，长一智"的道理。"吃"的这一"堑"，"长"的这一"智"，都是非商品，它可以增长自己的经验教训，增长自己的智慧，可以使自己更加小心谨慎，观察更细致。

中国正在大力开发大数据，实现大数据的共享。随着大数据分析的精准度越来越高，它所指向社会问题的精准度越来越高，其使用价值也越来越高。政府部门所掌握的大数据被列入无形产品之中，它们一般不是商品，许多部门，甚至公众都可以共享。

(二) 一般商品所具有的非商品性

除了一般非商品外，许多商品本身也具有某种非商品的特征。

商品的外部性，包括外部效应，是非商品。商品所具有的外部性，是指商品无法隐藏的外部形态、颜色、结构、使用性能等，以及其对外部产生的影响。超市里琳琅满目的商品，顾客需要认真地查看它们。这种查看，其实是在了解商品的非商品信息。超市及生产者是无法掩盖商品的许多信息的，也是不能掩盖的；否则，消费者不知情，就不会购买，商品拥有者为了让更多的消费者了解商品，常常打广告、搞展示、开推介，自己提供大量的非商品性信息。一部新手机虽然是商品，购买它需要付出不少的货币，但是，它的外形、功能等信息，会在其使用中被周围的人观察到、感知到。这些被观察、感知到的信息就是非商品。

1. 有形商品的非商品性。

有形商品的非商品性主要是它的外部性，包括商品主体的外部性、包装信息、商品功能、制作过程、运输途径等。虽然通常需要交换才能获得有形商品，但是，有形商品的这些外部性信息仍然是不需要交换就可以获得的。

2. 无形商品的非商品性。

无形商品在传播、使用中，也会向外界散发一定的信息，这些信息会让人感知到。某人通过网络付费方式，购买了一首歌的播放权，并通过电脑进行播放。但是，周围的其他人也能听得到他播放的歌声，那么，他的这一行为及这首歌的外部性就呈现出来了。

3. 知识产权所具有的非商品性。

人类为了保护知识创造者的权益和积极性、创造性，就开展了知识产权的保护。设立知识产权，目的是保护知识产权，不允许他人的劳动成果被无偿享用，防止他人的劳动成果被剽窃。这有利于保护劳动者的合法权益，保护人类社会的公平正义，促进人类社会的有序、健康发展。但是，有明确产权的知识，即使产权设置和保护得再严格，也会有其外溢的信息。这种外溢的信息，就是人们可以感知、观察到的信息，或者是可以推断出的信息，并不一定是商品。这就是为什么智能手机一经推出，众多生产厂商都转型生产智能手机的原因。

(三) 感情的非商品性

父母对子女的爱，是非商品，它体现在父母对子女无微不至的关怀当中。

说实话，父母对子女的爱，远比子女对父母的爱多。当然，父母也从对子女的爱中获得了人生的快乐。如果子女健康孝顺、学习工作有成就，那么，这也是对父母的一种回报。但是，这种爱与回报，都不是商品性的，而是非商品性的。

人表达感情是不需要交换的，只需要接受和交流。交换是对等的，而交流可能是不对等的，可能是一方付出得多，而另一方付出得少，是一方愿意为另一方做出牺牲的。

人是社会的人，人的感情通常会有一部分向外部公开，这既是社会性的需要，也是社会性的表达，还是非商品的外部性。父母对子女们的爱、晚辈孝敬长辈等，向外部公开，会让人们感到人性的温暖。两个相爱的人，要庄重地向外界公开他们的爱情，可以促使他们承担相爱的责任，可以获得外界对他们的祝福，也让其他的人不必再对他们有那种特殊的异性爱情。

两个陌生人是如何相爱的，他和她有什么彼此吸引、彼此相爱的内在逻辑呢？这恐怕也可以从非商品性角度来理解。他和她的相爱，除了是生物的一般行为外，还是某种生活、生产、文化实践的结果，是教育、生活、工作实践、兴趣共振共鸣的结果。这种相爱，是有着内在非商品实践和非商品文化逻辑的，是非商品的结果和非商品的体现。比如，"门当户对"的观念，就是实践和观念的结果，是非商品性的，它能指导人们的婚姻行为。

(四) 观念的非商品性

人们一般以为，观念属于哲学范畴，与经济学关联性较小，其实不然。观念影响人的行为，影响人们做什么和不做什么。

四、非商品的使用价值

非商品也有使用价值，也能被人感知、认同、吸收、利用。有些非商品也有明确的、大多数人认可的主流的使用价值，有些非商品则没有明确的使用价值。

有些非商品的使用价值，取决于人们是否善于使用。人们善于使用它，非商品才有使用价值；人们不使用，非商品就没有使用价值。正如有些商品的使用价值取决于使用者的客观与主观条件，取决于使用者的选择、取舍一样，非商品的使用价值一般也取决于使用者、开发者、利用者的客观条件和主观条件，取决于他们的选择。相对商品的使用价值来说，有些非商品的使用价值由于存在短暂性、易消失性、不明确性等，需要使用者有一定的识别能力和使用能力，更取决于使用者、开发者、利用者的及时发现、选择、取舍，这种取舍通常是非商品性的，不需要交换，可以任意取舍。并且，这种选择不受被选择者的限制，不取决于被选择者的配合程度，而完全是选择者单方面的行为。比如，我们观察一家超市里、一条高速公路上的客流，不必考虑顾客和旅客的感受，只需要独立地进行观察。这样的观察行为越是独立，越不影响顾客和旅客的行为，就越能体现客观、公正、科学的观察原则，越能取得客观、公正、科学的调查结论。

许多非商品的使用价值，你不使用、不开发、不利用，它就会自动消失，就会浪费。只有最大限度地开发、利用非商品的使用价值，才是对人类劳动的最大尊重，也是对人类的最大尊重。

(一)提高决策的正确性

了解市场行情，掌握市场动态信息，提高对市场的认识，掌握更多的非商品性市场信息，准确把握市场需求，就可以提高自己的商品性生产与市场需求的对应程度，避免盲目生产，使自己的商品性生产更有效、更安全。

(二)提高劳动技能

劳动者通过获得非商品的知识、技能，可以增加自己的劳动知识，提高自己的劳动技能，使自己由不知变成知之，由知之甚少变成知之甚多，由外行变成内行，由生手变成熟手。

(三)节约生产成本

进行生产活动，需要采用许多的知识、信息、经验、技术，以及物质资料等。有的知识、信息、经验、技能，以及物质资料可以通过购买取得，有的不通过购买也可以取得，而有的用钱都买不回来。通过购买获得的，就形成了商品性成本；不通过购买获得的，就没有形成商品性成本。应用了非商品性的知识、信息、经验、技术，以及非商品性物质资料等，就可以节约商品性生产成本，这也为提高竞争力、增加利润创造了条件。

(四)提高劳动生产率

应用于生产的知识技术增加了，劳动技能提高了，劳动生产率自然会有所提高，从而可以降低产品的劳动含量也就是劳动付出量，为节约生产成本创造了条件。

(五)提高产品质量

劳动知识、经验、技能等增加了，生产出的产品质量就会有所提高，比如，增加了人性化设计，产品可能会与消费者的社会价值观、审美观高度契合等。

第三节　非商品的游离状态

一、非商品存在游离状态

非商品是指不需要通过交换就可以取得的劳动产品。非商品中有许多是没有人占有、处于游离状态和无主状态的劳动产品，这些劳动产品同样凝结了人的一般劳动量，同样具有某种使用价值，同样可以被使用。特别是非商品性知识，因不被专人占有，可以在人群中被自由、任意地传播，且有时容易消失，其游离状态非常显著。

二、可以无偿使用

无主的、无人占有的、游离状态的非商品的使用，基本上不受产权的限制，人们可以自由选取、使用，不用付费。

三、许多非商品属于公共财富

许多非商品属于公共产品。一方面，所有社会成员，无论是通过私人行为还是集体行为，无论是通过公益行为还是商业行为，都会向社会、向"外部"贡献非商品，生活在社会中的人，谁都不能例外。另一方面，许多非商品是任何人都可以无偿使用的，不必采取交换的方式。即使在私有制社会，社会成员也会向社会贡献这种非商品，也可以无偿使用这种公共产品；即使在私有制下，这种公共财富也是无法被私人占有的。到了科学技术和生产力高度发达、社会思想认识高度活跃繁荣、社会交往频繁、广泛的现代，人类社会积累和散发出的游离状态的非商品知识数量众多、规模庞大，是一个丰富的财富宝库，是人类社会财富的重要组成部分。

四、非商品与商品可以相互转化

非商品通过人的使用，可以转化成商品，也可以继续转化成其他非商品。

五、非商品知识的使用方式

学习、考察、借鉴、吸收等是非商品知识和信息的使用价值和劳动价值的重要实现和转化方式。只要学习、借鉴、吸收了非商品，非商品的使用价值和劳动价值也就实现和转化了。

第四节　非商品与商品可以相互转化

非商品与商品并不是孤立存在的，而是有着紧密的关系。

一、非商品与商品的历史和现实关系

(一)非商品的历史早于商品

人类社会是从非商品社会走过来的。非商品社会比商品社会先出现。在原始社会，并没有私有制，也没有交换，大家都共同劳动，共同生产，共同享受劳动成果，实行按需分配。这个时候，人类的一切劳动产品都是非商品。到了农业社会，生产力逐步发展且出现不均衡发展的情况，不同的劳动者、不同的部落和族群生产的产品有了不同程度的剩余，私有制随之出现。在这样的情况下，产品的交换也开始出现，商品从此出现。

就现实来说，生产者生产的产品首先由自己占有和使用，自给自足，在没有打算出售之前，不是商品。当他打算出售这些产品时，这些产品就变成了商品。我们小时候，家里年年都种植一些花生，但是，数量并不多。当年景不好的时候，家里就打算把收获的花生拿到粮管所去卖些钱。当年景好的时候，家里就不出售花生，而是留着自己食用。这些花生在没有出售之前，就不是商品，而只是家里的一种产品，一种非商品。企业的生产情况也差不多。有些企业刚生产出来的一批产品，通常不是用于出售，而是送到各单位，请他们检验、试用等。只有检验合格之后，才大量生产，并当作商品出售。如果生产的产品不被市场认可，出现积压甚至无法实现销售，那么，也不是真正的商品。

最早的知识都是非商品的，大家都可以相互学习。当时人们是聚居在一起的社群，在这种生产生活方式下，感情、合作似乎比商品知识更重要。只是到了工业革命时期，社会结构和生产方式发生了变化，英国人认为保护知识、保护创新相当重要，于是，制定了人类社会历史上第一部专利法。从此之后，知识就走上了商品化的道路。

(二)商品与非商品同时存在

无论是商品，还是非商品，都是人类的劳动产品，共同构成人类社会的全部财富。许多劳动者天天在进行商品生产，但是，他们的言行散发出的外部性，又不是商品，而是非商品。劳动产品在没有出售之前，是非商品；用于出售时，才是商品。财富放在家里不出售、不抵押、不交易，就不是商品，只有抵

押、出售、交易时，才变成商品。房子自己住着就不是商品，出售时才是商品。

基础科学研究成果，一般不是商品，可以让人类无偿共享。

一件日用商品，摆在商店里的时候是商品，你购买的时候它还是商品。购买之后，进入了消费领域和消费环节，不再用于出售，就不再是商品，而是你拥有并用于消费的非商品了。

当然，也有一些商品，由于具有投资特性，或由于市场的变化，购买者放在家里储藏一段时间后再出售时，价格可能反而会上涨。

人类社会中，不仅有大量的商品，也有大量的非商品。这些非商品以无形或有形、物化或非物化、劳动外部性（活劳动）或产品外部性等形式存在着，以某种文明、文化、信息的方式存在着，形成一个巨大且丰富的非商品资源宝库，人人都可以无偿地开发利用这个巨大且丰富的资源宝库。人类时常通过无偿开发、利用这个巨大且丰富的资源宝库而获得新的灵感、提升新的能力、改进新的劳动、增加新的收益。

二、非商品与商品之间相互转化

(一) 非商品转化为商品

非商品被占有并被用于商品生产经营，就能转化成商品的一部分、构成商品的一部分。

非商品转化成商品的情景有很多。把一件本不打算出售的劳动产品拿到市场上去出售，就把一件非商品变成了商品。把别人赠送的物品拿到市场上去出售，就是把非商品变成了商品。服装设计师到市场上去搜集信息，这些信息是非商品性的，用这些信息指导产品设计和生产，变成服装商品，就把非商品信息转化成了商品。

房地产经纪人不断搜集房地产买卖信息，他们搜集的这些信息本是非商品的，是不需要付费的，主要是供求双方向他提供，少部分是经纪人主动花钱搜集的。但是，当需求者向他们了解房地产信息时，他们却要收费，这就是把非商品转化成商品。婚姻中介、劳务中介的情况也是如此。

一名作家，大量搜集民间故事，经过自己的编纂，使之成为文学作品并公开出版发行。其所搜集的民间故事并不是商品，但是，他编辑、公开出版的文学作品，就是商品。

(二) 商品转化为非商品

商品本身的外部性可以转化成非商品。一件新设计出来的时装，刚一上市，就引来许多消费者的追捧，但是，它的外部性也相当明显，会让更多的人来模仿、仿制、演绎等。这是商品向非商品的转化。

一件商品被消费者购买之后，完全进入了消费领域，就不再是商品了，而是家里的一件生活用品。

有产权的知识，也具有一定的外部性，这种外部性是人们可以无偿地观察、学习、借鉴、利用的，也不是商品。

网络、电视、电台、报社、杂志社等，虽然都是经营性企业，但是，它们传递的信息、知识是向公众公开的，公众可以无偿得到它，因此又具有非商品性。

一个企业的老总，整天在研究工作、调研市场，外人感知到了他的动向、行动，掌握了他行动的信息，也学习借鉴他。这也是商品向非商品转化。

政府向文化演出企业拨款，购买他们的文化演出服务，要求他们每年公开免费演出多少场节目。虽然政府付出的是货币，但是，把这些商品变成公众无偿享受的文化大餐，就是把货币、商品变成非商品文化。

政府建设国防及提供其他公共服务，都是把商品变成非商品，把商品性的公共财富，变成公众无偿使用的非商品。公众无偿享受的国家安全、社会安全，其背后都是有人日夜在辛苦工作、保护的，是有代价的。

政府投资建设道路等公共设施，被许多经营者无偿占有、使用，这是商品到非商品再到商品的转化，只不过，转化的主体、收益归属不同。

(三) 商品与非商品的相互转化

社会劳动和财富总是在商品和非商品之间不断被聚集、转化、提升的。抗疟疾药物是商品，但是，它的研制过程是公开、透明的，它的使用也是公开、透明的，人们是可以公开学习、借鉴、分析、鉴定、检验、应用的。因此，它的全息式、全方位的产业链是"非商品—商品—非商品"不断延续、延伸、循环、扩展的。这其中的每个环节都不是封闭的，而是开放的，既从外界吸收物质、能量、信息，又向外界散发物质、能量、信息。每一个环节都是一次新的实践，是有一个新的目标、新的课题、新的对象、新的产品、新的高度的实践，而不是沿袭旧的实践。

许多财富权利并不是死的，而是活的，是在不断流动的。许多财富的形态不是固定不变的，而是相互转化的。实践呈裂变式增长，财富也呈裂变式增长。当一个人发明了某种产品后，有进行产品推广应用的，也有进行学习、研究的。基于这种发明的实践，又裂变式地形成了各种各样的新实践、新认识，并且，这些新实践、新认识又都产生更新的知识、更新的财富。

商品与非商品的共同存在、相互转化，使得人类社会成为一个价值共同体、命运共同体，这是人类区别于其他动物的显著特征。

第三章 劳动力的生产和再生产

劳动力的生产和再生产，就是人自身的生产和再生产，是人类社会最基本的生产。这个生产从根本上决定了人类社会其他一切生产活动，是人类一切生产活动的起点和终点、目的和归宿。劳动力的生产和再生产，有简单的生产和再生产，以及扩大的生产和再生产两种情况。

第一节　劳动力生产和再生产的基本含义

一、基本概念的内涵和外延

(一) 基本概念

男女结成夫妻，养育子女，增添人口。夫妻既要养活自己，还要把未成年子女养大成人，培养成有劳动能力的人，使他们能自食其力，能为家庭和社会进行劳动、创造价值。这属于劳动力的生产和再生产。这种劳动力的生产和再生产，既是夫妻、家庭劳动力的延续、生产和再生产，也是子女个体劳动力的生产和再生产。

家庭是生命的有机整体，是社会的细胞，是劳动力生产和再生产的基本单位。没有家庭，就没有劳动力的生产和再生产。劳动力的生产和再生产活动，应当包括父母对没有成年、没有劳动能力的子女的抚养，以及对已成年但没有劳动能力、仍然需要照顾的其他家庭成员的照顾，如对已丧失劳动能力的父母的赡养。抚养、赡养这些家庭成员，也属于抚养者的劳动力的生产和再生产的不可分割的有机组成部分，因为家庭成员是不可分割的。

人类的一切生产活动都是为了人自己的生命延续而进行的，都是为了人自身的生产而生产的，都是为了供人的生命延续而消费和使用的。人既是生产者，又是消费者；既是生产的起点，又是生产的终点。就单个的人来讲，人总在不断地新陈代谢，不断地消耗、吸收物质、能量和信息，转化成自己的体力和脑力，这就是劳动力的生产。从劳动创造出物质、能量、信息，到消耗、吸收物质、能量、信息，再到生成自己的体力和脑力，这是劳动力的一个生产过程单元。完成一个过程单元，就完成了一次劳动力的生产。

运动是人的生命的基本特性。在劳动力的生产过程内，劳动力是保持连续运动的，而不是静止、停止、断续的。劳动力的生命周期内，单个劳动力不断重复循环着劳动力的生产过程单元，从而实现单个劳动力的生产和再生产。

劳动力的生产和再生产伴随着整个家庭的生命周期。整个家庭的生命周期有多长，劳动力的生命周期就有多长，劳动力的生产和再生产持续的过程也就有多长。

正常情况下，劳动力的生产和再生产是不可分割的统一的整体。有劳动力的生产，就一定有劳动力的再生产；有劳动力的再生产，就一定有劳动力的生产。通常没有单纯的劳动力的生产，也没有单纯的劳动力的再生产。人的生命是延续的，家庭是延续的，因此，劳动力的正常生产过程所包括的生产和再生产两个方面是有机统一的。劳动力的生产和再生产是持续的、不断循环的。分析考察劳动力的生产和再生产，不能仅考察一个生产过程单元，而必须考察劳动力的整个生产和再生产过程。

(二) 内涵

劳动力的生产和再生产，包括单个劳动力的生产和再生产，也包括劳动力对其家庭中没有劳动能力的成员的劳动力的生产和再生产。

单个的人不能成为人类社会，人需要繁衍后代，延续自己的生命，这是客观的、物质的、自然的现象和规律。考察劳动力的生产和再生产，必须把劳动力个体及其家庭成员劳动力的生产和再生产共同作为一个有机的整体进行考察。

劳动力的生产和再生产周期，与其家庭的生命周期是一致的。家庭通常是永久持续的，以家庭为单位的劳动力的生产和再生产自然也是永久持续的。

劳动力的生产和再生产可分为劳动力简单的生产和再生产，以及劳动力扩大的生产和再生产两种。

劳动力的生产和再生产可以简称为劳动力的再生产。

(三) 外延

一切的人及人的一切活动，都可看成是劳动力的生产和再生产活动。不能片面地看待劳动力的生产和再生产活动。劳动力的生产和再生产活动，与人的全部生命周期内的一切活动是一致的。人在生命周期内的一切活动，都可看成是劳动力的生产和再生产活动。

凡是劳动者及其家庭成员，都属于劳动力的生产和再生产的考察对象范畴，都属于劳动力的生产和再生产不可或缺的重要组成部分。简单地讲，就是可以把子女的劳动力看成是父母劳动力的延伸，把子女劳动力的生产和再生产看成是父母劳动力的生产和再生产的延伸。

劳动力的生产和再生产周期，与其家庭成员生命周期及家庭生命周期完全相同，两者是同一概念，除非有特别的说明。

二、基本表现形式

(一) 个体劳动力的生产和再生产基本过程

人的生命时刻在进行着自然的新陈代谢，新陈代谢就是劳动力的生产和再生产表现。进行劳动，需要消耗人体内的物质、能量、信息，消耗体力、脑力，又需要吸收人体外的物质、能量、信息，以补充人体的物质、能量。人还需要休息，把所吸收的物质、能量、信息等，转化成人的体力和脑力，以恢复自身的体能和脑能。休息的过程，其实是身体消化吸收物质、能量，转化成人的体能，恢复人的体力和脑力的过程。

劳动力的生产：人在出生的过程中会消耗体能，并且，从母体传递能量的脐带断开后，需要及时张开嘴、活动胃、吮吸母亲的乳汁以补充体能。人在体能消耗之后，要进行吸收，并进行体能的恢复，从而实现劳动力的生产。这个过程可以表示为：劳动—消耗—吸收—恢复。

劳动力的生产是延续的，劳动力不只有生产，还必须有再生产。"劳动—消耗—吸收—恢复—劳动—消耗—吸收—恢复"的不断重复循环延续，就是劳动力生产的无限延续，就实现了劳动力的生产和再生产。

"劳动—消耗—吸收—恢复"是劳动力生产的一个基本过程单元，"劳动—消耗—吸收—恢复—劳动—消耗—吸收—恢复"是劳动力生产和再生产的一个基本过程单元。

(二) 以家庭为单位的劳动力的生产和再生产过程

人是有性繁殖动物、社会性动物，需要组成家庭、繁育后代、延续生命，因此，劳动力的生产和再生产中还包括养育后代和赡养老人。家庭是命运共同体、利益共同体，是社会的基本单元，也是劳动力生产和再生产的基本单元。考察家庭劳动力的生产和再生产，可以家庭为一个整体。

家庭劳动力的生产和再生产：家庭劳动—家庭消耗—家庭吸收—家庭劳动力恢复—家庭劳动—家庭消耗—家庭吸收—家庭劳动力恢复。其中，家庭劳动中的"家庭"二字，是把家庭全部成员当成一个整体单元，不是指在家里进行劳动，而是以家庭为单位进行的生产和生活方面的劳动，包括以家庭为组织单元进行劳动；家庭消耗、家庭吸收、家庭劳动力恢复中的"家庭"都是这种意思。家庭内部的劳动分工，是家庭劳动力这个整体的重要组成部分，不可忽视。

三、注意事项

劳动力的生产和再生产，有时是指单个劳动力的生产和再生产，有时又是指包括家庭中没有劳动能力的成员在内的全部劳动力的生产和再生产。具体包括哪些，需要结合词语应用的具体环境来分析判断。本书在没有特别说明的情况下，是指单个劳动力的生产和再生产，这是为了方便分析。劳动力创造、消耗、吸收、恢复，既有物质上的，也有精神上、情感上、知识上的。消耗不仅指吃、穿，还包括住、用等，如使用生产资料。

第二节 劳动力简单再生产

一、劳动力简单生产和再生产的基本含义

劳动力的简单生产和再生产，可简称为劳动力的简单再生产，或称为劳动能力的简单再生产，是指劳动力在其全部生产和再生产循环周期中，同类节点上的物质、能量、信息值是相等的，生产前与再生产后的劳动能力是相等的，没有增加，也没有减少，方向、结构等也没有变化。

消耗的物质、能量、信息＝生产出的物质、能量、信息＝吸收的物质、能量、信息=恢复后拥有的物质、能量、信息。

在"劳动—消耗—吸收—恢复—劳动—消耗—吸收—恢复"中，所有劳动，在形态、方式、对象、产品、产量、能量、知识、信息等方面是相等、不变的。所有同类节点上的值都是相同的，没有差异和变化，是单调的重复和循环。

劳动力简单生产和再生产的基本含义是，劳动力的生产和再生产只是维持劳动能力不变的状态，劳动能力在这个生产和再生产过程中，既没有增加，又没有减少。这类似于物体在没有外力作用下，保持其惯性或匀速的运动状态。进一步地看，还包括劳动创造、消耗、吸收的物质、能量、信息在数量、质量、结构、方向等方面都没有任何的变化。

二、劳动力简单生产和再生产的基本表现

(一) 动物"劳动力"的简单生产和再生产

以动物界的狮群做类比分析。狮群"劳动力"的生产和再生产通常是简单的生产和再生产，主要是维持基本的生命新陈代谢的需要，维持狮群物质的生命和物质的繁衍，狮群的劳动能力在生产前与再生产后基本稳定、没有变化。

一个中等狮群通常有10~12头狮子，其中，公狮1~2头，母狮5~6头，幼狮4~6头。狮群虽然在食物链中处于顶端，但是，一般狮群的规模却很少有显著的扩大，为什么？因为狮群的生产力没有提高。它们总是维持着过去的生产力，它们的捕猎方式、捕猎能力、捕猎量、食用量基本上一直没有什么变化。虽然有时出现波动，但通常是不持续的，过段时间又会恢复原来的状态水平。所谓进化，那是在一个相对较长的时间内成立的，在某个狮群生命周期这样一个相对短的时间内是不成立的。在一个相对短的时间内，一个狮群的生产力基本上是不变的，包括成年母狮的数量和公狮的数量等，它们的规模、结构通常是相对稳定的。狮群的生产力主要体现在成年公狮和成年母狮的数量、结构上。幼狮可多可少，通常不会对狮群生产力产生多大影响。有时，幼狮数量多了，超过狮群的养育能力，而不得不被母狮遗弃，或被饿死。

(二) 人类劳动力的简单生产和再生产

就人类社会来说，劳动力的简单生产和再生产也类似于狮群的生产和再生产。人类社会劳动力的简单生产和再生产，也是指在产品生产方式、产品生产能力、产品产量、产品消耗量、吸收量等方面，是基本不变的，这样的劳动力既可以维持自己的生命，又可以维持繁衍和抚养后代，但是，再扩大就是困难的。即使是养育后代，也只是简单的养育，只满足后代基本的生理和精神方面的简单的需要，只是维持基本的生命新陈代谢需要，只能维持后代劳动力的简单生产和再生产。并且，整个家庭的总生产力，也就是所有成员的劳动能力相加，是不变的。随着未成年人的成长，其劳动能力也随之不断增长，但是，与此同时，长辈的劳动能力则通常呈衰减的趋势。由于在家庭中未成年劳动能力的成长过程中与其长辈劳动能力的衰减过程是同步的、此消彼长的，因此，家庭的总劳动能力仍然是不变的。幼儿长大了，长者就老了，总的劳动能力是不变的。这个不变，不是指单纯的劳动力个数上的不变，而是指劳动能力的加权总和上的不变，是质量和数量上都不变。这就是劳动力的简单生产和再生产表现。

(三) 数量和质量上没有变化

1. 总的数量上没有变化。

劳动力简单的生产和再生产，体现在劳动力总的数量上没有变化。比如，一个家庭有一对老年夫妇、一对中年夫妇、一双未成年男女，共6人。每个老年劳动力按5分算，每个中年劳动力按10分算，每个少年劳动力按5分算，他们家的总劳动力就是40分。过了若干年，老年人因为年老体衰而丧失劳动力，这个时候，老年劳动力就为0分了。而此时，少年劳动力就成长为中年劳动力，他们的劳动力增长了，变为20分了，中年劳动力仍然不变。他们家的总劳动力仍然是40分。这就是总的数量上没有变化。

2. 质量上没有变化。

这是指单个的劳动力或家庭总的劳动力在物质生产能力、知识技术水平等方面，都没有变化，保持原有的状态和水平。比如，正常情况下，一个家庭全部劳动力一天可插3亩的稻秧，或割6亩的稻谷。在这个家庭劳动力中，中年劳动力可能在劳动速度、效率、耐久力，以及质量等方面都要强些，老年人或未成年人的劳动力相对差些。若干年后，老年人丧失了劳动能力，年青的劳动力又成长起来了，中年劳动力不变，家庭劳动力的质量水平或者单个劳动力的质量水平都没有变化，在插秧或割谷水平和能力方面没有任何的变化，既没有提高，也没有降低。

3. 生产状态没有变化。

这是指没有添置新工具、新设备，没有掌握和应用新知识、新信息，没有采用新技术、新材料，没有开辟新市场，运用新管理、新模式，没有新增加其他方面的劳动业务和劳动能力。比如，在种田之余，家里养些鸡，攒些鸡蛋，拿到市场上去出售，换些零用钱和其他生产、生活用品等，这些都没有，仍然是只守着那"一亩三分地"。

4. 生活状态没有变化。

除了下田劳动，就是吃饭、睡觉，从来就没有、也没想花点时间去读书、交流、外出学习考察等。整个家庭几十年、上百年，生活状态还是那样，生活似乎封闭了、凝固了，时光似乎停止了。

三、劳动力简单生产和再生产的实现条件

(一) 维持劳动力状态不变

长期维持劳动力简单的生产和再生产，肯定存在生产能力、生活能力等方面没有变化、没有创新的情况，主要表现在职业、行业、技能等方面没有变化，劳动形态（方式方法）、劳动工具、劳动对象、劳动资料、劳动场所、劳动产品等方面维持不变的状态。

(二) 维持知识状态不变

维持劳动力简单的生产和再生产，必然维持劳动力的知识、技能不变，包括知识品种、知识结构和知识水平、技能结构和技能水平等都没有变化，包括社会知识、生产经验、生产技能、市场信息、人际关系等，都没有任何的变化。这是最根本、最关键的因素。

(三) 物质、能量、信息维持不变

劳动力的简单再生产，最明显的是劳动力消耗、生产、吸收的物质、能量、信息是不变的。劳动力简单的生产和再生产，通常就是简单劳动，只能生产出维持劳动力简单的生产和再生产所需要的物质、能量、信息等，也就是只能生产出维持劳动力简单生产和再生产所需要的产品。无论是消耗、吸收的物质、能量、信息，还是劳动力创造的物质、能量、信息等，都没有变化，数量没有增减，质量没有升降，结构没有调整，与原来一模一样，没有任何的变化。社会的总产出没有变化，总消耗也没有变化。既没有向外输出什么新产品，也没有从外界吸收什么新产品。自己既没有生产、积累、应用什么新知识、新技能，也没有从外面学习、借鉴、应用什么新知识、新技能。由于没有创造、学习、应用新知识、新技能，导致人的劳动生产率和生产力长期处在同一水平，几乎没有什么变化，类似于一般的动物，这也是过去人类一直受自然束缚、长期处在饥饿贫困边缘的重要原因。

(四) 生产和生活状态没有变化

在劳动力简单的生产和再生产状态下，生产和生活是日复一日、年复一年，简单、单调地重复，生产和生活场景、状态都没有任何变化。比如，过去，人们是住着土房子、甩着牛鞭子、推着石碾子，这种状态几百年都没有什么变化。

四、劳动力简单的生产和再生产的关键

知识、技能是劳动力再生产最关键也是最大的变数。劳动力简单再生产最主要表现在知识、技能的简单再生产。劳动力长期处在简单生产和再生产状态的关键是没有知识创新、科技创新，没有社会生产力的进步。就今天的人与古代的人相比，维持人身体的新陈代谢所需要和消耗的物质、能量并没有增加，人的生理需要的物质和能量并没有增加，但是，今天的人所掌握、应用的知识、信息、技术、物质、能量，其数量、水平比过去要多很多、高很多，生产力比过去高很多。如果把人封闭在某个较小的范围内，保持其知识、技术的停顿状态，那么，他们的生活和生产状态就会停顿。

● 第三节 劳动力扩大再生产

人是智慧动物，会自然地积累知识、经验、技能等，会自然地创造并应用新知识、新经验、新技能等，提高自己的生产力，会生产出更多、更好的产品。正因为人是智慧动物，人才会有目的地、有意识地追求劳动力扩大的生产和再生产，这就是人们求知识、求发展的内在动力。人的劳动能力通常是递进的。知识成为推动人类社会向前发展的"能量""法宝"。人类社会还是一个开放、交流、共融的社会。人与人之间、群与群之间会有交流，交流会成为知识、信息、技能的重要传播方式和传播渠道，会使好的知识、信息、技能、产品得到传播，会促使人们创造出更多、更好、更新的知识、技能、产品，并使这些新知识、新技能、新产品得到广泛的传播和应用。人类创造、积累、应用的知识越多，知识这个推动人类社会发展的"能量""法宝"的威力就越来越巨大、动力也越来越强劲，从而加速了人类社会的发展。

一、基本含义

（一）扩大的生产和再生产

在劳动力的生产和再生产过程中，劳动力的数量不断增加，质量不断提高，知识不断增长，能力不断提升，创造的物质产品和精神产品在不断丰富，这就是劳动力扩大的生产和再生产。

劳动力扩大的生产和再生产的模型与劳动力的简单生产和再生产模型不

同。在劳动力扩大的生产和再生产中，最显著的变化是由"劳动—消耗—吸收—恢复"这个模型，变成了"劳动—消耗—吸收—提高"这个模型，即劳动力的"恢复"变成了劳动力的"提高"。除此之外，四个方面也都发生了变化，即劳动创造的更多、更好、更高效，消耗的更多、更好，吸收的更多、更好，劳动力再生产也更高、更强、更好，最显著、最大的变化是知识增加、技能提高，生产力提高。马云说："你以为你和别人差的是钱，其实最大的差距是思维。"思维差异是受所掌握知识差异决定的。知识差异，决定了思维的差异，从而决定了劳动力的差异。

　　劳动及创造发生了变化。劳动力扩大的生产和再生产，自然会创造出更多、更新、更好的产品，特别是创造出更多、更新、更好的知识、技能，使人的大脑思维、精神状态等发生了变化，使人们的外在行为、劳动形态、生活状态等发生了变化，创造了更多、更新、更好的物质产品，物质产品的知识含量、技术含量得到提高，使社会物质面貌发生了变化。

　　劳动力消耗发生了变化。劳动力扩大的生产和再生产，需要运用和消耗更多的新知识、新技术、新工具、新材料、新能源等，特别是运用了更多的新能源以替代人的劳动力，减轻了劳动力的直接消耗。比如，需要用电力、机械、电脑、更精密仪器和设备等新产品，而不是像简单的生产和再生产那样，所运用的知识、技术、工具、材料、能源等方面没有变化。

　　劳动力吸收方面发生了变化。劳动力扩大的生产和再生产，需要吸收、掌握更多、更好的物质、能量、信息、知识、技能等，才能提高自己的劳动力，才能生产出更多、更好的劳动产品，才能提高劳动技能和效率，使劳动力的应用达到最大化。比如，用双手挖土只需要掌握简单的技能就可以，如果用钩机挖土，就需要掌握操作钩机的技能，这个技能就比双手挖土的技能复杂得多，当然，还需要运用更强大的新能源、新工具。劳动力扩大的生产和再生产，在吸收方面主要是增加了知识、信息、能量的吸收和应用量。

　　劳动能力得到了提高。由于劳动力吸收、掌握了更多的知识、经验、技能，使这些知识变成人的认识能力、行动能力，使人所创造、支配、运用的物质的力量增多、增强了，特别是能支配、使用电力、自然力、机械力，使人的体力和脑力得到延伸、增强，从而提高了人的劳动能力。劳动力扩大的生产和再生产，必须体现在劳动能力的提高上，没有劳动能力的提高，就没有劳动力扩大的生产和再生产。

劳动力扩大的生产和再生产可简称为劳动力扩大再生产。

(二) 基本内涵

1. 劳动力数量的增加。

包括劳动力成员个数增加，劳动者投入劳动的时间、精力增加。狮群其实每天的休息时间远多于捕猎时间。人则不同，一般人的劳动时间远多于休息时间。人知道一分耕耘，一分收获；两分耕耘，就有两分收获。人知道多劳才能多得，勤劳才能致富。人通过付出更多的劳动，创造出更多的粮食等产品，才能养活更多的家庭成员，养活更多的人口，再生产出更多的劳动力。有更多的劳动力，就可以投入更多的劳动，创造出更多的产品，从而又可以再生产出更多的劳动力。这种不断循环扩大的生产活动，就是劳动力扩大的生产和再生产。

2. 劳动力结构的优化。

有的人能力很全面，工作、生活、言语、交友等，样样都行。而有的人善于工作，却不善于料理自己的生活、不善于言辞、不善于与人交往等。一个人如果能够扬长避短，优化自己的劳动力结构，那么，就有可能成为一个能力很强的人。一个家庭、一个劳动组织里有许多成员，不同的成员有不同的能力特长。如何发挥好这些成员的长处，做到人尽其才、物尽其用，形成合力，使整体劳动力的效率得到最大、最充分的发挥呢？这就需要优化劳动力结构，优化成员分工合作，从而使家庭整体的劳动能力得到提升，使家庭整体的劳动效率得到提升。

3. 劳动力知识、信息及技能数量的增加。

人们在劳动实践中不断积累知识、经验，不断搜集各种信息，并应用到新的实践中，使自己的劳动更有成效。有些人或组织，由于掌握的知识、信息及技能不够，导致整体的劳动生产力水平不强，效率不高。对于这样的情况，他们一般可以通过学习、培训提高自身的劳动力，实现劳动力扩大的生产和再生产。

4. 劳动力知识、信息及技能质量的提升。

知识、信息及技能不光有数量，还有质量。不同层次的知识、信息及技能的质量是不同的。不同质量的知识、信息及技能，显然影响劳动者的劳动能力和水平。劳动者可以通过终身学习、在实践中学习，不断提高自己所掌握的知识、信息及技能的质量，来提高自己的劳动能力，实现自己劳动力扩大的生产和再生产。

5. 劳动力知识、信息及技能结构的优化。

不同的人，所掌握的知识、信息及技能是不同的。人进行相应的劳动，需要匹配相应的知识、信息及技能。如果自己所掌握的知识、信息及技能与劳动的目的和需要不匹配，那么，就需要调整优化自己的知识、信息及技能，使自己掌握的知识、信息及技能最大限度地匹配自己的劳动，服务自己的劳动，使自己的全部知识、信息及技能共同地、整体地产生出更大的功效。

6. 创造和运用的物质、能量增多。

人越来越善于创造、依靠和运用更多、更好、更高、更强的物质和能量产品来延伸自己的劳动力，增强自己的劳动力，代替自己的劳动力，这是劳动力扩大再生产的显著表现。

(三) 基本外延

产品交流、知识交流、信息交流，都有利于劳动力扩大的生产和再生产。择优、求优、学优是人的基本特性，而开放交流有利于实现这些。劳动力扩大的生产和再生产，是人类社会的基本特征，是人类区别于其他动物世界的显著特征。一个劳动力不断扩大的人，是个人掌握和贡献的知识不断增加、解决问题的能力不断增强、创造价值的能力不断提高、社会影响力不断提升、贡献的正外部性不断扩大的人。一个劳动力扩大的生产和再生产的家庭，是不断进步的家庭，是幸福美满的家庭，是为社会贡献更多正能量的家庭。

二、基本表现

劳动力扩大的生产和再生产，表现为人口整体的劳动能力不断提高，人口整体的科学文化素质不断提高，科学技术和社会生产力不断进步，创造的物质财富和精神财富不断增长，物质产品、能量产品、信息产品数量不断增加、丰富，质量不断提高，科技含量不断上升。

(一) 个人或家庭知识、能力及财富实力不断增强

个人或家庭知识、能力及财富实力等，都呈现增长的态势，这是劳动力扩大的生产和再生产的结果，也是劳动力扩大的生产和再生产的体现。

(二) 综合知识水平不断提高

劳动力吸收、掌握和运用的知识更全面，数量更多，质量更高，结构更优，整体素质更会得到显著的提高。综合知识水平不断提高的人，就会对社会

有积极、正面的外部性。这类人口的比例不断提高，社会会更加文明、和谐。2017年5月6日，伦敦金斯顿大学的研究人员发表研究报告称，读书实际上可以让人成为更友善且更富有同情心的人。

(三) 专业技能不断提高

闻道有先后，术业有专攻。社会有分工，每个人都是社会的一分子，每个劳动者都从事着某一方面的工作，都需要掌握一定的专业技术，以服务于社会。劳动力扩大的生产和再生产，可以体现在劳动者所掌握的专业技能显著提高，具有较高的从事专业工作、胜任专业工作发展需要的能力。

(四) 解决问题的能力不断提高

人在生产、生活中，总会有许多理想、梦想，比如，现在的人想到太空去旅行。要实现这些理想和梦想，就必须解决一个又一个的技术难题，攻克一个又一个的科学难关。人类在前进的道路上自然会不断地遇到许多困难和问题，这些困难和问题无法回避，而且困难和问题还会层出不穷，需要我们经常面对和不断地解决。一个不断扩大的劳动力，必然有能力解决新出现的困难和问题。

(五) 生产能力和效率不断提高

人是劳动着的人、生产着的人，是生活在自然之中的，是自然的认识者、适应者、改造者和创造者。劳动力扩大的生产和再生产，自然体现在人揭示自然规律、运用自然规律、征服自然、战胜自然的能力不断提高上，自然体现在认识自然、适应自然、改造自然和创造新世界的生产能力、劳动效率的不断提高上，体现在付出同样的劳动量，就能够生产出更多、更好、更新的产品上。

(六) 个人品德、社会公德、家庭美德和职业道德不断提高

劳动力扩大的生产和再生产，还必须体现在劳动者的个人品德、社会公德、家庭美德和职业道德不断提高上。这"四德"的修为和增进，应当伴随人的一生。助人为乐，见义勇为，积善行德，乐善好施，成为社会道德的标杆。这样的人，就是受社会尊敬、爱戴的人。这有利于劳动力的生产和再生产扩大之后，劳动者为社会服务、为人类服务的方向不至于迷失，有利于人类向正确的方向前进。

(七) 在行业中名列前茅，引领行业发展，成为行业的领袖

作为社会的人，人与人之间的发展不是均衡的、齐头并进的，有的人发展得快，有的人发展得慢。人生如逆水行舟，不进则退。实现了劳动力扩大的生

产和再生产，就是劳动力与过去相比有了发展和进步，甚至该劳动力能在群体中脱颖而出、出类拔萃，在行业中名列前茅，能够引领行业发展，甚至成为行业的领袖。比如，马云就是电商平台的领袖。

(八) 为社会贡献正外部性、正能量，成为社会的楷模

劳动力扩大的人，做人能成为社会的标杆，做事也能成为社会的标杆，生产的产品能成为社会学习的榜样，社会整体也因此不断地进步、提高和发展。

(九) 社会财富显著增长

劳动力是财富的创造者、占有者和使用者。劳动力扩大的生产和再生产，必然提高人的劳动生产力和劳动生产率，必然创造出更多、更好、更高、更强的产品，包括物质财富和精神财富在内的整个人类社会的财富会整体性增加，从而实现人类从贫穷走向富裕。劳动力的简单生产和再生产就无法实现从贫穷走向富裕，而只能停留在过去的状态。

从上面的阐述中可以看到，劳动力扩大的生产和再生产，不仅仅体现在劳动生产方面，还体现在其他许多方面，包括知识技能、思想道德、为人处世等方方面面。应该说，劳动力扩大的生产和再生产是无所不包的，只要是对现实社会有益、能增加社会现实和长远的利益，都是劳动力扩大的生产和再生产。

当然，上述罗列的几种情况并不是全面的，也不是概括的，只是一种提示。真正的劳动力扩大的生产和再生产，是全方面、全方位的，不同的人有不同的方式方法和表现，是丰富多彩、异彩纷呈、千帆竞发的，无法一一列举。

三、实现条件

实现劳动力扩大的生产和再生产需要有两个条件，也是两个标志。

(一) 物质、能量的生产量和消耗量增加

劳动力要扩大生产和再生产，就必然会生产出更多的物质和能量，同时，也就必然要消耗、吸收、运用更多的物质、能量。比如，吃的、用的比原来多了，生产出的产品也比原来多了。两者虽然不一定是一一对应的关系，但是，确实存在互为前提条件的关系。要实现这个条件，个体的劳动力必须充分挖掘自己现有的潜力、富余能力，在可承受的范围内比之前更勤奋，付出的劳动量比之前更多些，休息的时间更少些。这样才能在没有生产力提高、没有科技知识进步的情况下，实现物质产品生产的扩大，也才能因此有更多的可用于消耗和吸收、运用的物质产品，从而实现劳动力扩大的生产和再生产。这就是勤

能补拙，笨鸟先飞，早起的鸟儿有食吃。即使在科学技术和生产力提高的情况下，在人类运用更多物质生产力来代替人的劳动力的情况下，物质生产力的提高也需要增加物质和能量消耗才能开展工作，才能代替人的劳动，比如，机器需要消耗更多的物质和能源等，因此，这也会增加对物质和能量的消耗。

由于多方面的原因和需要，以及生产量与消耗量之间存在客观的时差性，通常生活消费品的生产量要大于消耗量，从而产生一个社会库存富余量。这个库存富余量过大，会造成浪费；过小，又不利于防范风险，难以有效满足扩大的生产和消费的需要。

人类消耗的不可再生的煤炭、石油等矿物燃料在不断地增加，并导致这些矿物燃料由储藏于地下、冷寂的和内涵的状态，变成外在的、热烈的、散发的和难以再利用的状态，是不可逆的。煤炭、石油等本来是集中地储藏在地下，并不会发热，也不会对地球环境造成破坏的，但是，当它们被人类使用时，它们的能量就由内能变成了热烈的外能，并且使用之后也不可能再回到原来的状态。矿物燃料在使用中产生的许多能量并没有得到人类的有效利用，那些没有得到有效利用的能量无组织地散发到地球大气中，而这些能量是巨大的，难以回收的，并可能长期地聚集在地球的大气中，使地球变暖，能源的这种不可逆变化被科学家们称为"熵增"。与"熵增"同步的，是人类的知识也在增长。特别是绿色能源、大数据、人工智能、基因编辑等新技术的不断涌现和广泛深入使用，有可能改变人类实践及对能源的利用形式、途径、方法和效率。"知增"与"熵增"哪个更高、更快、更强？还有待实践的检验。

(二) 知识增加和科学技术进步

人类的知识必须一代一代地增加，后代必须胜过前代，否则，会导致人类的停滞甚至倒退，而不是进化。要实现劳动力生产和再生产的持续扩大，必须有知识信息的增长、科学技术的进步。劳动者必须在劳动中积累更多的经验、知识及技能，不让自己在劳动实践中创造、发现的知识、信息及技术白白流失，做到一举两得、一劳两收，甚至一举多得、一劳多收；再把劳动实践中获得的知识、经验及技能等应用到新的实践中，以提高新实践的成功率和生产力，从而创造更多更好的产品，满足人们扩大再生产的需要。人的劳动是在大脑思维的支配下进行的，大脑思维需要运用知识，运用的知识越多，思维就越正确，劳动效果就越好，创造的产品就越多。比如，年轻的工程师们参加一些工程项目建设，他们不但在工作中获得了劳动报酬，换回了维持劳动力再生产即生存所必需的物质产品和精神产品，自己也在工程建设中得到锻炼和成长，培养和增强了自己的能力，也为他们进行新的工程建设积累了丰富的经验。因此，知识、经验及技术等，与劳动者的生产力高度正相关；知识、经验及技能的增加，与劳动力扩大的生产和再生产正相关。这也就是我们在现实中看到的，技术水平越高的人，越受到企业的重视，工资收入也越高。没有技术，或技术水平不高的工人，他的工资水平一般不可能比有技术的工人高。这说明，知识增长是劳动力扩大再生产的前提。

上述两个条件，只要得到满足，就可能实现劳动力扩大的生产和再生产。

(三) 劳动力简单的生产和再生产向扩大的生产和再生产跃升

劳动力简单的生产和再生产向扩大的生产和再生产跃升，需要劳动者在劳动实践中不断钻研技术，提高自己的劳动技能，做一个刻苦钻研、善于思考、一丝不苟、精益求精、有"工匠精神"的劳动者，不断从各种渠道、各个方面学习新知识、新技术、新经验，不断提高自己的劳动能力，提高自己解决复杂问题的能力。一个劳动力不断扩大的人，他发挥的作用会不断扩大，创造的价值会不断增加，受到的重视会不断增加，获得的相应报酬也会不断增加。劳动力从简单再生产向扩大再生产的跃升，必然伴随着知识的增长，有时还伴随着能量的增加。当然，利用有效的社会分工与合作，也可以提高劳动生产力，实现劳动力扩大的再生产。比如，企业中一部分人专门从事技术研发，另一部分人专门从事生产加工，两者有机结合，同样能实现劳动力扩大的生产和再生产。家庭也可如此。从现实看，这也是人类社会实现劳动力扩大再生产的重要方式。

四、实现途径

劳动力扩大的生产和再生产，有两种基本的实现途径：一种是外延扩大的生产和再生产，另一种是内涵扩大的生产和再生产。

(一) 外延扩大的生产和再生产

外延扩大的生产和再生产主要是靠增加劳动力数量、扩大劳动力规模、增加劳动力的劳动时间和劳动强度，从而实现劳动力扩大的生产和再生产。

1. 数量增加。

家庭成员中的劳动力数量比过去有明显的增加，这可以扩大劳动量，生产出更多的劳动产品，从而为养活更多的家庭人口创造物质条件。

人口既是消耗者，又是生产者，必须处理好生产与消耗的关系，特别要处理好对劳动力的教育等方面的投入与提高劳动力的实际创造力的关系。要兼顾人口生产与物质生产的关系、现实与长远的关系、掌握书本知识与付诸实践能力的关系。要适当把教育与实际需要结合起来，尽量减少学非所需所用。要把劳动力培养好，提高劳动力的知识技术水平，提高劳动力的生产能力和劳动效率，从而使劳动力的生产和再生产最大化，使劳动力的劳动产出最大化。

2. 提高劳动强度，延长劳动时间。

比如，过去一天劳动8小时，现在劳动10小时；过去一次搬运100斤，现在一次搬运120斤。但是，具体人的体力、精力和能力总是有限的，而不可能是无限的。人既要工作，又要休息，只工作、不休息是不行的。因此，工作与休息应当有一个科学、合理、合适的比例结构，劳动强度有一个合理的限度，在劳动者可以承受的合理的劳动强度内，劳动者要最大限度地挖掘劳动力的使用价值。

3. 外延扩大的生产和再生产不可长久。

如果人口过快增长的同时，物质生产没有跟上，就可能导致人口挤占经济发展资源，导致人口成为家庭、社会和国家发展的负担。同时，人的体能也不能无限提高，不可能无限增加人的劳动时间、提高人的劳动强度，否则，会损害劳动力的生产和再生产。因此，发展应当主要靠知识增长和科技进步。没有知识增长和科技进步，生产力提高单靠拼人力和劳动力外延的扩大，无法实现可持续增长。依靠人力外延实现的增长迟早敌不过知识进步促进的增长。

(二) 内涵扩大的生产和再生产

内涵扩大的生产和再生产主要是劳动力通过学习教育培训、在实践中积累经验技能、搜集知识信息等方式，增加掌握和应用的知识，提高劳动技能、综合素质和劳动效率，实现劳动力扩大的生产和再生产，这既有现实意义，又有长远意义，会使劳动者一次投入、终身受益。

1. 组织的学习教育，包括家庭组织的学习教育、单位组织的学习教育等。

比如，父母要子女接受学习教育培训、单位领导要求员工接受学习教育培训等。这些学习教育活动中，有的是劳动力主动要求和接受的，有些是被动要求和被动接受的。不同情况下的学习效果可能有所不同。要尽量增强学习的主动性和自觉性,把被动学习变成主动学习,主动提高自己的知识水平和劳动技能,从而提高自己的学习效果。

2. 自主学习、自主教育。

即自学、自修,自主积累、自主锻炼、自主修正、自主增强。劳动者可以积极作为和主动作为,"不需扬鞭自奋蹄",自己培养创造自己的优势,自己积极主动地提高、扩大自己劳动力的生产和再生产。

在实践中运用书本知识、检验书本知识,把劳动实践与书本知识有机统一,增强知识的针对性、实用性和有效性。

在实践中提高劳动技能,即在实践中积累经验、信息和知识,不断提高劳动者的劳动知识技能和劳动能力,在实践中锻炼提高自己,实现劳动力扩大的生产和再生产。

在实践中提高思想认识。正确的思想认识可以使人找到正确的劳动方向。实践是个大熔炉,是最好的大学,思想认识水平可以在实践中得到验证和提高,思想境界可以在实践中得到提升,劳动的方向可以在实践中得到修正,为人民服务、为国家服务、为人类服务的思想境界可以在实践中得到升华。

第四节 劳动力扩大再生产是人类必然

一、劳动是劳动力生产和再生产的基本条件

(一) 劳动创造了人类扩大再生产的必要物质产品

人要运用自己的体力、脑力进行劳动,甚至要勤奋劳动,不劳动,劳动力再强大也是无用的,因此,劳动是劳动力扩大再生产的第一条件。

人首先是物质的人、自然的人。人的生命需要物质和能量的新陈代谢。人不劳动,不但无法获得生命新陈代谢所需要的足够数量和质量的物质和能量,也无法获得开展生产和再生产活动所必要的物质和能量。

(二) 劳动创造了人类扩大再生产的无形产品

人是智慧生物、社会性生物,人不仅需要物质产品,还需要信息、知识和科技等无形产品;不仅要独立生存,还要合作生存。人不仅生产物质产品,还生产知识精神产品。实践证明,人只有生产出更多、更新的知识、科学和技

术，并把它们应用到自己的劳动力、生产工具等中，才能实现劳动力的扩大。人不仅要生产个人化产品，还要生产社会化产品。

二、劳动力扩大的生产和再生产是人类社会的必然

劳动力的生产和再生产，是人类最基本的需要，也是人类最基本的生产活动。劳动力的生产有维持现状式的生产和再生产，以及扩大的生产和再生产。维持现状，就意味着人们的生产和生活不会发生任何的变化，显然，维持现状并不是人们所期待和满意的。人们总是希望自己的生活有所变化，越来越好，越来越有进步。

人们不愿意过，也无法过那种长期没有变化的动物般的生活，因为人是有智慧的动物，求新求变是人的本能，也是社会竞争的动因之一。人的知识和生产力总是向前发展的。就人类社会来说，科技知识不断增加，生产力不断向前发展，是人类社会的一种自发自然的现象，是人类社会自发自然的过程，是无法阻挡的，这同"实践—认识—提高"是一致的。

追求更多的知识、创造更多的知识、积累更多的知识和应用更多的知识，是人类发展的必然。人在实践中会形成更多的知识，同时，人又能够有效地记录、积累自己在实践中所创造发现的知识，使用自己在实践中形成积累的知识，并利用这些知识造福自己。应用知识，会使人的生活变得更好。人也就是为了生活得更好，才去积累知识、创造知识、学习知识和应用知识。

通过积累知识、创造知识、学习知识和应用知识，人的劳动力就会提高扩大，就能实现从简单劳动力到复杂劳动力、扩大劳动力的转化。人是可以相互学习、相互带动的。个体的劳动力提高了，集体的劳动力也可以提高。在人类社会，无论是个体的人，还是群体的人，也能在实践中不断提高自己、改进自己，进行自我革命和社会革命，也能实现自我进化和社会进化。

三、靠复制他人知识不可能实现长久发展

先进知识可以被复制，导致许多人、企业甚至国家不愿意进行知识原始创新，而是热衷于复制他人知识，这导致自己失去了知识原创动力和能力，即使是国际化大公司，也可能因没有自主创新能力和核心竞争力而陷入危机。那些所谓陷入中等收入陷阱的国家，无一不表现为缺乏自主创新能力、严重依赖别人知识创新的特征，发展中国家的财富会反向流入高收入国家。与此相反的例证是，那些自主创新能力逐渐增强的地区，都没有陷入所谓的中等收入陷阱，而是继续呈现蓬勃发展的态势,关键是他们具有很强的自主创新能力和核心竞争力,国际市场话语权和控制力显著增强,市场难以撼动他们。中国必须始终坚持走中国特色的自主创新的道路,不但中国人的饭碗要牢牢掌握在自己手里,中国"芯"也必须牢牢掌握在自己手里。

第四章 劳动力的使用价值及劳动力的使用

使用价值是产品可供人使用的属性。劳动力的使用价值是生产力的体现，是创造财富能力的体现。劳动力的使用价值，体现在劳动过程中和劳动结果上，体现在劳动力创造财富的能力上。劳动力的使用，就是劳动。劳动力的使用过程，就是劳动过程。劳动力的使用，需要运用知识、技能、体力、脑力，需要劳动对象、劳动资料等。这些知识、技能、劳动对象、劳动资料中，有的是商品，有的是非商品。劳动的目的是生产出可供人使用、能满足人的需要的广义的劳动产品。劳动的结果是生产出产品、服务、外部性等。这些产品、服务、外部性中，既有有形产品，又有无形产品；既有目的性产品，又有非目的性产品；既有可以占有、交换的商品，也有难以占有、交换的非商品。

第一节　劳动力和劳动力的使用

一、劳动力

(一) 劳动力的基本概念

劳动力，是人创造物质产品和精神产品、获得生存和发展的全部能力，是人所具有的体力劳动能力和脑力劳动能力的总和，是人拥有的一切能力。劳动力有时又称为劳动能力。

人是社会性动物，因此，人的劳动力既归自己所有，又能服务社会。人可以支配自己的劳动力，而不是完全靠别人来支配自己的劳动力。人要生存，就必须使用自己的劳动能力，这不是为了别人，而是为了自己。

(二) 劳动力的内涵

劳动力的内涵相当丰富，包括体力劳动能力和脑力劳动能力；包括思维能力、语言能力、行为能力和社交能力；包括创造能力、贡献能力等，不一而足。

(三) 劳动力的外延

人所拥有的一切能力，都是人的劳动能力，既包括生产能力，也包括生活能力。

(四) 劳动力有大有小

不同的人，有不同的劳动能力。在劳动实践中，由于存在各种复杂的原因，不同的人，其劳动能力通常表现出不相同、不相等的现象。这种表现，与先天的遗传基因关系不大，而与后天的学习、实践联系更紧密。有些人的劳动能力先天不足，可以通过后天的学习、训练来弥补。劳动能力有大有小，在相同的时间内生产出的产品数量越多、质量越高，就表明劳动能力越强。

(五) 劳动力成长于实践

劳动力是在实践中形成的，会随着实践的发展变化而发展变化。不同的实践，会产生不同的能力。新的实践会产生新的能力。

(六) 劳动力要适应新的社会实践

个人实践是由个人创造的，社会实践是由社会大众共同创造的。个人只有适应并融入新的社会实践，才能在新社会实践中找到自己生存和发展的机会，才会形成新的劳动能力。

二、劳动力的使用

(一) 劳动力的使用的含义

劳动力的使用，就是进行劳动，是劳动力的具体呈现和运用，是人的能力的具体呈现和运用，是劳动者运用自己的体力和脑力，运用自己的知识、能力，从事劳动实践活动，创造能够满足自己及他人生存和发展需要的产品，实现劳动力的生产和再生产。

1.劳动力的使用，是综合运用自己的体力和脑力的活动。

劳动力的使用，通常既没有单纯使用体力，也没有单纯使用脑力的情况，而是综合运用体力和脑力的活动。

2.劳动力的使用，通常要综合运用以前实践中积累、学习到的知识、信息及技能。

人是智慧动物，在使用自己的劳动力的过程中，总会用到以前实践中积累、学习到的知识、经验，利用这些知识、经验指导自己新的实践，把这些知识、经验应用到新的实践中，从而使新的实践效率更高，效果更好，更能节约自己的劳动。

3.劳动力高效地使用好劳动工具，属于劳动力本身的使用。

能否高效运用劳动工具，是劳动者的劳动能力及其使用价值的具体体现，是劳动的具体展现。因高效地使用工具而创造超常的高效率，属于劳动的效率，而不属于工具的效率。

4.劳动力的使用,是创造劳动价值和使用价值的活动。

人类社会的一切,都是人劳动创造的。劳动是人类社会的价值源泉。没有劳动,就没有人类社会的一切。

(二) 劳动力的全面使用

1.人的实践是全面的,人在实践中积累、学习到的知识、信息及技能也是全面的。

这些全面的知识、信息及技能,通常并不是在一次实践、一个方面实践,甚至不是在一个人的实践中积累、形成的,而是在长期的、多方面的,甚至是社会大众共同的、相互联系的实践中逐步汇聚、综合、学习、积累形成的。

2.劳动力的全面使用,是全面使用人的体力和脑力,全面使用人的实践水平和知识水平。

劳动力是人的体力和脑力的总和,劳动力的使用是人的体力和脑力的综合使用。无论是体力劳动,还是脑力劳动,都全面体现了人的实践水平、思维能力和认识水平。一件产品,通常既是人的体力能力的体现,也是人的大脑思维能力、认识能力、实践水平的全面体现。

3.人的实践是多方面的,这要求我们每个人要有多方面、全方位的能力。

如果能力有一方面的缺失,那么,就会出现"短板"效应。例如,我们通常有创造财富的能力,还有防遗失、防盗防骗、确保财富安全的能力,我们通常既有善于创造财富的能力,又有善于享受、使用自己财富的能力。

(三) 劳动力的非全面使用

1.人的潜能是很大的,劳动能力是多方面的。

我们常说,"人有多大胆,地有多高产""思想有多远,我们就能走多远"。但是,我们通常并没有全部开发使用自己的能力,而只是部分开发使用了我们的能力,放弃开发使用另一部分能力。

2.人总是生活在具体实践之中的,具体实践通常具有非全面性。

这就不要求每位劳动者在任何时候都全面使用自己的劳动能力,通常只需要按照自己和社会的现实需要使用部分劳动能力,只在不同的实践中分别使用自己不同的、不全面的、部分的劳动能力。

3.人不是全能的。

人的生命是有限的,人的精力是有限的,人的实践是有局限性的,人通常并不是无所不能的，而是有专长的，通常有一个具有优势的主要能力或专业特长。只要使用了人的主要能力或专业特长，那么，就可算作是"人尽其才，物尽其用"。

4. 劳动力的使用价值，就是劳动力的可使用性。

它取决于使用者的目的、使用者的使用能力，以及使用效果。劳动能力是客观的，且是多方面的。比如，一个人，既可以从事农业，又可以从事机械修理工作，还可以打扫卫生、从事服务业，甚至还可以从事档案管理、文秘工作，还可以帮助别人做思想疏通工作、调解工作；既可以在车间工作，又可以到写字楼工作，还可以到厨房工作。但是，对这种劳动力的具体使用，还得看劳动者和老板有什么具体的需要和条件。

5. 不同的使用，对使用方和被使用方都会有不同的效果。

使用价值最终取决于使用效果。通常，使用效果越好，使用价值就越大；使用效果越差，使用价值就越小。有时，不同的使用，会开发出不同的潜能，会在实践中积累、产生新的能力。比如，长期从事体力搬运工作的人，可能练成大力士。有时，不同的使用，会造成对劳动力的浪费。

6. 劳动力的使用以需求为导向，以生存和发展为导向。

需求是劳动力使用的先导。有什么样的需求，就有什么样的劳动力的使用。需求，有主体自己的需求，比如生存需求、志向需求，也有他人需求、社会需求。无论是满足主体自己的需求，还是满足他人的需求，都是使用劳动力的目的。没有需求，就没有劳动力的使用。劳动力通常是按照需求培养自己的能力，从事自己的劳动实践。这也体现了劳动力的社会性和实践性。

(四) 劳动力的简单使用

劳动力的简单使用，就是简单劳动，就是在劳动中，只需要运用简单的劳动知识、劳动技能，只付出简单的劳动量，是大多数人都能胜任的劳动。

(五) 劳动力的复杂使用

劳动力的复杂使用，就是复杂劳动，就是在劳动中，需要运用复杂的劳动知识、技术，需要解决常人难以解决的复杂问题，经历比简单劳动更复杂的劳动过程，运用比常人更复杂的劳动技能，是常人难以胜任的劳动。

(六) 劳动力的创新使用

劳动力的创新使用，就是把劳动力投向之前没有过的劳动领域、对象、过程，或采用新的工具、技术，或采用生产资料、劳动对象、劳动工具、技术等的不同的排列组合，使劳动者的劳动技术、劳动形态、劳动方式或劳动动作等发生变化，使劳动者产生不同的感受，创造出之前没有过的劳动能力或劳动产品，在劳动中摸索创造出可以使用的、有意义的新产品、新知识或新外部性等。

三、劳动创造物质产品和精神产品

(一) 劳动创造物质产品

物质产品是人的劳动创造的。没有劳动，就没有物质产品。物质的原材料等经过人的劳动加工，形态、结构、功能、运动状态等发生改变，物理和化学性能等发生改变，变成了可以满足人的需要、可供人使用的产品。人在生产物质产品的同时，把自己的劳动和知识也加入、凝结或物化其中，使自己的劳动和知识物化到劳动产品之中，变成物质劳动产品中的活劳动价值。同时，也把原材料中已有的物化劳动量，一并转化到新的产品中，与自己投入的活劳动一起构成了新产品的劳动量、劳动价值。没有掌握复杂、先进知识技能的劳动，只是简单劳动，只能生产出简单、低质量的物质产品。没有质量的劳动，甚至是浪费劳动。

物质产品的使用价值由生产者赋予，使用价值是物质产品与生俱来的客观属性。但是，物质产品的使用价值如何得到有效的使用，即如何充分利用其使用价值？这又取决于使用者对产品使用价值的认识，取决于使用者的知识技术。使用者的知识技术水平越高、对产品使用价值的认识越高、与产品使用价值本身越匹配，那么，产品使用价值利用得就越充分、有效；反之，产品使用价值就难以有效利用。

当前，机器自动化、智能化生产正蓬勃兴起、方兴未艾，一线工人在某些工厂里消失了，取而代之的是自动化机器，出现了所谓的"黑灯工厂"，也就是工厂的车间里只有自动化、数控化的机器，没有人，不需要灯光。但是，这绝不能说明不需要人就可以生产出产品来，而是说明，产业工人的知识水平、结构，工人在企业中所从事的工作等，都发生了变化。企业人员结构中，由原来低端工人占主体部分，变成了工程师占主体部分。自动化工厂里，更多的是拥有一定技术的工程师、高级工程师、科学家等，他们是自动化企业里的劳动者主体，企业的价值主要是由他们创造的。

(二) 劳动创造精神产品

人在改造客观物质世界的同时，自己的主观精神世界也会得到改造。劳动者在劳动中，不但改变了物质原材料的形态、运动状态、结构、功能等，创造了新的物质产品，同时，也创造了新的精神产品，创造了自己的新认识、新信息，积累了自己的新经验、新技能等，同时也为社会创造了新知识、新经验、新信息、新外部性等。人在进行物质产品生产的同时，会使自己对物质资料、产品、加工工艺、市场信息、社会关系等有更深刻、更贴切的认识。这些认识，会在人的大脑里形成知识、经验、信息等，使人对社会、对实践、对生产劳动有更加深刻、科学的认识。这种认识，又会对人的下一次实践有指导作用。这就是劳动改造了精神世界，这就是实践出真知，就是物质变精神。

(三) 贡献外部性

人的劳动过程只要是公开、透明的，人的劳动产品只要是公开的，人就会通过劳动过程和劳动产品向外界散发信息，就会有外部效应，就会影响、刺激外部其他社会成员，就会让外部其他社会成员感知到、观察到，这又为其他社会成员提供了知识、信息，提供了学习、借鉴的材料。

劳动过程，以及劳动产品，都可能有外部效应，这都是对外部、对社会的贡献。成功了，就为社会积累了经验；即使是失败了，也会为社会积累经验。

(四) 改造物质世界与改造精神世界的统一

如果劳动者在劳动中既能创造出物质产品，又能通过劳动提高自己的技能，提高自己的思想和知识水平，提高自己的精神境界，甚至提高对社会的认识水平，那么，这样的劳动实践，就是改造物质世界与改造精神世界的有机、有效统一。

四、劳动提高了生产力，促进了社会发展

人是最勤劳的动物，一天到晚都在不停地劳动着。人的生产效率很高，生产的产品可以超过自身需要消耗的产品。人类工业革命在其开始之后的一百年多的时间里，创造了人类历史上全部生产力的总和。而今天，人类社会在它最近七十多年的时间里，又创造了数倍过去几千年历史所创造的全部生产力、全部财富的总和。劳动力水平的提高，使得人类的生产力水平得到提高。劳动力的高效运用，成为社会发展的加速器。

(一) 产品数量在加速增长

人的自身消耗其实是很低、很小、很少的，而且千百年来基本上是不变的，但是，人的生产效率是很高的，并且是不断提高的。人的劳动创造的产品完全超过了人自身的需要，超过了人自身的消耗。

当然，人不只需要粮食，还有衣、住、行、用等方面的需要。正是因为人的需要是多方面的，并且是发展变化的，人在解决了温饱之后，就有了更多的时间去从事其他方面的生产劳动，劳动才有了专业化的分工与合作，才有了交换的出现。

不仅物质产品数量在增加，知识产品的增长速度更是惊人的，以致人们用"知识爆炸""几何级数"来形容知识的增长速度。

(二) 产品种类在增加

人类的知识越来越细化，越来越科学，人类生产的产品种类也越来越多，越来越细化。

人不只生产粮食，还能把粮食加工成各种各样的新颖食物、人工食物、自然界没有的食物。

人不只生产仅供人居住的住房，还想方设法使自己的住房更方便、舒适，更有技术含量，更自动化、智能化。

人不仅自己劳动，还发明了机械等劳动工具，以减轻人的劳动，代替人的劳动。

人不仅自己走路，还发明了交通工具和通信工具。而且，交通工具和通信工具还在不断地更新换代，还在不断地发展进步，特别是通信工具，真正实现了"千里姻缘一线牵"。

人们今天使用的许多产品，在三十年前很少有，甚至连想都没有想到。人类创新越来越多，导致人的需求越来越多，而需求越来越多，又刺激人们追求更高的创新，创新与需求相互形成了正向互馈、相互促进、放大效应。

(三) 产品质量在加速提高

"实践—认识—提高"，每一次进步，都使知识的质量得到提升。人类的每一次生产活动，都是一次新的、提高知识和技能的生产活动。每一次生产，都比过去的生产力更进步，生产的产品质量更好。

(四) 劳动生产力在加速发展

所有这一切，都归结为人的生产力超过了历史。人创造的科学技术在加速前进，人的生产力在加速前进。目前生产力的发展速度是历史上没有过的，发展水平是历史上无法比拟的。这一切，都归结为人的劳动，是人的劳动创造了这一切。没有人的劳动，就没有这一切。劳动是人类加速发展的根本动力。中国改革开放四十多年实现了持续的高速发展，劳动者的活力、效率、创造力提高了，知识创新、传播、应用得更多、更快、更广，应用先进生产力更多，中国的知识分子、农民、工人们较过去更加积极主动，劳动的有效性更高，从而得到更多的劳动回报。

五、劳动力的使用价值

(一) 劳动力使用价值的两种含义

劳动力的使用价值就是指劳动者的劳动创造能力，或创造价值的能力，这是劳动力理论上的使用价值。这是第一种含义。

劳动力的使用价值是劳动力的实际使用效果。这是第二种含义，是实际意义上的劳动力的使用价值。有的劳动者的劳动能力与其实际使用效果、劳动效果是匹配的、一致的，有多大的劳动能力，就付出了多大的劳动能力，产生了多大的劳动效果。但是，有的劳动者有很高的劳动能力，却出现"英雄无用武之地"，这种情况也是存在的。

(二) 劳动力使用价值的含义需要具体问题具体分析

劳动力的使用价值到底采用哪种含义，需要结合具体情况进行具体分析。在充分的市场经济条件下，由于劳动力也存在自身与市场的互配与均衡，一般能在市场中找到适合自己、与自己能力匹配的市场位置，因此，在这样的情况下，可把劳动者的劳动能力等同于其劳动力的使用价值，这虽然是很粗略的、不精准的，但也是可以接受的。

(三) 劳动力的使用价值千差万别

体现在劳动力的使用方式方法上。不同的使用方式方法，会导致劳动力的使用效果的差异。扬长避短，可以最大限度地发挥劳动力的长处，提高劳动效率；扬短避长，就会降低劳动效率。有的劳动效率高，有的劳动效率低；有的劳动质量高，有的劳动质量低，这可能取决于劳动力的使用方式方法上的差异，体现了劳动力所掌握运用的知识、技能、劳动理念上的差异。如果抽象掉方式方法上的差异，劳动就没有差异了，就都是一般的体力和脑力劳动的付出。只要一"穿上"知识、技能、效率这个"外衣"，劳动的差异就立刻显现出来。

第二节　劳动力使用价值的形成过程

劳动力使用价值的形成，取决于劳动力的生产和再生产。劳动力的形成靠劳动锻炼、训练和积累，靠接受和吸收知识、技能，靠实践积累和学习知识技能，体现在劳动者的体力和所掌握的知识的增长导致人的脑力变化上。人在小时候的玩耍活动可以锻炼、训练、积累人的体力和脑力劳动能力。劳动力吸收的劳动价值和使用价值通常构成劳动力本身的劳动价值和使用价值，当然，这并非总是一一对应的关系，比如，食量大的人，不一定劳动能力也大。但是，劳动力吸收了粮食的使用价值和劳动价值，从而使粮食的使用价值也就转化成了人的基本劳动力，使粮食所凝结的人类一般劳动量转化为劳动力形成时所凝结的或者劳动时所付出的人类一般劳动量。也就是说，通常，你吃了多少粮食，你就有多大的劳动能力，也就能创造多少价值，这种观点与劳动者成长过程是符合的。知识的使用价值则是形成劳动力使用价值的关键要素，不同的成年劳动力，主要体现在其所掌握的知识的不同上，而不是由其所吃的粮食数量决定的。

一、体力的形成

(一) 自然生长形成体力

从幼年到成年，随着年龄的增长，人的体力也呈现增长的规律。人的生长发育，自然会形成一定的体力。成年人的体力比幼年人的体力肯定要大。但是，成年之后，人的体力一般不会再随着年龄的增长而增长；此段时期的体力通常会随着年龄的增长呈现衰减的规律。把人的体力作为纵坐标，把人的年龄作为横坐标，那么，人的体力在这个坐标系里，呈现的基本是钟形分布，也就是正态分布。开始，人的体力会随着年龄的增长而增长；到了一定的年龄之后，人的体力会随着年龄的增长而下降。这是自然规律。

(二) 劳动实践形成体力

除了自然生长形成体力，在一定的年龄段，主要是从幼年到成年之间，劳动实践也可以形成体力。科学训练可以适当提高人的体力，并使其与其他人拉开差距。事实上，这个时间段，人的体力的主要部分是靠劳动实践的锻炼而获得的。没有劳动实践的锻炼，人也会只长个头而不长体力，有可能"手无缚鸡之力"。有的人加强锻炼，成了大力士。我们常说"越做越有力"就是这个道理。人如果不从事体力劳动，不进行体力锻炼和体能训练，那么，人的体力就很小，以至连抓小鸡的力量都没有。

当然，即使劳动实践能形成体力，也会有极限、有衰老，也逃脱不了自然规律。

(三)体力劳动的基本相同性

所有的体力劳动，基本上是相同的，可以看成是一种单纯的、简单的机械力或自然力的使用，通常只是用于改变物质的形态或运动状态。体力只有量的大小区别，而没有花色品种和品质上的差异，没有结构、功能和形态上的差异，没有复杂与简单的差异。花色品种的差异是源于知识、技能的差异，源于脑力的差异，而不是源于体力本身的差异。体力是有极限的，不同的人虽然体力有所不同，但是，体力差异其实并不很大，至少不像知识、技能差异那样大。

二、脑力的形成

脑力的形成小部分是源于遗传，但是，最主要的来源是后天的实践和学习。实践和学习，是形成人的脑力的主要来源，是人与人的脑力差别的主要根源。

2018年7月15日，瑞士苏黎世大学神经心理学教授卢茨·扬克发布了一项研究成果，该成果表明，遗传和非遗传因素的结合，不仅能够影响大脑机能，还能影响大脑解剖学特征。扬克指出，作为个人体验，似乎能够影响大脑解剖学特征的一个例证是，职业音乐家、高尔夫球手或棋手在支撑自身专门技能的大脑区域，都具有特定的特征。同时，短期体验似乎也能改变大脑，例如，如果一个人右臂两周保持静止不动，那么，大脑负责控制这只手臂的区域的皮层厚度就会减小。扬克怀疑，这些对大脑产生影响的体验与基因组成相互作用，这样年复一年，每个人都形成完全个性化的大脑结构。以此理论推之，一个人如果不愿意进行知识学习和创新，他的大脑相关区域就可能出现相应的退化；推而广之，一个国家如果长期不注重自主创新，整个国家也可能在这方面出现相应的退化，这是符合进化论逻辑的。

(一)先天的基因

先天的基因是遗传的因素。就人与其他动物来说，人的脑力基因显然比其他动物具有优势，这是由遗传基因决定的。但是，人与人之间则不完全如此。事实表明，人与人之间的脑力差异是由于后天的实践和学习上的差异造成的。

(二) 后天的实践

科学家与一般人的区别在于，科学家能够在长期的实践中持续、全面、系统、一丝不苟、严谨细致地记录长期实践中出现的各种细微情况、观察到的各种细微情况，并对这些细微情况进行长期连续的统计、分析、总结和归纳，从中发现对人有益的、规律性的和真理性的知识。科学家不会丢失、浪费每一次实践中出现的各种信息，而是努力保留并分析研究这方面的许多信息；而一般人的实践可能除了获得物质生产资料外，很少有意保留过程方面的信息。对一般人来说，每一次实践，都如过眼云烟；有科学精神的人则努力保留每一条信息，研究每一条信息，从中找出对人有益的、规律性的和真理性的知识。有科学精神的人，面对失败，坚定不移，英勇顽强，毫不气馁，遵循"实践—失败—再实践—再失败—再实践—直到成功"和"实践—认识—提高—再实践—再认识—不断提高"的认识实践规律和认识实践路径。

(三) 后天的学习

学习，是使自己劳动力得到快速提升的最有效、最快捷的方式和途径。只要是对人有益的、能反映自然和社会的规律性、真理性的科学知识，就具有普遍的适用性。一个人探索出的科学知识，可以供其他任何人学习和使用。学习了别人劳动实践创造的知识，就减省了自己探索知识的劳动实践过程，节约了自己的劳动，就使自己掌握了别人劳动实践创造的成果。选择了学习，就选择了节约劳动，选择了提高劳动能力、劳动效率，就选择了进步。一个不断学习的人，必定是一个劳动能力不断提高的人。

(四) 脑力的差异性

脑力决定了技能、技巧，决定了劳动的复杂程度和产品的复杂程度，决定了劳动能力、劳动效率，决定了产品的品质，决定了特色，决定了规模、结构、功能和形态，决定了产品的使用对象和使用价值。与体力有极限的情况不同的是，脑力几乎是没有极限的。不同的人由于学习情况的不同，他们在脑力方面的差异是巨大的。在同一个时代，极高的脑力劳动者与极低的脑力劳动者在劳动形态和劳动产品上通常有着巨大的差异。

三、对非商品使用价值的吸收

在劳动力的成长过程中，需要吸收大量的物质、能量和知识等，这些物质、能量和知识，有些是不需要等价交换就可以得到的，只需要不等价的交流或无偿的方式就可以获得的。

(一) 家庭抚养

家庭抚养是非商品性的，被抚养人不需要通过等价交换就可以从抚养人处获得物质、能量和知识。

1. 身体抚养。

抚养人对家庭成员身体的抚养，使被抚养人的身体不断成长壮大，体力不断增强。

2. 知识教育和思想教育。

父母不但抚养儿女们的身体，还对儿女们进行知识、思想、道德和劳动技能等方面的教育，教育他们树立正确的世界观、人生观和价值观，让他们能够融入社会、立足社会和服务社会，成为有益于家庭和社会的人，成为家庭和社会的贡献者。这是最重要的抚养。

(二) 自我训练

人不但接受他人的教育，还能够主动地学习、训练自己，以提高自己的本领。

1. 自学成才。

自学是人生的必修课，是人的主观能动性的重要表现。人知道观察、学习、借鉴他人的实践和知识，能够学习古人的智慧，能够从书本上学、从实践中学。人有很强的观察、分析、判断事物的能力，能"见贤思齐，见不贤即自省"，知道"顺之则昌，逆之则亡"的道理。

2. 自我训练。

人知道要在成长中锻炼自己，要在逆境中磨砺自己，这可使人进化而不是退化。人不怕磨炼，不怕挫折和失败。人把逆境当作财富，知道"吃一堑，长一智"，知道"失败是成功之母"。人知道只有平时加强训练，练出过硬本领，当真正面对劳动、面对困难和问题时，就能轻松应对。人能在实践中学习，在学习中实践；在成长中学习，在学习中成长。

(三) 实践积累

1. "人不能两次踏进同一条河流。"

每天的实践都不相同。人总会面对许多新情况、新事物和新实践。人善于在不断的新实践中积累新经验、新知识、新技能和新信息，善于总结实践的经验和教训，善于把实践当作自己最好的老师，使自己的知识、经验、技能更丰富、更先进、更有效。无论是自然科学，还是社会科学，都是在实践中不断发展进步的。没有实践，就没有科学知识的进步。人所掌握的科学知识，是人在实践中不断探索、总结、改进、提高的结果。实践是科学知识发展的基础，科学知识是实践发展进步的阶梯。没有实践这个基础，科学知识就没有落脚点、生长点；没有科学知识这个阶梯，实践就无法一步步提高。没有新科学知识加入的实践就只能是日复一日、年复一年、周而复始的，是简单的循环往复；有了新科学知识加入的实践，实践才会向上发展。知识是推动实践向上发展的动力，正是实践中积累的科学知识反作用于实践，使得实践获得了向上发展的动力。劳动力的进步，劳动能力的提高，劳动力使用价值的提高，正是得益于人在实践中所掌握、积累的科学知识的增加。

人在实践中探索、发现的知识，如果自己不积累、不记录、不分析、不思考，而是任其白白流失，那么，这就是对劳动的浪费、对实践成果的浪费。如果人能够在社会实践中积累知识、经验和信息，不让实践中发现的知识、信息、经验等流失，那么，人就从实践中获得了"额外"的收获。这种收获并不需要人付出太多的新劳动，而是基本上是在同一劳动实践中获得的"副产品"。它是劳动者自己的劳动实践创造的产品，而不是通过交换得到的商品，这就是非商品性的知识、技能。

2. 相互学习。

人知道相互学习，取长补短，见贤思齐。人类社会是相互联系的、开放的、透明的，大家都可以相互学习。善于学习他人的人，是聪明的人。中国在改革开放过程中，报道了大量的国外经济社会方面的新闻，让中国人对国外先进的科学技术、发达的经济、完善的社会保障制度、人民的生活等有所了解；向国外派出了大量的官员进行学习、考察、交流，派出了大量的留学生学习国外先进的科学技术，有大量的公民出国旅游、交流。这些人了解了外国的信息，学习了外国的先进经验和科学知识。他们回来后，又把学到的知识应用于中国的改革开放实践，用于发展中国，成为推动中国发展进步的重要力量。中国不断进步，部分得益于大力学习他国先进发展经验以及吸收全人类共同智慧。

一个优秀的科学家，必定是个思想开放，时刻关注、掌握全球科技进步动态的人，而不是一个自我封闭、不知道国际科学进步"今夕是何年"的人。

四、对商品使用价值的吸收

人的劳动力在成长过程中，也会吸收大量的商品性的劳动价值和商品性的使用价值。

(一) 学校学习

学校就是学习工厂，在学校可以系统地学习科学知识。人通过学习，可以极大地提高自己认识世界、认识自己的能力，可以提高改造自然、改造社会、获得人需要的物质资料和精神资料的能力。

(二) 商业性培训

商业性培训，通常是为了进行商品性生产而进行培训的，是需要付出商品劳动价值和商品使用价值的，也就是需要付出高额的市场化货币成本、高额培训费的，这种培训方式通常是商品性的、商业性的。但是，培训中所传递的知识不一定全部是商品性的。如果受训者觉得没有学到什么，付出的培训费不合算，那么，就可能是全商品性的；如果受训者觉得学到了不少东西，甚至结交了许多商界新朋友，为自己今后的事业创造了新的机会，付出的培训费是合算的，那么，这样的培训就不完全是商品性的，接受这样的培训就算是"赚"了一笔知识。真正的知识，不是花钱就可以买得到的，还需要购买者再花劳动、刻苦学习，才能有效掌握，才能转化成自己的劳动能力。

五、劳动力的使用价值是可以衡量的

劳动力的使用价值同其他产品的使用价值一样，是可以衡量的。正如有人认为"钱学森相当于美国五个师的战斗力"，这就是对钱学森的劳动力的使用价值进行的衡量。劳动力的使用价值可用劳动力所解决的问题、呈现出的使用价值和力量等来比较和衡量。比较衡量的方式方法有很多，而且在不同的情况下，不同的人，为了不同的目标，采用不同的技术、方法，可以做出不同的比较和衡量。在市场经济下，劳动力的使用价值通常由市场来比较和衡量。无论如何比较和衡量，只要方法科学，就能得出一个客观公正、令人信服的衡量结果。

六、劳动力使用价值的客观性与主观性、单方面性与两方面性

(一) 客观性与主观性

从劳动力使用价值的形成可以看出，劳动力的使用价值既有客观性，又有主观性。劳动力的使用价值归属于人，归属于劳动者自身，如果劳动者主观上不愿意呈现、发挥出自己的劳动力，那么，劳动力的使用价值就无法表现出

来。因此，劳动力使用价值的呈现，有赖于劳动者的主观愿望、主观能动性。比如，一个人如果总是磨洋工，出工不出力，就很麻烦。

但是，人类作为一种客观的生命物质，不受单个人的主观性影响。一个人不劳动，不代表所有人都不劳动。人类劳动力的客观物质性总会以其自然、必然、应然的方式来呈现，这是人类赖以生存的必需，是一种自然规律、自然力量的必然呈现。因此，劳动力的使用价值同样具有某种客观性。

(二) 单方面性与两方面性

劳动力的使用价值是在劳动力的生产过程中形成的，是劳动者对自己劳动能力的一种培养，体现了劳动力生产的单方面特性。并且，劳动力归劳动者自己所有；劳动力使用与否，根本上受劳动者自己支配，这属于劳动力使用价值的单方面性。

同时，由于劳动力的使用价值又与使用者有关，需要使用者使用，劳动力的使用价值能否发挥得好，与使用者能否正确使用有很大的关系。有时，你即使有很大本领，但是领导不用你，你也没有办法。我们常说某人"怀才不遇""英雄无用武之地"就是这个意思。因此，劳动力的使用价值又取决于两方面的因素，具有两方面性。

必须明确，劳动力的使用价值即劳动能力是个理论性的概念，它既不等同于劳动者为获得这个能力实际所花费、付出的劳动量，也不等同于劳动者在劳动中实际付出的劳动量。这一方面是由于不同的知识技能影响着不同的劳动效能，不同的使用者、使用条件，影响着不同的劳动效能，使得不同的劳动者在不同的劳动时空下有不同的劳动效能，从而存在着获得相同劳动能力的人，他们付出相同的劳动量达到的劳动效果并不完全相同的情况。另一方面，劳动力的使用价值并不一定等同于劳动力在劳动中实际所使用的劳动能力、所付出的劳动量、完成的劳动量、达到的劳动效果，有时则是指劳动力所拥有的劳动能力。

第三节 劳动力劳动价值的形成过程

一、对劳动力劳动价值的两种理解

一种是劳动力在自身的生产和再生产过程中所凝结的人类一般劳动量；

还有一种理解是，劳动力在使用过程中创造的劳动价值，即付出的无差别的人类一般劳动量。严格来说，两种理解都有道理，但是，它们的应用场景是不同的。前一种理解，是把劳动力作为一种产品看待，是劳动力在形成过程中自身吸收的，通常是在劳动力成为商品、成为雇佣劳动者的资本主义场景下才能成立的；后一种理解，是劳动力在使用过程中即在劳动过程中自身付出的劳动量，通常是在劳动力没有成为商品、没有成为雇佣劳动者的社会主义场景下成立的。

二、资本主义条件下的劳动力和劳动力的劳动价值

在资本主义条件下，劳动力可以被买卖，这导致劳动力成为商品。资本家可以像购买其他物质商品一样，一口价买断劳动力"商品"，包括买断劳动力的一切劳动权利、人身权利、自由权利和经济权利等，使得劳动力成为资本的附属物，成为为资本家创造财富的机器。这就是传统政治经济学所讲的资本主义制度下的雇佣劳动力。

在资本主义制度下，劳动力这个商品的劳动价值由劳动力商品形成过程即劳动力自身的生产和再生产过程中所凝结的人类必要劳动量构成。凝结的人类必要劳动量越多，劳动力商品所具有的劳动价值就越高。至少包括三个方面，一是家庭抚养劳动量（成本）构成劳动力的劳动价值，二是劳动力的自我训练、自我生产和再生产构成劳动力的劳动价值，三是劳动力在运用中付出的劳动量构成劳动力的劳动价值。这三方面的构成，与一般商品的劳动价值构成基本相同，都是"物化"在"商品"中的人类必要劳动量，这里是指劳动力商品中所凝结的人类必要劳动量。这种劳动价值，体现在劳动力的使用之前所吸收，以及使用之中所付出的劳动量。

三、社会主义条件下的劳动力和劳动价值

在社会主义条件下，劳动者翻身得解放，成为国家的主人、资本的主人、自己的主人，劳动力不可以买卖，也无法被买卖。劳动力归劳动者自己所有，不归其他任何人所有。劳动者的劳动是自主的，是不受资本家压迫的。在这样的条件下，劳动力就不再是商品，劳动力就没有买卖、就没有呈现其劳动（成本）价值，只有进行劳动才有价值产生。即只有通过劳动力的使用，才能创造劳动价值，体现劳动力的劳动价值和使用价值。这个时候，劳动价值就是劳动力在使用过程中付出的、凝结在劳动产品中的、被社会认可和接受的人类一般

劳动量。这其实是以劳动力的实际使用、付出的劳动量来评价、衡量劳动力的劳动价值，是一种真正意义上的劳动价值，"按劳取酬"就是这个劳动价值的体现。

在社会主义条件下，只要劳动者的合法权益在劳动中得到有效保障，劳动者能够依法支配自己的劳动力，能自主劳动，劳动能力在实践中得到提高，劳动付出能得到市场化的公平的劳动报酬，劳动力就不再是商品，劳动力的劳动价值就主要体现在劳动力的使用过程中，而不是体现在劳动力的使用之前。对社会主义的劳动力来说，没有使用价值，就没有劳动，就不能创造劳动价值。劳动力有高有低，劳动力的高低取决于三个条件，一是劳动力的家庭教养，二是对他人知识的学习吸收，三是在实践中积累知识和能力。这三个条件也可以归并为两个，即先天培养吸收的和自我实践学习积累的；换言之，是对外界劳动量的吸收和自己劳动量的付出。

四、社会主义制度下也存在侵害劳动者合法权益的现象

社会主义虽然从制度上消灭了压迫和剥削，但是，由于社会主义也实行市场经济，也有资本的存在，因此有些人以追求利润最大化为目标，而不顾劳动者的合法权益，违法犯罪、丑恶罪恶的行为有时也客观地存在着，如前几年存在过的"黑砖窑"。因此，在社会主义初级阶段劳动力是不是商品，有没有成为商品，也需要具体问题具体分析。在社会主义社会，劳动力在理论上并不是商品，但是，现实中，有时也有可能是商品。是不是商品，对劳动力的劳动价值的认定是不同的。

第四节　简单劳动和复杂劳动的几种关系

一、简单劳动

(一) 劳动力的简单使用就是简单劳动

简单劳动主要体现在劳动工艺、劳动技能等方面。简单劳动通常具有普遍性，是由大量劳动力从事的劳动。简单劳动的技能、工艺，通常是一般劳动力都能掌握，或者只需要简单学习就可以掌握的。

(二) 简单劳动具有相对性

在不同的时期、不同的环境下，简单劳动可能有不同的标准。在今天看起来是简单的劳动，在100年前或者更早的时期，可能就是复杂劳动。现在看起来是复杂劳动的，但在过去，或许就不是复杂劳动。比如，人工烧制陶器、瓷器，人工织布、绣花、打铁、补锅等，在过去这些产业盛行的时代可算是简单劳动；但是，在今天，就算是复杂劳动了。二十年前，大量的中国人从事农业劳动，人工插秧、割谷、薅草等在当时可算是简单劳动；但是在今天，从事农业劳动的人相当少，会种庄稼的人已不多，人工插秧、割谷、薅草等就成了复杂劳动。因此，具体的简单劳动是在特定时空下的概念，只能结合特定时空具体问题具体分析。

(三) 简单劳动力并不稀缺

简单劳动不需要很高水平、很复杂的劳动技能，是大多数劳动者都能胜任的劳动，因此，简单劳动力一般并不稀缺。

(四) 简单劳动创造的使用价值简单

简单劳动解决的问题简单，生产出的产品的结构、功能等也较简单，创造的使用价值一般也较简单，是很多人都能生产的产品，是大家普遍能生产或能使用的产品或市场竞争充分的产品。也可把复杂产品分解成若干简单的组件，从而运用简单的劳动力进行简单的生产。

(五) 简单劳动生产的产品并不稀缺

简单劳动创造的使用价值一般也较简单，属于"大路货"，是很多人都能生产或者都在生产的产品，是大家普遍使用的产品，是市场竞争充分的产品，生产量和供应量大，可选择性高，竞争激烈，不具有稀缺性。

(六) 简单劳动只能维持劳动力简单的生产和再生产

简单劳动的供应量大、竞争激烈，其付出的劳动量、创造的使用价值通常也都不高，因而获得的劳动报酬也不高，通常只能维持劳动力简单的生产和再生产，而难以实现劳动力扩大的生产和再生产。

二、复杂劳动

(一) 劳动力的复杂使用就是复杂劳动

复杂劳动通常是指劳动工艺、劳动技能较为复杂，一般人难以掌握，并且劳动产品形态、结构、功能、技术等也较为复杂，一般人难以生产。

复杂劳动并不是人为故意搞复杂的，而是因为产品的特殊性使得劳动工艺、技能、过程等无法简单化，是一种客观的复杂。

(二) 复杂劳动技能一般要经过专门的培训

复杂劳动不是一般劳动者能胜任的，需要劳动者经过专业的培训，学习更多的、更复杂的专业知识，才能掌握复杂的劳动工艺、技能，才能胜任复杂劳动，才能从事复杂劳动产品的生产。也就是说，相对于简单劳动力的形成而言，复杂劳动力的形成需要花费更多的劳动量，付出更多艰辛。"不经一番寒彻骨，哪有梅花扑鼻香？"因此，复杂劳动通常由具有专业知识的劳动者承担。这些专业知识中，有的是商品性知识，有的是不需要通过价值交换就可以无偿学到的非商品性知识。虽然学习者不需要通过价值交换就可以无偿学习到一些知识，但是，学习者需要自己付出劳动才能学到、学好、用好这些知识。而所学的，主要是知识的使用价值，而不是学习知识的劳动价值，但是，知识的劳动价值也会通过人的学习，被学习的人接受、吸收。由于一般劳动者不掌握复杂的知识、技能，从而使得复杂劳动者更显稀少、珍贵，否则就不叫复杂劳动者，而叫作普通劳动者、简单劳动者。

(三) 复杂劳动是复杂脑力和复杂知识的体现

复杂劳动既有复杂的脑力劳动，如工程设计等，也有复杂的体力劳动，如体操运动、舞蹈表演等。但是，复杂劳动更多地表现在脑力劳动的复杂性上，表现在所运用的复杂知识技能上，而不是体力劳动的复杂性上，因为，体力劳动是受到脑力劳动支配的。体力劳动无论多么复杂，通常都是受到复杂的脑力劳动支配的，体力只是实施、实现、完成复杂的脑力支配。一个大脑受损伤的人，通常是无法从事复杂体力劳动的。但是，随着年龄增长，正常人从事高难度复杂体力劳动的能力也呈下降趋势，这是由于人的身体自然衰老、不再听从大脑支配或脑功能退化造成的。

复杂劳动与简单劳动在体能消耗上有时差异并不是很大。时间对于每个人都是一样的，每个人每天都是24小时，对于复杂劳动者与简单劳动者来说，都是一样的，一般人的承受能力都是相差不大的，也是有极限的，人的体能消耗也是有极限的，因此，复杂劳动与简单劳动的差异不是体现在体能消耗上，而是体现在所运用的知识上，体现在具体的劳动形态、方式、方法、技能，以及运用的劳动对象、劳动工具、劳动资料等的差异上，体现在劳动效果、效率差异上,体现在产品形态、结构、功能、技术差异上,体现在产品使用价值的差异上。通常不能以体能消耗差异来区分两者的劳动及价值差异。历史上许多伟大的思想家、科学家,在条件极其平常甚至艰苦的情况下,写出了旷世之作,创造了不朽的发明,就是最好的证明。

(四)复杂劳动解决复杂的问题,创造更多、更高的价值

与简单劳动相比较而言,复杂劳动创造的价值要高些,能解决更复杂的问题。有的复杂劳动可以提高劳动生产力和劳动生产率,创造更多、更好的劳动产品,可以满足人们更多、更高、更好的需要。复杂劳动通常能获得更多的社会和市场认可,获得相对较高的收入,有较高的收入就可以改善自己的生活,并可以适当增加自己和家人的学习、教育机会,从而使自己和家人的生产力得到进一步的提高,让自己和家人的生活过得更好,满足劳动力扩大的生产和再生产需要。

(五)有些复杂劳动也可以简单化

某些复杂劳动,可以看成是由众多简单劳动进行复杂化的组合、叠加、浓缩而成的。随着科学技术和生产力的不断发展进步,可以把复杂劳动分解成若干简单劳动。可以通过分工与合作,完成复杂劳动。比如,当初工人组装汽车是个复杂劳动,但是,当福特公司把生产工人进行专业化、流水化分工,把组装工人的劳动动作进行标准化分解,再进行流水线组合作业后,复杂劳动就变得简单了。这就是把复杂劳动进行分解、简单化。但是,能够把复杂劳动简单化的人,就是能够解决复杂问题的人,就是不简单的人,其劳动就是不简单的劳动,属于"顶层设计",属于复杂劳动。

当初编写电脑处理程序是个复杂劳动,只有一流大学才开设电脑编程课程。但是,在电脑和网络技术普及、编程技术不断发展进步的今天,电脑编程已越来越简单化,技工学校一般都开设电脑编程课程。这种"复杂劳动普遍化,从而简单化"的情况,是因为劳动力的整体素质都提高了,科学技术进步了,学生所掌握的基础知识都增加了,对编程的整个知识体系的掌握程度都提高了,加上他们集中精力进行了更专业的学习,从而使这些复杂的知识普及了。这是社会劳动力整体性的发展、转变和提高。也就是说,具体的复杂劳动可能也存在一定的相对性。

(六) 复杂劳动可以实现劳动力扩大的生产和再生产

复杂劳动创造的使用价值较高，市场"稀缺性"较高，产品的品质较高，正外部性较高，获得的劳动报酬较多，可以满足劳动力扩大的生产和再生产。

三、简单劳动与复杂劳动的关系

(一) 有些简单劳动可以看成是劳动的最基本形态和单元

有些劳动最开始通常表现为简单劳动，之后，随着实践的不断发展，知识的不断增加，技能的不断提高，分工不断深化、细化，人们对劳动形式、劳动过程、劳动方式、劳动技能、劳动知识等有了更高层次的、更深入的认识，劳动技能、劳动水平、劳动认识等得到提高，从而使简单劳动变得复杂起来。比如，地质学家们通常是先对地质现象产生兴趣，之后才对地质现象进行深入的研究，从而产生了地质科学。语言学、数学、物理学、化学、天文学、哲学、经济学等都是如此。就拿经济学来说，人们的生活中都涉及经济学，但是，真正把生活中的经济学上升到科学上、上升到更高水平上，就变成了复杂的专业劳动，这对于一般人来说是做不到的。一个普通的工人，如果时刻思考如何提高技术、如何了解大众需求、如何扩大市场需求、如何改善管理、如何提高效率等，那么，这个普通的工人就可能成长为企业家、技术专家等。也就是说，人们的生产和生活中处处都有可以学习的知识，只是深与浅、精与粗的差别。

有些劳动，一开始表现很复杂，但是，随着学习参与的劳动者增多，就变得简单了。比如编程，过去是高深莫测的复杂劳动，现在就算不上了，甚至有些程序员以"程序猿""码农"自称。

(二) 复杂劳动与简单劳动之间存在相互转化的关系

有些复杂劳动是由许多简单劳动一点点、一步步地积累、组合而成的，是由许多简单劳动构成的。比如，人们建房子，通常就是由简单劳动一点点、一步步地建设而成的。换句话说，有些复杂劳动可以分解成许多简单劳动。同理，也可以把有些简单劳动复杂化。如果把简单劳动进行更精细的分解，也会呈现出一个庞大、复杂的系统。社会分工越分越细，越分越复杂，就是这个道理。

有些复杂劳动是无法分解成众多简单劳动的，也就是说，众多简单劳动仍然无法组成复杂劳动，这通常是劳动发生了质变，而不仅仅是量变。比如，如果没有科学家、设计师，再多的普通工人，也无法生产出飞机、火箭、电脑等高科技产品。

如果简单劳动单独生产的产品与复杂劳动单独生产的产品相同，那么，复杂劳动就可以分解成许多简单劳动。如果两者产品根本不同，复杂劳动就难以分解成简单劳动。也就是说，要看两者的劳动产品有什么差异。

(三)简单劳动与复杂劳动可能并不是绝对的，而是相对的

这与社会实践、就业结构有关。当有更多劳动力从事某种劳动时，当这种劳动又是公开透明、有很强的外部性时，这种劳动可能就变成简单劳动。当只有很少劳动力从事某种劳动时，当这种劳动缺乏公开透明性时，这种劳动就可能变成相对复杂的劳动。因此，简单劳动和复杂劳动又与社会经济结构、产业结构、就业结构及这些结构的变化有关。比如，画家的子女在家里受到绘画艺术的熏陶，耳濡目染，通常也会有一定的绘画方面的知识、技能。

(四)精益求精的劳动就是复杂劳动

任何劳动，只要精益求精，做到极致，做到顶尖，就不简单，就成了复杂劳动。例如，焊接劳动，如果说简单，也很简单，基本上一学就会，掌握基本的焊接技术并不是很复杂的；但是，如果做到极致，就需要付出更多的脑力和体力，就需要在更细微之处、深层之处多细致观察、多琢磨，在实践中多积累，多掌握信息、知识和技能，多花工夫学习和练习，这时劳动就成了复杂劳动，劳动者就有可能成为"大国工匠"。几乎所有的真正工匠，都是能把简单劳动做到极致、把简单产品做成精品，都能把简单劳动复杂化，他们从事的都是复杂劳动。他们能仔细推敲、仔细琢磨、仔细斟酌、深思熟虑、精雕细刻、精心打磨、精益求精。"行行出状元"，就是这个道理。他们的做法、他们的价值追求有很强的正外部性。

(五)复杂劳动在有些情况下可以分解成众多的简单劳动

1. 有些复杂劳动是由许多简单劳动组合而成的，可以看成是n个简单劳动的相加。

比如，汽车生产商福特把复杂的汽车装配工作进行分解、组合，用流水线代替了原来的组装模式，使得组装的效率大大提高，就是把复杂的劳动进行分解再组合起来。

用公式表示为

复杂劳动=简单劳动1+简单劳动2+……=系列简单劳动相加

复杂劳动价值=系列简单劳动价值相加

2. 劳动的具体且不同的功效、产品具体且不同的使用价值等，都是由不同的知识决定的，复杂劳动的表象是运用复杂知识的外在呈现。

有些复杂劳动是简单劳动加复杂知识的应用。相对于一般的简单劳动而言，复杂劳动是运用了更多知识、更高水平技能的劳动，因此，在某些情况下，复杂劳动又可以看成是简单劳动加复杂知识的劳动。比如，有一个流传了几十年的故事，美国某公司一台关键电机出了故障，请来了德国工程师进行诊断。德国工程师经过诊断，用笔在电机壳上画了一道线，要价是100000美元。美国人嫌贵了，德国工程师的解释是，画一道线值1美元，而知道为什么画线、在哪里画线值99999美元。德国工程师的劳动可以看成是复杂劳动，这个复杂劳动由简单劳动加复杂知识组成，"画一根线"相当于是简单劳动，而知道在哪里画线、为什么画线、画线有什么作用，就是复杂知识的运用和呈现。用公式表示为

复杂劳动=简单劳动+复杂知识

复杂劳动创造的价值=简单劳动创造的价值+复杂知识的价值

(六) 复杂劳动创造的使用价值通常更复杂、更高效

相对于简单劳动而言，复杂劳动由于使用了更复杂、更高级的知识、技术等，他所创造的劳动产品通常也更复杂、高级、高效，能够满足人们更复杂、更高级的需要，能提高简单劳动者的劳动生产力和劳动生产率，节约简单劳动者的劳动。

第五节　熟练劳动与生疏劳动

一、基本概念

(一) 熟练劳动与生疏劳动的含义

熟练劳动是指劳动者熟练、熟悉，一拿来就能做、就能胜任的工作。生疏劳动是指劳动者不熟练、不熟悉，一拿来还有点陌生，不能胜任的工作，需要有一个熟悉、熟练的过程。

(二) 熟练劳动的形成

熟练劳动技能是在实践中积累形成的，不是天生的。只有多实践，才能获

得熟练劳动技能。熟练劳动靠的是对脑力和体力的训练，靠的是经验的积累，靠的是"熟能生巧"。

(三) 熟练劳动与复杂劳动的关系

熟练劳动不一定是复杂劳动，可能只是需要一个简短的、简单的熟悉、熟练、练习过程。

(四) 熟练劳动与生疏劳动在产品上的差异

生产同一种产品，通常，熟练工的生产速度快，产品质量高，消耗的原料等少，花费的成本低；而生疏工的生产速度和质量都相对较低，浪费的原材料、花费的劳动时间则会相对多些。

二、熟练劳动与生疏劳动的使用价值差异

(一) 熟练劳动的使用价值较生疏劳动高

熟练劳动一般速度快、质量好，这有利于节约生产成本，有利于生产活动的快速进行。生疏劳动的使用价值就不如熟练劳动。

(二) 熟练劳动的正外部性较生疏劳动高

熟练劳动有较高的正外部性，其他人通常可以无偿学习、借鉴、欣赏。一个企业如果有大量的熟练劳动力，这个企业就拥有大量宝贵的人力资源财富。企业培养更多的熟练工对企业是有利的。如果有行业内的"尖子"，那就是企业的"金字招牌"，就能为企业创造巨大的品牌价值、无形财富。

第六节 创新劳动的关键是知识创新和技能创新

创新劳动，是指劳动者在劳动条件、劳动对象、劳动场所、劳动资料、劳动组织、劳动形态、劳动方法、劳动工艺、劳动技能、劳动产品等诸多方面，较之前或他人，有一个方面或几个方面是新的，这种新，是劳动者主动创造、主动作为的，是劳动者自己创造的。这样的劳动，就是创新劳动。比如，四川有个"拉面哥"，把千年不变的拉面动作改成了舞蹈，吸引了大量的消费者前来消费，市场销量大增，这就是劳动创新的效果。

创新是人类的基本追求，也是推动人类社会发展进步的内在动因。一切创新都是由人追求、实施和实现的。善于创新的人会受到社会的广泛关注和尊敬，其创造的劳动产品的劳动价值和使用价值，以及外部性会受到市场和社会的肯定。

一、创新劳动的方方面面

创新劳动涉及方方面面，难以全部罗列，这里仅举几种。

(一) 劳动条件创新

比如，车间原来没有空调，冷热不均，导致设备性能不稳、产品质量不稳、工人劳动效率不高。企业为了提高设备性能、产品质量和工人的劳动效率，改善了劳动条件，给车间安装了空调。

(二) 劳动对象创新

比如，原来是养土鸡的，但是，企业看到养土鸡市场已接近饱和，就抢先转产，改养山鸡，这也是一种创新。

(三) 劳动场所创新

比如，改革后，原来处在偏远地区的国有企业出现了人才大量流失、生产衰退的情况。后来，企业搬到了城市，人才开始稳定，甚至回流了，企业生产经营再度兴旺起来。

再比如，企业原来的车间布局不利于节约成本、提高效率，企业经过科学规划后，把各车间布局进行了重新的规划和调整，并改造了车间设施设备等，使得劳动场所有很大的改变，效率也提高了，成本也节约了。

(四) 劳动资料创新

工具创新，即采用先进工具。比如，把人工机床换成电动机床、数控机床，把机械切割、气体切割改成水刀切割、激光切割。

原材料、劳动对象方面的创新。比如，制衣，以前用的原料是棉纱，现在改为化纤，或由低档纤维改为高档纤维；能源也由烧煤改为烧天然气和电力。这也是创新。

配比创新。调整原材料组合比例、配方，使产品性能、质量等都有改善和提高，也属于创新。比如，调整水、砂石料与水泥的不同组合比例，可以得到不同质量、性能的混凝土。

(五) 劳动组织创新

比如，调整人力结构、分布等，增加某个环节的人数，减少其他环节的人数，也属于创新。再比如，企业以前是树状或金字塔状的管理体系，现在改为扁平化管理体系。

(六) 劳动形态创新

比如，以前工人是站着进行生产劳动的，现在改为坐着生产劳动。再比如有的银行前台，员工由以前坐着上班，现在改为站着上班；以前没有统一着装，现改为统一着装。又比如，供电部门以前是到现场抄表，随着智能电表的应用，不再需要抄表员到现场抄表了，而是改成了远程抄表。另外，前面接到的"拉面哥"，把千年不变的拉面动作改成了"拉面舞"，就是劳动形态上的创新。

(七) 劳动方法创新

比如，以前是土灶炼钢，现在是高炉炼钢。再比如，以前是发酵法，现在改为萃取法。

(八) 劳动工艺创新

比如，制衣，以前是靠人工裁剪，现在靠电脑编程、控制，实行机器自动化裁剪。再比如，产品装配，由以前的分块装配改为流水线装配。

(九) 劳动工具创新

比如，以前使用光学望远镜，现在使用射电望远镜；以前是人工绣花，现在是机器绣花。

(十) 劳动技能创新

比如印刷业，以前靠人工手写手刻，现在采用电脑打印、复印、激光照排；以前操作机械，现在操作电脑。

(十一) 技术标准创新

比如，过去生产10nm芯片，现在生产7nm、3nm芯片，标准提高了。再比如，铁轨焊缝，过去允许留有痕迹，现在不允许留有痕迹。

所有创新，都可以看成是产品创新，包括具体的物质产品和非物质产品，包括劳动成果和劳动过程、劳动行为的外部性等。

上述几种创新，相互之间并不是孤立的，而是相互交叉、重叠的；一种创新，也许代表了很多方面，而不只是一个方面。

二、创新的关键是知识创新

人的劳动是受人的大脑思维支配的。大脑思维就是认识活动，就是知识劳动。人类的一切创新，都是认识的创新、观念的创新、知识的创新。物质的基本粒子基本是不变的，并在劳动中遵循不灭的定律，人类的劳动可以改变的只是物质的规模、形态、成分、结构、功能和运动状态，改变的只是自己的思想认识、观念、行动和行为。人要创新产品，只有首先创新观念、创新知识、创新技能、创新劳动实践，才能改变物质的规模、形态、成分、结构、功能和运动状态，才能创造出新产品。

产品创新包括无形知识产品的创新和有形物质产品的创新。知识、技能创新是物质产品创新的前提，物质产品创新是知识、技能创新的结果。只有知识、技能创新了，才有物质产品的创新。

三、创新的落脚点是使用价值

创新劳动，必须体现在产品的使用价值上，包括物质产品使用价值和非物质产品使用价值，使新产品有新的使用价值，能给自己或他人创造新的感受、新的体验、新的快乐、新的效率、新的收获等，能满足人们丰富多彩、不断发展变化的需要。只有让人们看到、感受到新的产品，从创新产品中收获新的、实实在在的使用价值，创新劳动才是有效的，有价值的。有没有新的使用价值、有多大新的使用价值，是衡量创新劳动有效性、有多大效用的核心要素。

四、追求劳动创新的意义

(一) 创新是为了更好地满足人的丰富和发展的需要

创新，就是为了不断满足人们日益增长的丰富多元的物质和文化的需要，满足人们对美好生活追求的需要。不断的创新能够不断地刺激人们的新需求，满足人们新的对美好生活的需求，让人们用上更新、更好的产品，过上更好、更美的生活。

(二) 创新就是发展生产力

创新就是生产力的发展进步。追求创新，就是追求生产力的发展进步。人是最根本的生产力，人掌握了新的知识、技能，就是生产力的发展进步。科学技术是除人之外的生产力的第一要素。人用新的科学技术创造了新的生产资料，如新机器、新工具等，就实现了生产力的发展进步。

(三) 创新就是贡献正外部性

新是在与旧的比较中呈现出来的，"新"需要比较、需要呈现。追求新事物是人的天性。追求创新，能为社会贡献新的正外部性。人类总是在向前发展的。谁拥有更多的、能够被社会学习、借鉴的创新，谁就能为社会贡献更多、更好的正外部性、正能量。

(四) 创新促进人的解放

创新,能使人从一种旧的生存状态转变到另一种新的生存状态。追求创新,就是为了让人更好地从被自然、社会束缚的旧状态变成能更主动改造自然和社会、顺应人类新要求的新状态,从而能解放人、发展人。许多使用价值的创新,能提高生产力和生产效率,创造并提供更多、更好的产品,能丰富人的生活,实现人的梦想,改善人的生活和生产,能有效节约人的劳动,减轻人的体力劳动和脑力劳动,使人的体力和脑力得到有效的解放,使人能更从容地应对并减少自然、社会对人的制约和束缚,提升人的自由度和幸福感。

第七节 劳动力的劳动价值的衡量

劳动价值是凝结在产品中的无差别的人类一般劳动量,它由生产产品的社会必要劳动时间或劳动量来决定。对劳动力的劳动价值有两种理解。其一,劳动力的劳动价值是由生产该劳动力所付出的社会必要时间或劳动量决定的;换句话说,劳动力所凝结的生产他的社会必要劳动时间或劳动量决定劳动力的劳动价值。其二,劳动力的劳动价值是由劳动力在劳动过程中所付出的社会必要劳动时间或劳动量决定的。无论哪种情景,所付出、凝结的社会必要劳动时间或劳动量都是可以比较衡量的。社会必要劳动时间,是指在现有社会正常生产条件下,在社会平均熟练程度和劳动强度下,生产某种使用价值所需要的劳动时间。而"现有社会正常生产条件"是指现时某一生产部门大多数产品生产者已达到的技术装备水平。从统计学角度看,"大多数"就是众数,而不是平均数、中位数。总之,劳动价值是可以衡量的。

当然,劳动力的劳动价值的衡量方式方法多种多样,不同的人、不同的情景会有不同的衡量需要和侧重,会采用不同的衡量方式方法、技术。在市场经济下,劳动力的劳动价值是按照市场法则衡量的。但是,只要方法科学,标准一致,无论采用什么方式方法,总能得出一个客观公平公正、令人信服的衡量结果。

第八节　价值生产与劳动力提升统一于劳动过程中

一、劳动过程就是价值创造过程

劳动过程，就是创造产品使用价值和劳动价值的过程。劳动产品是人的劳动创造的，人赋予了劳动产品的使用价值和劳动含量。人的劳动量就凝结在劳动产品之中。人的劳动过程，是使用价值创造过程与劳动价值创造过程的统一。

二、劳动过程就是劳动者知识增长和劳动能力提升过程

劳动的过程，就是人的实践过程，是人探索知识、积累知识、积累经验的过程。实践出真知。劳动实践创造了人的思想认识，提升了人的思想认识、道德品质和劳动能力，从而实现了使用价值创造、劳动价值创造与劳动力提升三者在劳动中的统一。

人如果不能在劳动实践中积累、学习和运用知识、信息，不能在劳动实践中提高自己的知识技术，而只是单纯地完成工作任务，就只能实现生产的简单循环、重复，而不能实现生产的扩大发展；也只能实现劳动力简单的生产和再生产，而不能实现劳动力扩大的生产和再生产，不能改善自己的生活和生产状况，不能脱离一般动物的生存状态。人只有在实践中不断积累、学习和运用更多、更新的知识、信息，积累、学习和运用大量的非商品知识，不断提高自己的知识技能，才能提高自己的劳动效率，才能使自己劳动力的生产和再生产得到扩大，使自己创造更多、更好的产品，才能使自己的收入不断提高，使自己的生产和生活得到不断的改善和发展，才能使自己比一般动物更文明、更强大，生活得更精彩、更美好。

三、劳动过程是增进社会关系的过程

劳动有分工，也有合作。通过社会劳动，人可以增进社会合作。人是社会的人，而不是孤立的人。人会在实践中学习、借鉴他人的经验、教训，也会向社会提供自己的正外部性，提供自己的经验、教训，交流自己的物质产品、知识、信息、技能和文化产品，向社会提供自己的价值，从而增进人的社会关系和社会属性，实现众人的共同提高和人类社会的共同进步。

第九节 不同劳动生产出不同的产品

不同的产品具有不同的使用价值。哪怕产品的差异很小，比如，两瓶不同品牌的纯净水，它们的成分差别是很小的，但是，它们总归是有差别的，包括包装、设计等方面的差别。产品有差别，是因为生产它的劳动有差别。劳动有差别，产品就会有不同的功能和使用价值，就会传递不同的信息、知识、理念等。产品的不同，是由于生产它的劳动的不同，关键是生产者生产目的、生产原料、生产技术、理念、审美等方面的不同。

一、生产目的不同，导致产品的使用价值不同

生产目的，决定了产品的使用价值。产品的使用价值是由生产目的决定的。不同的目的，决定了不同的生产活动和产品的使用价值。是生产机器，还是生产粮食，目的是不同的，产品的使用价值也是不同的。为了生产机器，生产出的产品就是机器；为了生产粮食，生产出来的产品就是粮食。

二、知识、技能、文化不同，导致产品的使用价值不同

木工的生产技能，决定了他一般从事以木材为劳动资料和劳动对象的家具制作、木屋建造等劳动。泥工的生产技能决定了他一般从事砌墙、粉墙、贴瓷砖等工作。焊工的技能决定了他一般从事金属焊接工作。他们的技能不同，创造的使用价值是不同的。

不同民族、地域，有不同的文化，因此有不同的产品，这为社会提供了丰富多彩的需求选择。

拥有并使用更多的知识，就可以创造更多的产品、更多的使用价值。有了超过一般的知识，就可以创造出超过一般的产品、超过一般的使用价值，从而拥有超过一般的价值。

三、不同的生产资料有不同的使用价值

木料用于生产家具，铁矿用于冶炼钢铁，石油用作燃料，面粉用于做馒头、面包等，这都是考虑了生产资料特有的物理和化学性能，做到物尽其用。

四、劳动的吸收与转化

劳动者吸收物质非商品、物质商品、非物质商品、非物质非商品等"原料"，通过运用知识进行劳动，转化成新的物质非商品、物质商品、非物质商品、非物质非商品等。不同的劳动，所吸收的"原料"不同，运用的知识不同，所转化成的产品也不同。

第十节　使用科学技术能减轻人的劳动消耗

追求舒适、美好、进步等是人的天性，人总是千方百计地节约自己的劳动，提高自己的劳动效率，以较少的劳动消耗，取得较多较好的劳动成果。这是人类社会生产力发展的动因和动力。

个人如何节约自己的劳动？只有靠科学技术进步，而不能靠掠夺他人的劳动成果。你掠夺来，他掠夺去，最终是两败俱伤、人财两空。社会如何节约劳动？只能靠科学技术进步，靠生产力进步。电力代替了人力，机械力代替了人力，挖掘机代替了人力，吊机代替了人力，装载机代替了人力，车辆代替了人力，抽水机代替了人力，插秧机代替了人力，收割机代替了人力，碾米机代替了人力，榨油机代替了人力，电脑代替了人脑，这一切，都是科技进步的结果。创新创造就是为了制造差异，就是为了创造出比他人、比过去更高水平的生产力。人总是通过自己发明的技术、制造的机器等，来延伸、放大、代替、节约自己的体力和脑力，使自己的劳动和生活变得更轻松、惬意。

当然，生命是运动的，适当的劳动有益于生命的健康和人生幸福，这是体育锻炼的使用价值。

第五章 劳动的目的——获得使用价值

实践是人类为了生存和发展而进行的一切活动。劳动是人类为了获得生存和发展所需要的物质和精神产品所进行的有目的的实践活动。

第一节　劳动的目的是获得使用价值

一、劳动的目的

(一) 获得使用价值是人的生命新陈代谢的需要

劳动本身既是一种创造的过程，也是一种体力和脑力的消耗过程。而人的生命是需要新陈代谢的，既需要消耗体力、体能、体内的物质、大脑的精力，又需要获得吸收外界的物质、能量、信息，以补充人的体力、体能和精力。只有消耗而没有吸收，或者消耗的比吸收的少，人的生命就会因此而枯竭。这显然不是劳动的目的，也不是劳动的本意。因此，劳动作为一种消耗，它本身不是劳动的目的。人进行劳动，是为了获得、吸收，并且，是为了获得更好的、吸收更好的才劳动。

(二) 获得使用价值是人享受自己劳动成果的需要

人为什么要辛苦地劳动？人的劳动需要获得什么呢？当然是获得和享受自己的劳动产品，而不是获得天然之物。如果人只需要获得天然之物，人与其他动物就没有区别了。

为什么说人是为了获得、吸收更好的才劳动呢？这是因为，人要享受自己的劳动果实，要从自己的劳动成果中获得更好的享受。人与其他动物不同，人能创造产品；而其他动物不创造产品，只能从大自然中获取天然物品，把它们变成可供自己使用的产品。人虽然也从大自然中获取天然物品，但是，人一般会利用自己的智慧对这些天然物品进行加工，创造出与天然物品有所不同的、自己所没有的产品，以更符合人的需要；或者把天然物品运输到难以获取它们的地方，或者把它们提供给难以获得的人。人类非常享受对自然的改造、加工，非常享受自己创造的产品。人类在创造自然界所没有的产品的同时，也创造了人类自己的新需求，这种新需求也是人作为自然状态之物时所没有的需求。比如，人创造了手机、电视机、汽车、电脑等，这些产品又构成了人类新的、不可或缺的需求，成为人的生活中的重要产品。人类通过智慧和劳动创造了新产品,就需要尽情地享受自己创造的新产品。创造产品,就是要创造自然界没有的东西,就是为了更好地满足人的需要。劳动产品,相对自然物来说,就是更好的产品,能更好地满足人的需要。因此,创造新产品就成了人类劳动的重要目的。能够不断地创造更新、更多、更好的产品,享受更新、更多、更好的产品,人的幸福感就得到了提高,人的生命就有滋有味,人生就很快乐。人与动物的区别在于,除了空气,人消耗的一般不是天然之物,而是人工之物,是人工种植、加工、创造的产品。比如,就食物来说,人吃的食物一般是人自己种植的,即使是许多天然食物,也需要人进行劳动加工后,才符合人的需要,人也非常享受这种加工、创造的过程和成果。而其他动物往往只是把自然之物当作自己的食物,不会种植、养殖,更不会加工。即使是自然界某些共生、寄生的生物,它们也只是一种自然的共生、寄生关系,而不是一种主动生产与被动生产的关系。主动生产与被动生产,就体现了人的主观能动性,体现了人对物质世界的设计、改造能力。

就人类来说,从生命,到享受生命的快乐,中间有一个环节,就是劳动。只有通过劳动创造,才能享受劳动和生命的快乐,才能快乐地享受劳动成果,才有快乐的生命。劳动这个环节相当重要,必不可少。少了,人生就不会快乐。劳动就业是人的第一需要。没有劳动就业,就没有劳动创造。只享受别人的劳动成果,而不去为自己和他人创造成果,人生就不会快乐,除非身体条件有限,无法进行劳动创造。

创造什么呢?当然是创造出自然界没有的产品,创造出人们需要的产品,创造出能满足人们需要的产品的使用价值。产品是由人的劳动设计创造出来的可供人类使用的物品。产品能供人使用,就必然有其使用价值,这使用价值正是劳动者们所追求、需要的。产品有使用价值,能供人类使用,劳动才是有效的。如果产品没有使用价值,对人类没有任何用处,那么,这样的产品就是废品,就必须丢弃;这样的劳动就是无效劳动,就必须重新劳动生产,直到最终获得可供人类使用、对人类有益的产品。

正是产品具有可供人类使用的属性,对人类有益处,人类需要它,人才去生产它,才去追求它,因为,人类劳动的目的是获得产品的使用价值,满足自己的需要。

正常人都能自食其力。有的人为自己生产劳动产品,有的人为别人生产劳动产品。光吸收别人的劳动产品，而不能为别人创造、提供产品，是不符合人类伦理的，是不可能长久的。劳动能不能创造出可供人类使用、吸收的劳动产品，劳动产品能否被人类吸收、使用，就成了人类劳动的目的。只有产品的使用价值才能满足劳动者使用和吸收的需要，因此，使用价值是劳动的目的。

获得生存需要的产品，是最基本的。在此之后，就是要创造、获得发展所需要的劳动产品。由于人类有巨大的生产力，再加上人类有更多的需要，而不仅仅是生存的需求，人类创造的产品，通常只有小部分用于满足人的生存需要，大部分是用于人的发展需要的。当然，生存与发展的需要是交互式的、重叠式的、动态的，发展变化的。今天的发展需要，到明天可能就是生存的需要。

(三) 人的需要是丰富多彩的、分层次的

人类的需要是丰富的，实践是丰富的，这决定了人类的劳动是丰富的，产品是丰富的。不同的产品有不同的使用价值，人们能够从使用不同的产品中获得不同的感受和满足。按照马斯洛的观点，人的需要可以分成不同的层次，人的劳动产品也就可以分成不同的层次。有的产品满足人的生存需要；有的产品满足人的发展需要；有的产品满足人获得尊重的需要。有的产品满足人的生产需要，有利于改善人的劳动条件，提高人的劳动能力，节约人的劳动，提高劳动生产力和生产率，调整人的劳动能力，以创造新的产品。

(四) 不同的使用价值是由不同的劳动、知识、技能决定的

不同使用价值的产品，是根据不同的设计思路，通过不同的劳动形态、方式、能力、条件创造的。为了生产出使用价值有差异的产品，就必须使劳动具有不同的技术路线、形态、方式、能力、条件等。创造出相同的产品，通常有相同的劳动形态、方式、能力、主观和客观条件。一个新的产品出来后，会有很多人学习、借鉴，甚至模仿，也想得出相同的新产品。但是，仅有相同的客观条件，并不一定能够生产出相同的产品，因为，劳动产品是按照人的意志设计生产出来的，除了客观条件，还需要主观条件，如劳动技能、意志力、价值观等。客观条件相同，但主观条件不相同，生产出的产品也不相同。比如，同样的面粉作为原料，有的人生产出的是面包，有的人生产出的是馒头，这就是由主观条件的不同决定的。只有主观和客观条件都相同，才有可能生产出相同的产品。

二、几种类型劳动的目的

(一) 体力劳动的目的

体力劳动是人类最普遍、最基本、最简单的劳动，是人运用体力进行的劳动。体力劳动通常会改变劳动对象的形态、结构、运动状态等。反过来，能够改变劳动对象的物质形态、结构、运动状态的劳动，一般也是体力劳动。

比如，搬运工人搬动物体，就是要使物体到达人所需要的地方。路中间一块大石头挡住了道路，人们就把它搬开，好使道路通畅，这就是目的。工人把零件从一个车间搬到另一个车间，好进行下一道工序的生产。建筑工人建筑房屋，就是要使建筑材料变成房屋，将房屋从无到有地创造出来，可供人居住、使用。这些体力劳动者都使劳动对象改变了形态、结构和运动状态。

体力劳动是人的肢体和体力的运用，有肢体动作和体力的使用。肢体是客观的，肢体动作是可以让人看得见、摸得着的。体力劳动作用的往往是有客观形态的物体，会使客观物体发生某种明显的改变，也可以让人看得见、摸得着。因此，体力劳动及其产品一般有明显的外部性。

有些产品是由众多的体力劳动者经过较长时间共同完成的，仅从其中单次的体力劳动是难以看出具体的产品成果的，只有共同的体力劳动者经过较长时间共同劳动完成了该件产品之后，该产品的使用价值才能得到呈现，劳动的目的才能得到展现。比如，一名建筑工人搬一块砖，你不知道他在干什么。许多建筑工人共同把房屋建起来后，你就知道，他搬的那一块砖是为了建房子，他搬一块砖的劳动成果就包含在这栋房子上。

体力劳动受到脑力劳动的支配。体力劳动要做得好，必须借助好的脑力劳动。没有好的脑力劳动，是做不好体力劳动的。这就是体力劳动与脑力劳动天然的分工和合作。

有一种体力劳动很特殊，这就是体育锻炼。体育锻炼的目的不是锻炼本身，而是使自己的身体更健美强壮。这种体力劳动仍然是以功效、以使用价值为目的的，而不是劳动的本身。减肥的人，通过体育锻炼能达到减肥的效果，这看上去好像是体育锻炼本身，其实仍然不是，而是以减肥达到身体健美的效果为目的的。就生产与生活的角度来说，体育锻炼一般算作生活劳动，是劳动力的生产和再生产，是生活活动的一部分，而不算是产品的生产劳动。但是，专业的体育运动员从事训练、比赛等，营业性的体育健身活动等，则是属于生产经营性活动，是为了生产美与健康、生产人的神奇、生产某种精神文化价值。

(二) 脑力劳动的目的

脑力劳动也是最普遍的劳动方式。只要大脑没有死亡，脑力劳动通常就存在着。

人的一切活动都是受到脑力支配的，但是，脑力劳动必须借助人的表情、语言、肢体行为等来表现、表达。不借助表情、语言、肢体行为表现的脑力劳动，就是无法表达的脑力劳动、无法实现的脑力劳动、无法让人感知的脑力劳动。因此，脑力劳动的目的就是要支配和表达，通过对行为的设计支配实现表达、实现脑力劳动的目的。所设计支配的行为，及所表达的意思成果，就是脑力劳动的成果，就是脑力劳动达到的效果。比如，表演者表演节目，观众看后开怀大笑、掌声不断，这种效果就是受表演者的脑力劳动设计支配的，是表演者期望达到的效果。

体力劳动与脑力劳动，两种劳动不可分割、目的不可分割。无论脑力劳动多么复杂、成果形式多么多样，但是，都必须借助表情、语言、肢体行为来表现。人的脑力劳动成果，就体现在表情、语言、肢体行为表现上，比如，语言、文字、图形、行为艺术、实物产品，都是脑力劳动的成果。人的行为是受大脑思维支配的，因此，人的体力劳动其实也是脑力劳动的结果。没有脑力劳动，就没有体力劳动。体力劳动的成果，融合了脑力劳动，凝结了脑力劳动量，呈现了脑力劳动成果。体力劳动的目的，同时也是脑力劳动的目的。脑力劳动成果的多样性、丰富性和复杂性，最终就体现在人的表情、语言和行为等丰富而复杂的表现上，体现在产品的多样性、丰富性和复杂性上。这些多样、复杂、丰富的表现都是脑力劳动的成果。

区分脑力劳动与体力劳动，一般在于劳动者是否直接运用自身的体力作用于劳动对象，改变劳动对象的物质形态和运动状态。也就是既要看劳动的形式、方式，也要看劳动产品、产品质量、劳动效果等，不能只看单一因素。通常，直接运用自身的体力作用于劳动对象、改变劳动对象的，就是体力劳动者；反之，则为脑力劳动者。但对体育运动员们的劳动如何划分，需要具体情况具体对待。他们不一定都是体力劳动者，也不一定都是脑力劳动者。一般把作家、科学家、工程师、教师、医生、编辑、管理人员等，称为脑力劳动者，这都是基于现实的、具体的体力劳动与脑力劳动的消耗量来划分的。这种划分有时并不一定准确。一名优秀的运动员,既要付出大量的体力,又要付出大量的脑力,其劳动是体力劳动与脑力劳动高度结合、高强度付出的劳动,是无法区分体力劳动和脑力劳动的。

人们的体力劳动是受到脑力劳动设计支配的,不同的脑力劳动设计支配着不同的体力劳动,不同的体力劳动体现着不同的脑力劳动的设计支配。由于人的脑力劳动能力与体力劳动能力有差异,不同人的脑力劳动在思维能力、角度、深度、表现方式、表现水平等方面是不同的,因此,脑力劳动好的人可以分配一部分脑力劳动给脑力劳动不足的人,为脑力劳动不足人的分担一部分脑力劳动,帮助脑力劳动不足的人;脑力劳动不足的人,可以接受脑力劳动好的人为自己分担的一部分脑力劳动,以提高自己的体力劳动效能,这就是脑力劳动者与体力劳动者的社会分工与合作。人类社会因此就出现各种各样的体力劳动者和各种各样的脑力劳动者,他们之间既有分工,又有合作,社会就出现了"劳心者治人,劳力者治于人"的现象,这通常有利于双方利益最大化。

无论脑力劳动者与体力劳动者如何分工合作,他们都是想克服自己的短处,发挥自己的长处,以较低的劳动付出取得较高的劳动成效,是为了双赢。按照西方经济学的说法,他们都是理性的"经济人"。

脑力劳动通常也要通过一定的体力的付出,来生产出某种产品,供他人或自己使用。比如,音乐创作者、美术创作者、表演者等创作作品时,工程师设计图纸时,教师上课时,都需要付出一定的体力,借助体力的付出,来表达、完成、实现脑力劳动,因此,体力劳动也是脑力劳动的载体,脑力劳动需要借助体力劳动才能呈现。

(三) 生产劳动的目的

生产劳动的直接目的就是生产出供自己或他人使用的产品,是为获得某种使用价值而进行的劳动。

生产劳动的成果,有有形的物质产品,也有无形的文化、知识和服务产品。物质产品能够满足人们的物质需要,文化、知识和服务产品能够满足人们的求知和精神文化、服务的需要。

自给自足的生产劳动,生产的产品一般不用于交换。现代社会,由于实现社会化大生产,生产力水平和生产效率很高,一般的生产劳动会生产出大量的产品,这些产品不仅能满足自己的需要,还有很多的剩余,可以满足其他人的需要,可以拿到市场上去出售,以换回自己需要的其他产品。但是,无论如何,生产劳动生产出的产品必须有使用价值,能够满足人们多样化的物质和精神文化需要。否则,这种生产劳动就是无效劳动。因此,获得使用价值是生产劳动的首要目的。可使用的产品如果没有生产出来,既不可能供自己使用,也无法供别人使用,无法满足别人的需要。

(四) 生活劳动的目的

生活劳动的目的,首先是要通过享受自己的劳动成果,使自己的身体体能、脑力的需要得到满足、恢复,使自己身心愉快,劳动力能够得到生产和再生产,使自己能够享受自己创造的美好生活。

"书中自有黄金屋,书中自有颜如玉,书中自有情与理,书中自有天与地。"有的人把读书、学习当作一种生活的享受,这既是一种生活方式,也是一种能力提升方式,是劳动力得到提升的生产方式。因此,学习既是生活方式,也是劳动能力的提升方式,是劳动力扩大的生产和再生产方式,是一举两得的方式。只有加强学习,才能突破生产和生活的原有状态,才能改变自己的命运。有的人把游历名山大川当作一种享受生活的方式,通过游历名山大川,了解到许多情况,学习了许多不同的知识,人的意志也经受了磨炼,这对人生来说是有益的财富,不仅有利于生活,也有利于生产,这是一举两得的方式。

人是社会性动物,是生活在社会关系之中的。有的生活劳动涉及社会关系,如生活中走亲访友、交朋结友等。有的人通过这种生活劳动,交流各种信息、了解各种情况、学习各种知识,巩固社会关系、改善社会关系、拓展社会关系和创造社会关系。良好的社会关系,是良好生产和生活的需要,是良好生活的体现,也是良好生产关系的体现。良好的社会关系,不仅有利于良好的生活,也有利于良好地开展生产劳动。

我们常说的"生活过得很好",既包括家庭生活过得很好,也包括在劳动工作中很顺心,得心应手。好好地工作,就是为了好好地生活;好好地生活,有利于好好地工作。因此,生活和工作是相互渗透、互为条件、相辅相成的。比如,适当的旅游和晒太阳等,就有利于人们调整心情,从而轻松愉快地投入新的工作。

人有时需要晒太阳,据说,这样做可以增加人体骨骼钙质,从而有利于人体健康。当然,晒太阳可能不仅仅是生物性的需要,可能还有文化、审美、散心的需要，比如，觉得阳光明媚、阳光灿烂，很舒服，就去享受阳光。当然，人们并不总是有时间去晒太阳，因为工作、生活上的忙忙碌碌，有的人可能没有时间去晒太阳。在水泥"森林"里，晒太阳对于许多人来说，似乎是奢侈的事。因此，晒太阳原本是一种自然的、本能的行为和享受，有时其实也是一种社会的、智慧的行为，是需要克服种种社会障碍才能实现的行为，是有意识、有目的的行为。

(五) 生产性劳动的目的

生产性劳动，通常是指能生产出具体物质产品的劳动。产品必须能够满足人们物质或文化的需要。比如，粮食、工艺瓷器等，这些物质产品都有具体的使用价值，能满足人的具体需要。这样的劳动都是为了获得具体的物质产品，并使物质产品有具体的使用价值才进行生产劳动的。

(六) 非生产性劳动的目的

非生产性劳动，通常是为服务人们的生产和生活而进行的劳动。这类劳动，通常不生产出具体的物质产品，而是解决了人们的生理、心理消费需要，解决了人们的思想认识问题，或为人们的生产和生活提供服务，使人们的生产、生活得以正常、顺利、高效进行，并构成全社会生产、生活实践的一部分，比如，教育、卫生、行政、家政服务等。因此，获得非生产性劳动本身的、直接的使用价值，是某些非生产性劳动的直接目的。

(七) 科研劳动的目的

科研劳动，通常是为了获得科研成果，也就是知识成果，以供人类使用。科研成果必须有使用价值，必须能应用于实践，有利于人类的生存和发展，能够造福人类。

上述分类并没有严格的界线，只是粗略的分类，各分类之间并不是平行、并列的关系，而是相互交叉、重叠的。

第二节 使用价值

劳动产品必须是可以供人使用的，具有某种可使用的属性，并且，通过使用可以达到某种有益效果。使用价值，就是劳动产品对人有可使用性、有益性。不同的使用价值由不同的劳动方式、不同的劳动技术生产出来。不同的劳动方式、不同的技术，决定了不同的使用价值。

一、使用价值的含义

(一) 使用价值的概念

使用价值是产品具有的、可供人使用的、对人有意义的、能够满足人的某种需要的属性，以及人们对可使用性的大小、优劣等的评价。

(二) 使用价值的内涵

1. 有可使用性。

产品的使用价值必须对人具有某种可使用性，如果对人没有可使用性，不能让人使用，不能满足人的使用需要，对人没有用处，没有意义，那么，就没有使用价值。这是从定性角度看使用价值。使用价值必须对人类有益，而不能有害。

2. 有可使用的程度。

即使用价值有多大的作用、多大的功能、多大的意义，能在多大程度上满足人的需要。通常，使用价值大的产品，作用就大，功能、意义就大，能满足人需要的程度就大；使用价值小的产品，作用就小，功能、意义就小，能满足人需要的程度就小。所谓"大""小"，属于数量词，也就是说，使用价值是可以衡量量化的，而且，既可以从使用属性衡量，也可以从价值属性衡量。这是从定量角度看使用价值。

也就是说，使用价值，既是一个定性指标，又是一个定量指标；既可以从定性角度判断，又可从定量角度衡量。获得更多、更大、更高、更好、更强的使用价值，是劳动者的期待。

(三) 使用价值的外延

凡是能满足人的某种需要的属性，就是产品的使用价值。

(四) 使用价值的基本分类

劳动产品的使用价值有很多种分类，难以全部罗列。从是满足生产需要还是满足生活需要的角度看，可分为用于生产需要的使用价值和用于生活需要的使用价值。用于生产需要的产品称为生产资料，用于生活需要的产品称为生活资料。从是满足物质需要还是满足精神需要的角度看，可分为用于人的物质需要的使用价值和用于人的精神需要的使用价值。用于物质需要的产品称为物质资料，用于精神需要的产品称为精神资料。

二、几种类型的使用价值

使用价值有很多种类型，无法全部罗列，这里选择几种进行阐述。

(一) 有形产品的使用价值

有形产品即物质产品，是由物质实体构成的，有三维立体空间和形态，有某种特定功能的劳动产品。

1. 有形产品有物质形态，占有一定的三维物理空间。这是有形产品的最显著特征。

2. 具有可使用性，能够满足人们吃、穿、住、用、玩、学、交等方面的物质、文化的需要。

例如，馒头可以充饥，衣服可以保暖。有的有形产品不光具有满足人们某种物质需要的功能，还具有满足人们的精神文化需要的功能，比如，新衣服，除了保暖，还有为人增添美感、引人关注、称赞的功效。用于装饰的高档瓷器、精美的装饰画作、丰盛的美食，名牌服装等有形产品，既可以满足人们的物质需要，又可以满足人们的精神文化需要，是美丽、富裕、身份或地位的象征。

3. 有形产品是劳动者大脑思维活动、劳动知识、技能的外部呈现，体现了劳动者的主观设计、劳动方式、劳动技能、劳动理念等无形的精神性的方面，是无形的知识、精神思维通过物质产品的外部呈现。

4. 物质产品，通常具有可观察、可触摸、可感觉的客观性，也就是具有外部性，会向外部散发着某种信息，能够被人感知。

有形产品的外部性是无法遮掩的，人们可从其外部性感知它的存在，并且这种外部性会对感知者传递某种信息，产生某种作用和影响。

(二) 无形产品的使用价值

无形产品是指没有具体的形态，需要借助具体的物质的形态才能表现的产品。比如，科学知识，需要借助人的讲解、大脑思维的理解，需要应用于人的实践、指导人的实践，用于生产某种有形产品，才能表达、表现出来。

美术艺术，就需要借助画布、笔墨、设计、构图等表现出来。音乐作品，需要借助人的演唱，通过乐器演奏、电子播放器、歌谱等才能表现出来。作家创作的小说、诗歌，需要借助一定的人力在纸上或电脑上写出文字、用嘴巴朗诵发声等不同的方式方法表现出来。

无形产品的使用价值有很多，难以全部罗列，这里仅列举几类。

1. 满足人们的精神文化需要，比如图书、音乐、美术等。

2. 满足人们的行动需要，比如，建筑设计图纸上的信息可以指导建筑工人进行劳动；政策可以指导人们采取适当的行动。

3. 服务人们的生产，比如行政服务。

4. 服务人们的身体，比如医疗服务。

5. 满足人们的求知需要，比如教育、科研和探险。

无形产品的使用价值，只有通过大脑思维来理解、认识，或身体感受、接受，才能得到使用，并通过使用者的行为才能表现出来。如果不理解、不认识、不接受，无形产品就很难被人发现、使用。比如，一本大学教材，它对大学教师和学生来说，是有用的，但是，它对一个小学生来说，就是没有用的。有些无形产品直接作用于大脑思维，而不是直接作用于人的体力，但可以影响人的体力。无形产品需要与大脑的认识水平相匹配，如果不匹配，就会出现"有眼不识泰山"的情况。

无形产品需要有形地使用，变成人的外在化的劳动行为，变成可观察的产品，外在化地呈现出来，无形产品的使用价值才能进入社会价值关系系统，才能发挥其具有的使用价值的功能作用。

人的行为是受到大脑思维支配的，无形产品可以激发和支配体力劳动。思想家、组织管理人员，通过语言、表情等方式来激发、调动和支配体力劳动者，促使体力劳动者开展劳动。因此，不要小看无形产品的力量，当它与使用者的思维对接、相融，能够满足使用者的精神需要时，就会激发巨大的体力的力量。这就是马克思说的"理论一经掌握群众，也会变成物质的力量"的情况。

(三) 生产资料的使用价值

人需要从事生产劳动，以创造符合人的需要的产品，因此，生产的需要是人的需要的重要方面，是实现人的需要的重要条件，人们需要有能够用于生产领域、辅助生产劳动、满足生产需要的产品。用于生产领域、辅助生产劳动、满足生产需要的产品称为生产资料，包括劳动资料、劳动对象、劳动工具等，其使用价值（产品）常被称为生产资料的使用价值。作为用于生产需要的使用价值，一般直接进入生产领域和生产环节，而不是直接进入生活消费领域和消费环节。进入生产领域和生产环节的，就是用于生产的需要。

用于生产需要的产品，包括知识（信息、技术）、生产工具，如机械、设备、厂房等；劳动对象，如原料、辅料、能源、土地等。

生产资料的使用价值是生产力的重要组成部分，是生产力的重要体现和重要方面。人的体力和智力，被物化到生产资料中，构成人类创造的物质生产力。生产资料中的生产工具和能源，可以大大提高人体直接劳动的劳动效率，减轻人的体力和脑力的消耗，成为人的体力和脑力的替代者、延伸者、解放者和扩大者，成为人的劳动能力的化身，从而使生产资料成为生产力的代名词。谁拥有并采用了先进生产资料，谁就掌握了先进生产力。

(四) 生活资料的使用价值

满足生活需要的产品称为生活资料，包括满足人的吃、穿、住、用、玩、学、行的产品。生活资料，已脱离了生产环节，进入了生活领域和生活环节中。许多进入生活领域和生活环节的产品，由于人的使用而成为"垃圾""废物"，失去原有的使用价值，无法继续作为生活用品。比如，小车作为消费品，进入了生活领域，经过一段时间的使用之后，就会报废。

生产的需要和生活的需要，有时可以转换。比如，农民生产粮食，需要种子。农民每年都从收获的粮食中，留一些作为明年的种子，其余的就作为食物。种子是用于生产需要的，属于生产资料；食物是用于生活需要的，属于生活资料，两者的使用价值是不同的。但是，这是人为划分的，不是必然的。当预留的种子被老鼠偷吃了后，农民就从原打算作为食物的粮食中再取出一些作为种子，以补充种子的不足。

有些生活资料，经过人的消费、使用之后，会报废，从而退出生活领域和生活环节。但是，这些报废的生活资料也可以回收再利用，作为新的生产资料，再被输送到生产领域和生产环节，进行再利用，比如，废铁锅可以回收再冶炼成钢铁，生活垃圾可以通过回收、分类再利用，可以焚烧发电等。大部分生活废弃物都可以回收再利用。

(五) 服务的使用价值

服务，就是由人提供，直接供人使用，满足人的各种生产和生活需要。服务有生产性服务和生活性服务。用于生产需要的服务就是生产性服务，比如，为企业提供的科技、金融服务；用于生活需要的就是生活性服务，比如，社区服务、家政服务。服务的特点是一般不直接创造有形产品，只直接为服务对象提供服务。服务的使用价值，是劳动者直接满足服务对象的需要，服务对象也直接吸收了服务劳动，使服务对象身体更好，精神更爽快，行动更有效等，因此，服务对象对服务劳动的接收最直接，对服务劳动的使用价值的接收也就最直接。

(六) 劳动力的使用价值

劳动力的使用价值，就是劳动力的可使用性，以及作用能力大小，是劳动力通过劳动，可以完成一定质和量的具体工作。能够完成某项具体（质和量）的工作，就说明劳动力有使用价值。劳动力只有使用，才有使用价值，才能创造价值。劳动力不使用，就无法创造价值，就无法证明有使用价值。劳动力的使用过程，就是劳动价值和使用价值的创造过程。通过劳动力的使用，完成了某种产品使用价值的生产和制造，同时，劳动力自身的价值也物化到劳动产品之中。

劳动力有高端劳动力、中端劳动力和低端劳动力之分。高端劳动力是掌握了其他劳动力所没有掌握的较高的知识技能，能够处理复杂问题的劳动力。低端劳动力是所掌握和运用的知识技能较低，从事技术含量不高、较简单劳动的劳动力。还有一类处于高端与低端之间的劳动力，可以称为中端劳动力。高端劳动力在劳动中需要运用大量的、复杂的知识，需要创造性地开展工作，能解决较复杂的问题，有时还需要组织指导中低端劳动力开展劳动。

随着生产力发展，某些低端劳动力的使用正逐渐被机器替代，甚至出现了没有工人的工厂。这说明，体力劳动受脑力劳动支配，低端劳动力的使用，只是按照脑力劳动者的要求完成一定质和量的工作，与企业能否正常经营运转没有决定性的关系。比如，建筑工人只要按照老板要求完成了房屋的建筑工程质和量，哪怕这个房子没有卖出去，老板也必须向建筑工人支付工资。房子能否卖得出去，与建筑工人无关，只与老板有关。企业高端劳动力的使用价值才决定企业能否正常运转，企业决策组织管理者决定了企业的生存；而低端劳动力并不决定企业的生存，对企业的生存没有决定性影响。企业产品能否卖得出去，只与决策组织管理者、研发人员、市场销售人员等有关，而与内部低端的加工劳动者无关。只要低端的工人没有参与决策，只要低端的劳动者按照要求完成了规定的质和量的工作，那么，企业就必须向他支付劳动报酬。

劳动力的使用过程，与劳动力的提升过程一般是统一的，这与"实践的过程通常就是认识提高的过程"是一致的。因此，许多劳动者、打工者，不但在劳动中，包括在打工劳动中获得了应有的劳动报酬，还获得了一定的新知识、新技能，提升了自己的知识、技能，他们的打工、他们的劳动是"一举两得"的，这也是低端劳动者改变自身处境的重要且有效的途径，许多打工者因此变成了老板。

（七）货币的使用价值

货币是交换的媒介、价值尺度，这是货币基本的使用价值。在长期的交换实践中，人们发现黄金难得、颜色好看、物理化学性质稳定、可耐久储藏、易分割携带、便于流通，这些特征使得黄金成为硬通货。"金钱万能""有钱能使鬼推磨"是指金钱是大多数人的追求，可以与万物交换，具有"万能"的交换使用价值。显然，钱不是万能的，还有许多东西用钱也买不到。当然，没有钱，就无法换回别人生产的商品，就不能丰富自己的生活。个人生产的产品通常是单一和有限的，但是，社会生产的产品是丰富和无限的，货币为所有商品之间进行交换搭建起桥梁，提供了无限的可能。个人生产的有限性与货币交换的无限性，为丰富人们的物质文化生活、促进知识交流传播，起到了重要作用。

（八）商品的使用价值和非商品的使用价值

用于交换的产品就是商品，不用于交换、无法用于交换的产品就是非商品。有人来购买，就说明人家看中了该产品的使用价值，就说明该产品有具体的使用价值，能够满足购买者的具体需要，购买者就是为了得到该产品具体的使用价值而交换、购买的。不用于交换，或无法用于交换，说明该产品的使用价值不明确，或没有使用价值，或该产品无法占有、无法交换或不需要交换。有使用价值而无法交换、不需要交换就可以得到的产品，就是非商品。使用非商品，不需要交换，就可以直接拿去使用。不用交换、无法交换，本身不是非商品的使用价值，而是区别于商品的一种特性。非商品的使用价值与商品的使用价值相同，也是具有某种可供人使用的属性。

第三节 不同的知识导致不同的使用价值

使用价值不是靠劳动量创造的，而是靠劳动技能和知识，靠劳动的具体形态、方式创造的。只有劳动者的知识、技术，才能决定劳动产品的使用价值。不同的知识、技能，决定了产品不同的使用价值。劳动者的知识、技能决定了使用价值，劳动量决定不了使用价值。劳动者可能付出相同的劳动量，但是，由于所运用的知识、技能不同，生产出的产品就会具有不同的使用价值。比如，发明家不断地总结经验、不断地改进产品、提高产品的使用价值，就是因为每次都总结了之前的经验、教训，每次改进的实践所运用的知识技能都与前次有所不同、有所增加或有所提升。

一、知识不同，使用价值也不同

相同的原料，为什么会生产出不同的产品？同样的铁矿，为什么有的人"能"把它生产成建筑钢材，有的人"能"把它生产成钢铁机器，这其中的差别在哪里？当然是"能"，即劳动者能力的差异。劳动者不同的劳动能力，创造了不同的使用价值。劳动能力为什么有不同呢？这取决于劳动者所掌握和运用的知识、技能的不同。掌握和运用不同的知识、技能，创造出的产品就不同，产品的使用价值也不同。在其他条件相同的情况下，劳动者运用不同的知识、技能，所生产出来的产品及产品的使用价值就不同。比如，同样的面粉，有的人生产出了面包，有的人生产出了馒头，这是由于生产者的技术不同造成的。同一个产品，对不同的人，也会有不同的使用价值。

由于人的认识不同、需要不同，对同一个物品，不同的人会从中发现不同的使用价值。比如，野生稻谷，在一般的人眼里，只是一把野草；但是，在杂交水稻专家眼里，它们是宝贵的种子资源。天空中飞翔的鸟儿，在某些饕餮者的眼里，那是美食；而在动物专家眼里，那是珍稀动物；在摄影家眼里，那是美丽的精灵；在爱鸟者眼里，那是人类的朋友。

也就是说，不同的使用者也影响产品使用价值的不同应用和发挥，导致同一产品在不同使用者的使用下，会有不同的使用价值。比如，拥有同样的电脑，有的人只会玩游戏，而有的人则用于办公，进行产品设计或工程设计，进行会计电算化，开展电子商务、创作等。

二、时间影响产品的使用价值

使用价值会随着时间的变化自然升值或减值吗？从客观情况看，这是会发生的。一是自然的减损，比如，随着时间的推移，房屋建筑会自然风化，这会导致房屋使用价值的自然减损。二是随着科技的进步，旧产品的技术落后了，导致旧产品使用价值的减损。三是时点上的现实需求是有限的,而历史长河中的变化需求是无限的。产品的使用价值会随着使用时间、使用者、使用领域或使用方式的不同而变化,相应地,使用价值的实际使用效果也就会发生变化,既可能升值,也可能减值。比如,明代的一只瓷碗,在明代只不过是件普通的生活日用品而已,但是,在今天,它就不再是普通的生活日用品了,而是可以研究历史的文物,这导致它的使用领域因它的使用方式变化而发生了变化,也导致它的使用价值发生了变化。

第四节 使用价值是科学技术水平的重要体现

科技水平主要体现为人的科技水平和物化在生产资料上的科技水平。使用价值就是产品的可使用性。生产资料属于使用价值范畴,因此,使用价值与科技水平有着不可分割的关系。

一、使用价值既是科技的成果,又是科技的体现

(一) 使用价值是人的劳动成果

人是最根本的科技力量,是全部科技的创造者。人类社会的一切,都是人的劳动创造的。使用价值是人依据客观规律,结合自己的主观意志和能力生产出来的,是人设计创造的产品,体现了人的主观意识、劳动技能、科学水平、劳动方式等。人在劳动中把自己的愿望、能力等赋予到、物化到、异化到产品的使用价值中去,人有什么样的愿望、什么样的能力,采用什么样的劳动方式,就能设计生产出什么样的使用价值。使用价值作为人设计创造的产品,它自然反映了人的生产愿望、生产方式、生产力水平、价值观念等。

(二) 工具及劳动资料体现科技水平

工具是人设计制造的,人们设计制造工具的水平,体现了人的科技水平和生产力水平。人们把科学技术物化、对象化到工具上,使工具体现人的科学技术和生产力水平,因此,工具是科学技术和生产力的重要元素,是科学技术和生产力水平的重要体现。

在现代社会,许多工具是借助已有的其他工具生产出来的。比如,车床属于工具,但是,车床又是借助其他金属加工工具生产出来的。汽车属于交通工

具，但是，汽车又是借助车床等其他工具生产出来的。工具是个辩证的概念。如手机，既是消费品，又是通信工具。

1. 工具是人的劳动产品，是用来协助人进行生产生活劳动、生产其他使用价值产品的，有生产使用价值的使用价值，这就是工具的使用价值。

随着生产实践的发展，人发明和制造了越来越多的生产工具。工具可以大大方便人的劳动，减轻劳动强度，提高劳动效率，使人能够创造出更多、更新、更好、更丰富的产品。只要使用了工具，那么，其产品上就能体现工具的水平，人们就能够从产品上分析生产该产品所使用的工具。人正是借助了工具，才彻底改变了人的生产和生活方式，才摆脱了自然力的束缚。

能不断发明新工具、复杂工具和技术更先进的工具，是人与其他动物的关键区别所在。巴西雨林中有一种猴子会用手敲击某种坚果，使其发出声响，并通过辨别不同的声响，来判断坚果是否成熟。猴子只摘那些已成熟的坚果，并搬到另一个有阳光的地方去晒干。它们还会从远处的河流中找来坚硬的石块，在林中找到有凹槽的大石头作石砧，把晒干的坚果放到凹槽里，搬起石块砸开坚果，再吃里面的果仁。这一切，看起来是一种复杂的劳动过程。考古人员开始还误以为那些石块、石槽是几千年前人类使用过的工具，后来才发现，那些只不过是猴子们使用了几千年并且今天仍然在使用的工具。人则不同，人会不断地发明技术、应用技术，不断地制造出先进的工具，以提高人的生产力，再用先进的生产力生产、制造出新的、先进的产品，来满足人类不断发展的需要。几千年来，人类的劳动工具不知升级换代了多少次、多少代，而猴子显然没能做到这一点。

2. 能源及其转化，是人类创造的另一种生产资料，它能够直接转化成人类需要的劳动力量。

自然界以物质形态或以自然力的形态存在的能量被人类以科学技术方式揭示之后，迸发出强大的力量，这种强大力量又能被人类以科学的方式约束和使用，使之为人类服务，替代人的体力和脑力，放大人的体力和脑力，增强人的体力和脑力。科学技术有多先进，人类对自然物质力量的揭示和运用就有多强大和得心应手，自然力为人类服务就有多驯服。掌握不同的知识技术水平，决定了劳动者对自然能量的运用水平，对自然力量的不同运用水平体现了人的生产力水平。

3. 不同的劳动资料的使用价值，体现科学技术和生产力的不同。

比如，很早以前，人类用陶土制作工具；后来，使用瓷土；再后来，使用铜、铁；现在，是以塑料、不锈钢等新材料为主。这一系列的发展变化，体现的是科学技术和生产力的发展变化。

(三)使用价值构成生产力

生产力由人、人所使用的工具、劳动对象、其他物质性劳动资料、科学技术等要素构成，那么，人的使用价值、工具的使用价值、劳动对象的使用价值、能源使用价值、其他物质性劳动资料的使用价值等，以及科学技术产品等非物质性产品的使用价值，也就共同构成了具体的生产力，成为生产力的具体呈现。

二、使用价值更新换代与科学技术和生产力升级换代一致

产品的更新换代与生产力更新换代一致，生产资料的更新换代与科学技术和生产力更新换代一致。

实践出真知，人的实践不断发展，人发明创造、掌握的知识也不断发展。知识不断发展、不断更新，劳动能力也不断更新，产品中的知识、科技水平也不断更新。人们总会把自己最新发现、发明、创造、掌握的科学知识应用到自己新的实践中，会把发明创造所掌握的知识应用到生产活动中，应用到产品中，以提高劳动效率，降低劳动强度，不会让自己辛苦掌握的科学知识白白浪费。浪费科学知识，就是浪费自己的劳动，谁还愿意呢？

知识总是在不断更新的，使用价值因此也在不断更新。新知识总在不断地取代旧知识，新的使用价值也在不断地取代旧的使用价值。知识呈什么样的发展路径，使用价值也呈什么样的发展路径。知识是螺旋式上升的，那么，使用价值也会呈螺旋式上升。新知识取代旧知识，不是完全抛弃，而是扬弃，是把旧知识中有用的部分吸收进新知识中，而把那些落后的、效率低的旧知识抛弃掉。新知识的效率一定比旧知识更高，给人类带来的福利一定比旧知识多。新产品的使用价值也紧跟新知识的发展步伐，劳动者会把新知识融进新产品的使用价值之中，新知识给人类带来更新、更多、更好的福利在新产品的使用价值中得到充分的体现。

在上、下两代相连的知识中，新知识中通常包含了部分旧知识，这就是知识的传承。但是，随着知识的不断发展，时代间距很长，知识多次更新换代后，那么，年代久远的旧知识与新知识的联系就可能不那么明显、紧密，在新知识中很难找到旧知识的"基因"，甚至旧知识还有可能失传。比如，虽然今天我们仍然在使用铸造技术，但是，某些古代青铜器的铸造技术似乎已失传。这种情况，是实践发展的必然。当然，有些古代知识在今天仍然得到人们的使用，比如，孔子的道德知识在今天仍然得到人们的使用，这不是知识本身没有变化，而是人们的道德实践没有变化。只要实践还在，那么，知识就还在。只要实践不在，那么，知识就不在。只要实践失传了，知识就会失传，正如人们所讲的"拳不离手，曲不离口"。

第五节 使用价值是人类的追求

人类为什么劳动？就是为了获得劳动产品的可使用属性，就是为了获得可供人使用的劳动产品，就是为了满足人的需要。比如，人生产粮食，需要付出劳动，但是，人劳动，是为了获得粮食的使用价值，而不是为了付出劳动本身。不能生产出可供人使用的劳动产品，人类就不会去劳动。当然，人类劳动生产出的产品可能并不一定是劳动者设想的产品，有可能自己生产出的劳动产品并不是自己事先想要的；或者，为了生产出供人使用的产品，不得不先去做一些看似"无用""无效"的劳动，这是为能生产出有用产品打基础，是"磨刀不误砍柴工"；或者，生产出的劳动产品根本不是自己想要的，比如，制药厂所产生的废水、废气、废渣。当年，科研人员为了研究治疗心脏病药物，结果却研究出了治疗男性功能障碍的药物——伟哥。但是，人类有目标地进行生产劳动，并且能够达到设想目标的情景，是普遍的。

劳动很辛苦。劳动量越大，人就越辛苦。人类总想摆脱辛苦的劳动，总想用同样的劳动消耗，生产出更多、更好的产品，想用尽可能少的劳动付出，生产出更多、更好的产品，甚至想不劳而获。这都是人性使然。这也导致人们更倾向于期望得到更多、更好的使用价值，而不是期望得到更多的劳动价值——物化到产品中的人类一般劳动量，因为，善良的人们不希望生产者更辛苦。谁的劳动效率高，谁的产品使用价值大，谁的生产和生活就更轻松。不断发展的知识能帮助人类不断地实现这样的愿望。比如，用吊机协助劳动者吊运物品，就比完全靠体力进行劳动要轻松得多。在通常情况下，使用价值优先于劳动价值。一般而言，对一件产品，人们较多在乎它有多大的使用价值，在乎它能在多大程度上节约、改善人的劳动，而较少在乎它凝结了多少的人类一般劳动量。这既是功利的使然，也是道德与善良的使然。

从当今的市场经济看，许多劳动产品的价格不取决于它所物化的人类无差别的劳动量，而取决于它的使用价值。使用价值越高，说明它能够满足人的需要的程度就越高，它获得的市场认可度就越高，价格也就越高，利润率也就越高。比如，苹果手机因为质量高，性能和使用价值高，价格也高，但是，仍然受到消费者的追捧。

使用价值高的，其所凝结、物化的人类一般劳动量并不一定就高。人类正是不断地追求在相同劳动量付出的条件下，生产出更多、更好、质量、性能更优、使用价值更大的产品，这是人类的天性，是符合人类道德和正义的。研发苹果手机的人，所付出的劳动量，并不一定比其他品牌手机的研究者们付出的劳动量更多，他们也不一定就比别人的智商更高，只不过他们的研究方向正好符合了人们的需要，顺应了市场的发展方向，也就是他们把准了消费者的消费趋势和消费心理。他们的成功，是普遍性与特殊性、必然性与偶然性辩证统一关系的又一例证。

第六节　使用价值可以衡量

使用价值能衡量吗？在中国流传着关于大科学家钱学森这样的一个故事。当年，钱学森在美国从事的是火箭与导弹方面的技术工作，美国人把钱学森当作国宝。但是，中华人民共和国成立之后，钱学森要回到祖国，美国军方高官认为一个钱学森相当于美军五个师的战力，不打算放钱学森回国。这个故事虽然无法得到证实，但也说明，使用价值是可以衡量，也需要衡量的。

也许大家都看过中央电视台第10频道的《我爱发明》节目，那个节目中经常播放一些发明创造的新产品。例如，有一个人，发明了一种可对菠萝地、香蕉地进行破碎、整理的机械。这个机械整地的效率"相当于"几十个劳动力。这个"相当于"，就是机械的使用价值转换成劳动力的使用价值，进而可以转化成市场的价格，就是对该机械使用价值进行人力化、市场化和货币化的衡量，也是一种对使用价值进行的量化。但是，客观地看，研究发明此机械的人，其在相同的劳动时间内所付出的劳动量并不比其他研究人员多，或者并不比其他劳动者付出了更多的劳动量，只不过他的劳动方向正好把准、切合了人们的需要，这才是最重要的，也是人类需要的。从这个角度看，使用价值是利润的重要增长点。企业搞生产，最关键的是要生产出更多、更好、能满足人们需要的使用价值，以满足人们的需要，从而赚取合理和理想的利润。产品没有好的使用价值，即使付出再多的劳动，也只会是无效劳动。不同质效产品的使用价值，是由不同质效的劳动生产出来的，而不同质效的劳动又是由不同知识技能决定的，因此，知识技能决定了产品的使用价值，决定了企业的经济效益。

人们常说"听君一席话，胜读十年书。"意思是说，"君"说的话对自己有很大的用处、益处，有很大的使用价值，使自己很受益。"读十年书"，指的是所花费的巨大工夫、付出的艰辛劳动量。"君"的"一席话"的使用价值很大，以至于比读十年书所付出的工夫、劳动量、取得的收获还要大。这是对"君"所说的话的用处即使用价值的肯定、赞赏，也是对他的话的使用价值的衡量，是以劳动量、劳动价值为标准，来衡量"君"的话语的使用价值，是使用价值与劳动量（劳动价值）之间相互转换式的衡量。这也说明，劳动价值与使用价值是可以相互衡量、相互交换的。

使用价值改变着人类社会形态。虽然劳动创造了人类的一切，没有劳动，人类的一切都没有，但是，使用价值使得人类客观的生产力得到发展，使人类幸福得到发展。使用价值最直接地改变了生产力，最直接地改变了人类社会的一切物质和文化的形态，特别是在知识得到广泛复制、技术得到广泛推广应用的情况下，物质产品使用价值及知识的使用价值是一个不能被忽视的范畴。就人类几千年的发展进化历史看，人类的智商并没有多大的提高；除了人口增长导致人类整体劳动量增长外，单个人所付出的劳动量并没有多大的增长。但是，今天的人类社会为什么能够创造如此丰富的物质财富和精神财富？就是因为人类社会运用的知识越来越多，越来越先进，这又得益于人类积累的知识越来越多，创造的知识越来越多，知识的传播速度越来越快，传播范围和应用范围越来越广。知识的使用价值被广泛应用，加上金融业更灵活，使得知识的使用价值的生产和传播更是如虎添翼。这是使用价值的表现，是高效的使用价值加快了客观世界的变化速度。

人类社会追求使用价值，这可以看成是"使用价值优先法则"，即指使用价值是人类的追求，是人们劳动的首要目的，是人们进行交易的首要目的和条件，是劳动者期望得到的福利，也是全人类期望得到的福利。

新知识、新产品代表先进，旧知识、旧产品代表落后。人类社会追求使用价值，通常是追求先进的使用价值，是追求新知识、新技术、新产品的使用价值。因此，使用价值优先法则，又可以看成是新知识、新技术、新产品优先法则，可称"创新优先法则"。只要看看社会现实，创新总能吸引大众的眼球，总能受到大众的关注和重视，总能得到资本的青睐，因为，人有审美疲劳，人会"喜新厌旧"，人总在求新、求变、求好。

第七节 追求使用价值不都是拜物主义

一、正确地追求更优的使用价值与积极创造更优的使用价值、满足人类更美好的需要是辩证统一的

追求使用价值，就是要不断创造更多、更好的使用价值，以满足人类更美好的需要。因此，追求使用价值既是从生产、劳动角度出发的，也是从占有和消费角度出发的。更多、更高、更好的使用价值，能够改善人的生产状态和生活状态，能够提高人的幸福感。只有生产出更好、更高的使用价值，才能减轻人的劳动量，才能让人劳动、生活得更轻松愉快。如果人类不能创造、发明、生产出更多、更好的产品，以满足人对更美好生活的追求，人类社会的发展就会出现停滞。

二、使用价值是衡量人的价值、人生价值的重要依据

劳动者把使用价值作为自己的追求，使得人类社会出现了把创造更多更好的使用价值作为人生奋斗目标、作为衡量人的价值标准的现象。这种现象，有的是正确的，有的则是片面的、不正确的。至于哪个是正确的，哪个是片面的，要具体问题具体分析，不能一概而论。当人们把能够为人类造福作为自己的人生追求时，这就是正确的；当个人把通过正确的方法来创造、拥有更多私有的使用价值作为人生奋斗目标时，也是正确的。如果靠侵害他人合法权益而获得财富，就是不正确的。个人出现不正确的价值观，可能是由个人受到的教育、社会实践、外部环境等影响。当人类社会在某个时期大面积出现不正确价值观的情况时，说明此时的社会发展受到某种不正常力量的扭曲，是人类社会不正常发展的产物，需要从根本上改变这种力量，消除这种力量。

三、正确追求使用价值有利于社会发展

正确追求物质性的使用价值，不是拜物主义，而是为了提高人类社会生产力，使人类的物质财富更丰富，使人类摆脱物质匮乏，从而改善人类的生产和生活，使劳动者，也使人类社会的美好需求得到某种满足，使人类社会有很好的发展。因为，正确追求物质性的使用价值，同样会具有外部的正效应，而不仅仅是负效应。正如某些城市、投资者热衷于建摩天大楼，这体现了企业和当地的实力，也会形成当地的公共福利，有利于增强当地居民的自豪感和幸福感，有利于改善当地的发展条件，这种行为及其产品的正外部效应是相当明显的。创造更多更好的物质财富，正是人类区别于原始、落后的重要标志。人类社会需要追求物质的生产和满足，但不能，当然也不会仅仅如此，因为人类能有效地反思并控制其引发的社会问题。

四、追求物质与追求精神的现象会同时存在

一方面，物质产品既有物质的功效，又有精神的功效；另一方面，在追求物质创造的过程中，也会创造出更多的知识产品、精神产品，从而使人类的物质产品和精神产品同时得到增长和丰富。只不过，追求物质的情况更有外部性、可靠性，更能让人感知，而追求精神则更具有个人性和隐蔽性。某些社会片面追求物质产品，通常是由于生产力不够发达，物质产品还不够丰富，物质是人的第一需要，几乎没有多少第二需要即精神追求，社会还没有摆脱物质的束缚造成的。加之知识可以复制，一个人创造了新知识，大家都可以复制、共享，使得许多人不愿意创新、创造知识，只愿意复制知识，这样更"经济"，更安全可靠。即使如此，也有许多人虽然一生穷困潦倒，但是，仍然沉浸在读书、钻研的精神世界中，知识增长，又可对不科学的物质生产进行纠正，从而使物质生产符合人类更大的利益。

五、追求使用价值就是追求创造力

追求使用价值的正确途径是追求创造力的不断提高，就是要不断提高自己的创造能力，最大限度地创造更多、更好的使用价值，利用好使用价值，发

挥好使用价值，做到以人为本，人尽其才，物尽其用，实现人的全面发展。人是物质产品的主人，是物质产品的创造者。人创造物质产品，是为了满足人类的需要，这本身是以人为本的正义行为。人的需求是动态的，是丰富的，必须鼓励人创造更多的物质产品。人必须不断地提高自己的创造力，从而创造出更多、更新、更好的产品，以满足人们不断发展、创新的需要。同时，也必须让创造者能够尽情享受自己的劳动成果，让人的需要得到满足，让劳动者创造的劳动成果惠及更多的劳动者。人是社会的人，人不能孤立自己，不能脱离社会而存在。人类是价值共同体、命运共同体。所有社会成员之间，都有着千丝万缕的直接或间接联系，每一位社会成员都有其存在的社会价值，每一位社会成员都是全社会成员中不可或缺的一分子，因此，我们还要努力让每一位社会成员都能共享社会成果。

人类的需要是丰富多彩的。每一位社会成员都应当努力在这丰富多彩的社会中找到自己的坐标，贡献自己的劳动、智慧和风采。每一位社会成员也都能够向社会贡献其不同的人生价值，只要这种价值是正的，都有利于激发人类新的劳动和创造动力，都能够或多或少地增长人类的智慧。只要每一个人都能创造不同的、有益于社会的产品并呈现给社会，我们这个社会的生产力就会充分发挥，财富就会极大丰富且多姿多彩。

只要人尽其才，物尽其用，实现人的全面发展，人的价值总是正的，而不是负的。

六、政府要担当好自己的角色

就同一社会而言，人们有相同的劳动付出，却可能生产出不同的使用价值，并因此获得不同的收益，从而使社会出现不均衡情况。有些不均衡，可能引发社会矛盾，需要努力克服和避免。物质产品的强外部性也表明，物质产品有很强的公共性，必须充分考虑和发挥物质产品的公共性，并有效地避免物质产品的私人性所引发的社会问题。

当社会和市场本身不能解决自身出现的问题的时候，就需要政府站出来发挥作用。政府的角色、功能、方式有很多，包括以执法者的角色出现，以守夜人（信息提示者、倡导者、批评者）的角色出现，以市场主体、市场参与者（参股企业）的角色出现，以行政主体、干预者（政策制定者、监督者）的角色出现。必要时，政府还可担当社会的设计者、建设者角色。

第六章 物质产品使用价值

人类首先是物质的，需要有物质来构成、补充、充实人的生命物质，满足人的生命物质新陈代谢的需要。物质产品是人类生存和发展的第一需要，是人类社会财富的重要组成部分，是人类社会生产力的重要体现。

第一节 物质产品使用价值的概述

一、物质产品使用价值的基本概念、内涵及外延

(一) 基本概念

物质产品指有具体物质形态的劳动产品。

物质产品使用价值是物质产品能够满足人的某种需要的属性，以及这种属性的大小、多少、高低、优劣等。物质产品通常能够满足人的某种需要，对人是有使用价值的。生产物质产品通常都需要花费人力、物力、财力，如果生产出的物质产品没有使用价值，就浪费了人力、物力、财力。

价值是人与人之间、人与事物之间因为人的实践需要而建立起来的关系。对人有使用价值，能满足人的某种需要，并能实现人的需要，就与人建立起了价值关系。

(二) 内涵

物质产品由物质的基本元素构成，具有一定的物理空间特征，有明显的外部效应。物质产品需要有合适的存放空间。

物质产品是人的劳动产品，是人赋予了产品的不同形态、成分、结构、功能。人通过劳动，改变了劳动对象、劳动资料的形态、成分、结构、功能等，使得劳动对象、劳动资料变成了可供人使用的物质产品。

物质产品是知识的重要载体。物质产品凝结了劳动者的知识、技能、价值观等，从物质产品中，可以观察、分析出劳动者的知识、技能和价值观。

物质产品是人的感情的重要载体。一朵玫瑰、一枚钻戒，会成为男女爱情、婚姻的信物。中国有个"敝帚自珍"成语，意思是人们常常珍爱自己拥有的旧物件，哪怕是把破旧的扫帚。为什么呢？除了用习惯、用方便之外，恐怕还因为旧物件参与了自己的实践、见证了自己的实践，是自己实践的"参与者""见证者""功臣"，人们因此把自己的感情赋予到、寄托到、物化到或

对象化到旧物件中。

物质产品是人类创造的社会财富的重要组成部分。在一定的价值标准下，谁拥有更多的物质产品，谁就拥有更多的物质财富；一个国家拥有大量物质财富，也是一个国家富有的象征。有大量人造物质财富的堆积和存在，是人类社会区别于其他动物世界的显著特征。

物质产品是生产力的重要组成部分。各种机器、设备、装备、厂房、道路、桥梁、能源等，都是现实物质生产力的重要组成部分和重要呈现。

使用价值大小是可以衡量的。随着知识和经济社会发展，使用价值越来越需要衡量，越来越是一个可以衡量的社会经济范畴。

(三) 外延

物质产品所具有的可供人类使用、满足人类需要的一切功能，都是物质产品的使用价值。不同的劳动者生产出不同的产品，不同的产品有不同的使用价值。不同的人，对同一种产品，可能开发出不同的使用价值。

人首先是物质的，对物质产品的需要是人类的第一需要。在人类还没有摆脱自然物质束缚的时候，在人类的科学技术和生产力水平不够发达的时候，在物质产品还相当匮乏的时候，人类最需要的是物质产品，以延续自己的生命。

二、物质产品使用价值的基本特性

(一) 物质产品的使用价值具有客观性和单方面性

物质产品的使用价值是其与生俱来的，是由产品的生产者设计赋予的，是物化、对象化到物质产品中的。可供人使用的属性，是物质产品必须具有的属性，是不能视而不见的，它对外界的影响及作用都具有一定的客观性、真实性。

物质产品的使用价值是由生产者单方面设计赋予的。物质产品有没有使用价值、有什么样的使用价值，从根本上看，只与生产者有关，而与其他人无关。虽然物质产品的使用价值还必须经过使用者的具体使用才能呈现，但是，那只是末，而不是本。使用不使用，使用价值都客观地存在于物质产品之中。生产者赋予物质产品的使用价值才是其使用价值的真正"内容"和来源。

(二) 物质产品的使用价值可供人使用、占有

可供人使用。人的生命首先是物质的，进行着物质的新陈代谢。人类首先会消耗物质产品、占有物质产品或使用物质产品，这是人类维持自身生存和发

展的首先需要。

可供人占有。物质产品是劳动者劳动的首要目标，是劳动者为了满足生存需要、通过劳动获得的，劳动者自然会占有它，而不是抛弃它。劳动者占有自己的劳动成果，是天经地义的公理。

人类对物质产品的需要并不是单一的，而是丰富多元的，这是人与其他动物的显著区别，其他动物一般只需要食物，而人则不仅需要食物，还需要多元化的衣物、住房、劳动工具、交通通信工具和其他生活生产用具用品等。

使用某些物质产品，特别是使用先进的物质生产资料，可以提高人的劳动生产力和劳动效率，从而帮助劳动者生产出更多、更好的产品，改善人的生活。

(三) 物质产品的使用价值是人类社会重要的财富

物质产品凝结了劳动者的劳动量，对人类有使用价值，进入了人类社会的价值体系，是人类社会价值和财富的重要载体。人的劳动设计创造了物质产品，人类把人类的劳动、知识赋予到了物质产品中，物质产品中就凝结了人类一般劳动量和相应的知识，从而有了对人类有用的功能和价值。这就是劳动的物化，也是产品价值化。

物质产品凝结了人类的知识量，是知识的重要载体。人的劳动是靠大脑指挥、支配的。人的大脑是如何思考的，如何指挥四肢及其他器官进行劳动的，就会生产出什么样的产品。人是智慧动物，会积累、学习更多的知识，也会在劳动实践中运用所积累、学习的知识来设计生产产品，产品也就物化了人类的智慧，是人类智慧的结晶、知识的物化和知识的载体。从产品中，可以看到劳动者的智慧。从文物中，可以看到古人的智慧。

物质产品使用价值是人类生命的第一追求，这使得人类对物质产品更敏感，使得物质产品在人类社会财富中的地位更显突出。许多人往往忽视、放弃了自己创造的知识产品，却不会轻易忽视和放弃自己创造的物质产品。在生产力不够发达、物质产品还较匮乏的时候，人们追求物质产品，而不追求知识等精神产品，毕竟解决温饱是第一位的。

(四) 物质产品使用价值的自然变化

物质产品通常会随着时间的延续而出现物质的自然损耗、变质等现象，其使用价值也会因此而变化，甚至下降。

物质产品使用时会发生物理、化学方面的变化。把面粉变成馒头，不但物质形态发生了变化，面粉的物理和化学结构、性能、性质也发生了变化。工具在使用中会出现一定的磨损，使用越多，磨损得越厉害，这是一种物理变化。

不使用时，也会随着时间的延长而出现物理或化学方面的自然损耗。面粉放的时间过长，会吸潮、生虫、霉变。时间长了，钢铁也会发生化学锈蚀；书籍的纸张会发生变化。因此，许多物质产品不易保管。能长时间保管好物质产品，保持物质产品的新鲜和良好品质，是不容易的，是需要付出新的劳动的，甚至需要采用高科技。

某些物质产品会因为出现损耗、变质等情况，导致其使用价值下降。比如，钢铁锈蚀了，其强度、精度等就会下降，承载力等就会下降。面粉霉变了，就失去了可供人食用的使用价值，人就不能吃了。

有些物质产品，因为保管得好，没有或很少出现物质方面的变化，时间越久，其市场价格可能越高，比如某些文物、古董等。这体现了人们对"稀缺物品"的偏好，也体现了人们对先人的劳动与智慧的好奇和尊重，也是对"保管"劳动的一种回报。

(五) 物质产品使用价值的发展变化

物质产品是凝固的知识和生产力，一经生产出来，就难以改变，而人创造的知识、生产力是不断发展、提高的，人创造的物质生产力、物质产品是不断更新、提高的。凝固了人的新知识、代表了先进生产力的物质产品一经诞生，就会淘汰旧的、落后的生产力和物质产品，落后物质产品的使用价值就会随之消失。

(六) 具有明显的外部效应

物质产品的外部效应通常是无法隐藏、掩盖的，它可以对人形成视觉、感觉、知觉、审美、情感等方面的刺激、影响。这也是物质产品使用价值的表现。

衍生价值显著。由于物质财富是人类社会财富的重要组成部分，拥有某种物质产品就拥有了某种财富，甚至成为身份、地位、能力的象征。炫富，通常就是炫耀自己所拥有的物质财富，就是炫耀物质产品的外部性。这也是物质产品使用价值的表现。

第二节　物质产品的基本分类

一、按照使用价值进行分类

(一) 物质生活资料

用于满足劳动力的生产和再生产需要的产品，就是生活资料。通俗地说，用于满足人的生活需要的产品，就是生活资料。有满足人的物质需要的物质生活资料，也有满足人的精神需要的物质生活资料，如各种装饰瓷器、石雕作品。有一次性使用的生活资料，也有可以较长时间地、重复多次地使用的生活资料。有些物质产品，不仅能满足人们的物质需要，有时也可以满足人的精神需要，因为，物质产品也是知识、精神的产物，是知识和精神的载体。

用于满足劳动力基本生活需要的物质生活资料，比如，一般的粮食等。劳动力通过消费基本的物质生活资料，能够维持劳动力的简单生产和再生产，使得劳动力在数量和质量方面保持了不变的状况。

用于满足劳动力对美好生活需要的物质生活资料，比如，新的优质的学习用具、生活用品等。劳动力通过消费这类生活资料，获得了劳动力扩大的生产和再生产，使得劳动力在数量和质量方面得到扩大和提高，也就是个体或集体整体的劳动能力提高了。

生活资料中，有大量的非商品。比如，我们自己种植的蔬菜、自己烹饪的食物、自己制作的生活用品、自己做的家务、自己改造的家居装饰、亲友赠送的物品等，就是非商品。这些，都是生活的需要，有利于节约生活成本，有利于改善生活品质，有利于最大限度、最有效率地发挥劳动者的劳动能力，有利于劳动力的生产和再生产。

(二) 物质生产资料

生产资料，是指用于生产劳动，而不是用于生活消费的资料，包括劳动对象、劳动场所、劳动工具、原材料、辅助材料、生产用能源等。物质生产资料是物质生产力的直接体现。

生产资料的使用价值是指其不是直接用于满足人的生活需要，而是用于生产领域，用于生产劳动产品，从而生产出满足人的需要、可供人使用的产品。这些产品中，有的能直接进入人的生活消费领域，供人作生活消费使用，比如，面包厂购买的面粉就属于面包厂的生产资料，面包厂生产出的面包通常属于生活资料。面粉也可以直接进入生活领域，成为生活消费资料，比如，家庭购买面粉用于做面包。有的物质产品不能直接进入生活消费领域，不能直接供人作生活消费使用，而是需要转入下一道生产工序，成为下一道生产活动的生产资料，比如，农业机械厂生产的农用拖拉机就属于生产资料，将继续成为农业生产活动的生产资料。因此，生产资料又可分为用于生产生活资料的生产资料和用于生产生产资料的生产资料。

物质生产资料中也有许多非商品，如自制的工具、原材料、辅助材料、能源、厂房等。

(三) 生产资料与生活资料的关系

生产资料是用于生产生活资料或其他生产资料的；生活资料一般是由生产资料生产出来的。比如，面包作为生活资料，是由面粉这种生产资料生产出来的。对面包厂来讲，可能还要使用电力、和面机、电烤箱等生产资料。

生产资料通常不直接进入生活消费领域，不直接用于人的生活消费，而生活资料通常直接进入生活消费领域，直接用于人的生活消费需要。

在以家庭为单位的生产劳动组织中，有些生产资料与生活资料的界限不是很明显。有的生活资料有时也可用作生产资料，比如，汽车既可以作为家庭生活交通工具，又可以作为家庭生产运输工具。

有些产品到底是生产资料还是生活资料，需要看具体的使用，而不能从产品本身来判断，比如，小车既可以作为家庭生活资料，又可以作为企业生产资料。

无论是生产资料，还是生活资料，对人来说，都凝结了人类的知识、智慧，凝结了人类的一般劳动量，都有使用价值。劳动者的劳动量和劳动知识、技能都物化在劳动产品中，劳动产品成为劳动的载体、价值的载体、知识的载体，甚至成为劳动者的化身。

二、按照使用权的公共属性进行分类

(一) 公共物品

公共物品是供公众共同使用的物品。公共物品通常不具有使用上的排他性，任何人都可以使用，使用的人越多，其使用价值发挥得就越好。公共物品可由政府提供，也可由私人、企业、民间组织提供。

公共物品主要指公共设施等，如公路、公交车、公园、公共广场、公共图书馆等。这些公共物品可供公众共同使用。越使用，它的使用价值就越得到发挥。

公共物品通常是公众的福利。这样的物品越多，公众的福利也就越多。

公共物品不一定是免费的。有些公共物品是收费的。

公共物品有可能是政府、劳动集体提供的，也可能是私人、企业或民间组织提供的，但是，都必须是供公众共同使用的。

公共物品的使用价值多存在于消费领域，生产领域的公共物品则相对较少。

(二) 私人物品

私人物品，即所有权属于特定的人或组织，只允许特定的人使用，不允许其他人使用。私人物品的一个重要特点是排他性使用，即一个人占有和使用了，其他人就不能占有和使用，占有权和使用权具有排他性。

私人物品既存在于消费领域，也存在于生产领域。人们所拥有、使用或见到的物品，既有公共物品，也有私人物品。

(三) 货币

货币既是公共物品，又是私人物品，具有公共性与私有性两种特性，是两种特性的复合体。作为公共物品，它的使用价值包括交换媒介、价值尺度、财富储藏、支付功能、流通手段等。通俗地说，货币就是劳动价值和使用价值，就是权利，就是丈量财富的尺子，就是名片，就是通行证。作为私人物品，货币的使用价值包括财富衡量、财富标志、财富占有、储藏、炫耀等功能，是一种私有财产和私人权利的体现，一般不会无偿给予他人。

纸币通常只有交换媒介、价值尺度、支付功能、流通手段等使用价值，作为财富储藏的使用价值并不显著。

货币的支付功能，也是货币的一种使用价值。商品购买者向商品出售者支付货币、单位用货币向其雇员支付劳动报酬、黄金公司用货币向其职工支付劳动报酬、黄金公司用货币支付外购的商品等，都是使用了货币的支付功能。

货币是在长期的生产生活特别是市场交换实践中形成的，货币的公共属性也只有在市场交换中才能显现，才能发挥其公共性作用，离开市场交换，货币无法发挥其公共性使用价值。因此，把货币藏在家里、埋在地下，就是埋没了货币具有的公共性的使用价值。只有让它流通起来，才能发挥它的公共性使用价值。

三、物质产品之间的差异性

(一) 一般物质产品的差异性

物质产品之间的差异体现在构成物质的基本元素上，不同的物质产品是由不同的物质元素和不同的物质分量、不同的物质结构构成的。

物质产品之间的差异还体现在物质产品的结构、功能、使用价值的差异上，这是由不同的生产者具有不同的知识、技术决定的。

物质产品之间的差异，体现在具体劳动的差异上。具体劳动所具有的不同的形态、方式、对象、工具、技术水平等的差异性，决定了物质产品之间具有不同的劳动价值、使用价值、效用价值、稀缺性价值、外部性价值等。

(二) 货币的差异性

由于货币是在长期的实践中形成的公共产品，单位货币的劳动价值、使用价值、效用价值、稀缺性价值、外部性价值等是公开、透明、公认、稳定、均衡的，因此，单位货币的价值基本上没有差异，差异只在货币数量的多少上，而不在单位货币的劳动价值、使用价值、效用价值、稀缺性价值、外部性价值等上。这是货币可以充当价值尺度的关键原因，因为，它的价值是公开的、透明的、稳定的、均衡的，是公认的。

不同国家的货币，由于可流通的范围等不同，其使用价值存在显著的差异。

第三节　物质产品使用价值的基本呈现

物质产品的使用价值是指物质产品能够满足人类某种需要的属性。凡是能够满足人类的需要，就具有使用价值，所满足需要的方面，也就是物质产品的使用价值。

一、一般物质产品的使用价值

(一) 物质产品的主要功能

物质产品的主要功能即主要使用价值。每一种物质产品，都有其主要功能，也就是主要使用价值。有的产品会随着使用而发生形态等方面的改变，有的产品在使用中基本不发生形态等方面的变化。

满足人的生命物质能量代谢的需要，如食物、饮料等。人类生产物质产品，首先要满足人的生命物质新陈代谢的需要，这是第一位的。只有首先维持人的生命新陈代谢，人才能再去从事其他活动。

构成新产品的主要物质成分。这类物质产品在使用中通常会发生形态的变化。原材料、辅助材料等会在生产活动中发生形态等方面的变化，会被转化到新产品中，构成新产品的主要物质成分，从而生产出新的物质产品。比如，面粉变成馒头，塑料、金属等变成手机。又如馒头被人吃了，会转化成人体的能量和物质。

帮助劳动者把原材料等转化成新产品。这类物质产品在使用中基本不发生物质形态变化。比如，厂房、基础设施、工具、机器、建筑物、燃料、生活用具等，通常不会因为使用而发生物质形态、结构、成分、功能等方面的变化，但使用它们，有助于人把原材料等转化成新产品。

协助人力改变物质原料等，生产出人需要的物质产品。比如，把燃料转化成电力，可以代替人力，辅助人进行生产劳动。没有能源的应用，就没有人的生产力（体力）的替代和节约，就没有人的生产力的提高。运用强大的电力能源，可以产生强大的人工力量，从而可以替代繁重、巨大的人力消耗。

满足人的精神文化需要。有些物质产品，既能满足人的物质方面的需要，又能满足人对精神、知识、文化方面的需要，如书籍、首饰、奢侈品、服装装饰等。这也是物质变精神变文化的重要表现。使用这类物质产品通常也不会发生形态方面的变化。

满足人探索、追求科学的需要。探索、追求科学，往往需要消耗一定的物质和精神方面的产品。比如，做科学实验，需要消耗实验用品；观察星星，需要使用望远镜；发射火箭、卫星，需要消耗燃料。这类物质产品，会不会发生形态方面的变化，能生产出什么样的产品，都需要具体问题具体分析。如果探索成功了，取得了科学成果，为其付出的劳动、物质、知识等，就转化成了科技成果的价值。

就个体的人来说，许多科学探索并不一定成功，但是，大家共同探索，就必然成功。即使个体的人在科学探索的道路上面临许多风险，也无法阻止个体的人探索科学的步伐，"沉舟侧畔千帆过，病树前头万木春"，这也是物质变精神、变科学技术的重要表现。

当然，物质产品还有很多功能，无法一一列举。

(二) 物质产品的外部功效

物质产品的外部功效有很多方面，对于不同的物质产品、不同的人、不同的时间、不同的场合，物质产品的外部功效是不同的，需要加以区别。即使是同一产品，在不同的场合、不同的人群中，也会有不同的外部功效，这些不同的外部功效在一定程度上取决于不同的使用者，取决于不同的人对产品外部功效的不同理解和开发，这是使用者对产品使用价值的一种认识、开发。有些产品的生产者抓住了群体的心理，开发、增强了产品特殊的外部性，受到市场的欢迎，从而增加了自己的市场销售，比如，有个花店让送花员工穿上"西洋小丑"服装，给人带去了新奇和喜悦，从而增加了市场销售。

很多物质产品，在一开始有很强的外部功效。比如，在电视机还未普及时，家里有一台电视机就是很了不起的事，因此，很多人把拥有电视机作为自己特有的财富进行炫耀。这是电视机衍生的使用价值。这类产品很多，而且随着社会发展也不断发展。比如，今天，高档手机、高档车在某些地方、某些人群中也有这样的功效。

外部性价值通常与物质产品的使用价值是正相关的。通常，物质产品的使用价值越大，其外部性越强。产品对人的有益性使用价值越大，其正外部性也越强。比如，一个努力追求卓越的企业，其产品不但卓越，其外部影响通常也卓越。如果一个企业的产品对人类有很大的危害性，那么，该产品就具有很强的负外部性，人们就会谈之色变，避之唯恐不及。

产品的外部性根本上是由生产者的劳动决定的。产品是否有技术含量，取决于生产者是否掌握和应用了较高水平的技术。生产者有较高的技术水平，产品就会有较高的技术水平。产品是否有品质，取决于生产者是否有品质；产品是否有品位，取决于生产者是否有品位。生产者有较高的道德修养，其生产的产品通常也会呈现出较高的道德修养水准，因为，产品是生产者的对象化、物化。

(三) 物质产品具有凝结和传播知识的功效

一台机器、一座大桥、一件时装，凝结并传播了设计者的知识。书画、记录知识信息的磁带、软盘、U盘、硬盘等，都是物质产品，但是，它们的功能不是物质本身，而是物质所记载的人创造的知识信息。

毫无疑问，物质产品本身凝结了生产者的知识、文化，是知识、文化的载体，传播物质产品，就传播了生产者的知识、文化。一个国家向国外出口物质产品，同时就出口了知识和文化。进口和使用该产品的人，就会从该产品中感受到生产者的知识和文化，就会通过该产品对生产者产生某种"第一印象"。使用者甚至可以从中感受到生产者的世界观、人生观和价值观，感受到生产者的民族文化和精神。例如，我国消费者从进口和使用德国的产品中，就感受到了德国人具有的"工匠精神"，并对德国人的"工匠精神"产生了某种敬佩。同样，中国产品大量出口，国外的使用者也从中感受到了中国人友好、善良、俭朴、智慧等可贵品质。这是贸易的重要功能，是知识和文化借助物质载体传播，也是知识和文化力量的呈现。这些知识，有些是商品，有些不是商品。

实际上，先进科学知识和文化是某些物质产品的灵魂，是其核心使用价值，也是其核心竞争力，因为，不同的科学知识、文化，决定了不同的使用价值，影响了人们对物质产品的需要。融入了先进科学知识、文化的产品，总能得到人们的青睐，因为，人们需要的是其中的先进科学知识、文化。

先进物质产品在被使用中，也具有激发人们创造知识的功效。中国人在与科技先进的国家交往交流中，切身感受到了别人在科学技术方面的先进水平，感受到了自己在科学技术方面的差距。看到别人先进，自己有差距，就会激发自己见贤思齐、奋发图强。使用别人的先进产品，会激发自己创造先进产品的动力。比如，中国大型水电机组，开始是以市场换技术，通过多年的技术引进、消化、吸收、攻关后制造的，目前，中国能生产世界上最大的水电机组。又如特高压输变电工程，过去是中国学习别人，现在是别人学习中国。

(四) 物质产品具有传递感情的功效

有的人寄情于物，通过物来传递感情。"慈母手中线，游子身上衣。临行密密缝，意恐迟迟归。谁言寸草心，报得三春晖。"玫瑰被赋予爱情的象征，一朵玫瑰可以传递青年男女之间的爱情。

二、生活资料和生产资料的使用价值

(一) 生活资料的使用价值

生活资料能满足人们物质文化的需要，可改善人们的生活，可增加人的生活福利，实现人的生产和再生产，既包括简单的生产和再生产，也包括扩大的生产和再生产。

生活资料的物质功能。人要生存和发展，就必须消费物质生活资料，满足人的物质文化需要，从而实现人的生产和再生产。

生活资料的精神功能。许多物质生活资料不仅仅具有物质的功能，同时也具有一定的精神功能，对使用者的精神具有支撑、激励、"加油""充电"作用。比如，穿着新衣服，人的精神就倍增。

(二) 生产资料的使用价值

可满足传统生产需要的生产资料。在原材料不变、生产方式不变、产品不变、市场需求不变的情况下，只需要保持其原有的使用功能、成分、质量、生产方式等，就能保持其满足传统生产需要的使用价值。比如，只要面粉的品质不变、技术等不变，生产出的面包的品质也就不变。

可改善产品的生产资料。原材料、辅助材料、工具等的优劣，会影响产品的品质。使用优质原材料，产品品质通常会优良一些。使用质次的原材料，产品的品质通常会次一些。因此，人们常常使用优质原材料来改善产品品质，使产品品质得到提档升级。比如，用高筋粉生产的面包的品质就比用普通面粉生产的面包更美味。有些工具也影响产品品质。

可提高劳动生产力的生产资料。通过能源的生产和转化，使用先进的加工机器、技术、管理等，使单位时间内的生产量得到提高，或者使单位产品的原材料、辅助材料等的消耗降低，或者使单位产品的人工消耗降低，从而提高了人的劳动效率，降低了成本，并可能提高利润率和生产经营的经济效益。

作为生产资料的先进机器，之所以能够提高劳动生产力或生产率，是因为机器中应用了先进技术。而先进技术是人创造的，具有提高劳动生产力或生产率的使用价值。人们就是为了提高劳动生产力或生产率才发明机器。发明机器的目的就是提高生产力，从而提高人的劳动效率。先进机器、技术的使用价值就体现在这里。

第四节　物质产品使用价值来源于生产者的知识和技能

一、物质产品使用价值是生产者赋予的

物质产品不是天然的物品，而是依据客观规律，按照人的意志，运用人的知识、技能，通过人的劳动，由人无中生有地创造出来的。物质产品的使用价值不是天然的，而是生产者设计赋予的。没有生产者的设计赋予，就没有物质产品的使用价值。

(一) 生产者对一般物质产品使用价值的设计赋予

赋予物质产品物质的使用功能。即物质产品能够满足人的物质需要，能够

满足劳动力的生产和再生产的物质需要，能够满足生产活动的物质需要。物质产品的这种功能，是按照生产者的目的、要求、知识、技能设计打造、塑造、制造、创造出来的，是由生产者赋予的，体现了生产者的生产目的、主观能动性。比如，不同的技术，生产出了专用于面包的高筋粉和用于蛋糕的低筋粉。政府规划建设城市街道及其两旁的商业房地产，就是用政府的力量赋予街道可通行和经商的使用价值。

赋予物质产品知识的使用功能。所有物质产品，都是生产者"智造"的，都印刻着生产者的知识、技能、价值观等。从这些物质产品中，能感知到生产者的知识、技能、价值观等。物质产品的不同形态、成分、结构、功能，都是生产者大脑思维的具体体现，都是知识应用的结果，甚至体现了生产者思维的力量和知识的力量。生产者不同的知识、技能，决定了产品加工对象、方式、水平，决定了产品不同的使用价值。

生产者的知识主要来源于两个方面，一方面是自己学习、实践得到的，另一方面来源于生产协作者的赋予，如企业的工程师、技术员等提供的知识、技术。

(二) 对特殊物质产品使用价值的赋予

公共设施是现代社会生活中必不可少的公共福利。公共设施功能（使用价值）的规划设计建设，需要进行公示，征求公众意见建议，体现公众意愿，顺应公众期盼。换句话说，它的建设要体现公众的意愿，汇聚公众的智慧和力量，扩大公共福利，建成后是为公众服务、满足公众需要的。规划建设这种产品，就是为了公众能够使用，就是要提供给公众使用。一条道路、一条街道，从规划、设计、建设，到投入使用，都是为了公众，就是要公众来使用。如果道路、街道建成后没有人来使用，说明其规划不科学，没有体现公众的意愿，是盲目和错误的。

现代货币是由政府赋予和发行的，体现着产品价格和价值流通手段、尺度等功效，是经济价值、经济秩序的体现。货币的功能和城市街道、公交车、出租车一样，也是由政府及人民共同规划和赋予的，体现了大多数人的意愿，而不是少数人的意愿；是为大多数人服务的，而不是为少数人服务的。但是，如果政府发行的货币不被公众接受，就是很糟糕的事。

(三) 物质生产的综合性

物质产品的生产，不只需要物质资料，还需要使用大量的知识；生产劳动不只转化商品，还需要转化非商品。物质产品，凝结、转化了生产者付出的体力、脑力等，凝结、转化了生产者运用的商品和非商品，凝结、转化了生产者运用的物质资料和非物质资料，如知识、信息等。

同时，物质产品不仅能满足人们的物质需要，还能在一定程度上满足人们的精神文化需要。有些物质产品建起来了，不仅表示物质财富增加了，还体现生产力发展起来了，也是精神崛起的重要支撑和象征，许多先进工程、先进装备就具有这样的社会价值功效。

二、不同的需要和使用导致物质产品不同的使用价值

物质产品是按照人的需要生产的，满足人的需要是生产活动的目的。生产者单方面的生产可以满足需求者的需要，需求者的需要也可以引导生产者的生产，指引生产者按照市场需求去生产。满足的需要往往不是单方面的，而是生产者和需求者意愿契合的结果。即使是对同一产品的需要和使用，也不一定是单一的，有可能是多方面的。比如，衣服不仅可以御寒，还有审美、示美的功能，这都是人们需要的。也就是说，同一件产品，可能有多种使用价值，能满足多种人的多种需要、不同的需要。有的需求者、使用者可能只注意到或只使用产品的一种或几种使用价值，而其他的需求者、使用者则可能会使用产品的另外的使用价值，导致同一产品，对不同的使用者而言，呈现出了不同的使用价值。比如，馒头不仅有食用功效，还有某种文化、美学特性，要符合一定的审美标准、文化标准，因此，有的地方为馒头制订了标准，不符合标准的就不能叫"馒头"。这就是物质产品综合性、全息性的表现。生产者准确把握了需求者的需要，需求者的需求得到了生产者的发现，生产者的生产得到了需求者的认可，这样的生产才能得到有效实施和正常完成。

三、不同的劳动知识导致不同的使用价值

劳动是人在大脑的思维支配下进行的活动。思维靠什么？靠知识、信息。人是高级动物，人的大脑思维需要运用大量的知识、信息，人的劳动需要运用复杂的知识、技能。正是这些大量的知识、信息及复杂技能，才使得人创造了自然界没有的物质产品，才使得人类创造了其他动物无法创造的产品。不同的劳动知识、技能，支配了人的不同的行动，创造的产品因此是不同的。不同的知识技术水平，创造的产品也是不同的。运用不同的知识、技能，所生产的产品的使用价值也不同。光是一个吃，人类就创造了无穷无尽的花样，这些靠的

就是人创造、掌握、运用了不同的知识、技能等。

四、不同的客观条件导致不同的使用价值

我们常说"靠山吃山，靠水吃水""龙生龙，凤生凤"，意思是说，人的能力、职业技术、生产的产品等会受到先天的自然环境条件影响和后天生活环境条件的熏陶、影响。皮匠的儿子是个好皮匠，铁匠的儿子是个好铁匠，教师世家出好教师，这类情况是很常见的。

水乡人以打鱼为业，草原人以放牧为业，矿区人以开矿、冶炼为业，农村人以从事农产品生产为业，城里人以工业、商业、知识经济为业。不同的客观条件，导致不同的生产活动、生产出具有不同使用价值的产品。

第五节 不同使用价值可以相互转变

一、物质变精神

物质变精神，是指人们在进行物质生产实践中，会产生新思想认识，会发现新规律，会形成新经验、新教训，会积累成新知识；或者借助物质条件、工具，探索出新知识。这种知识，一定是之前所没有的，是新的知识，是揭示了新规律、新情况的知识。

(一) 物质守恒现象

自然界的物质是守恒的，不会增加，也不会减少。

石油在空气中燃烧后，会变成废气、废渣和能源。如果把由此产生的全部废气、废渣都收集起来，它们的总质量与之前的石油加空气的质量是相等的。能源是哪里来的呢？能源是石油高分子经燃烧，与空气中的氧气发生化学反应之后，产生了物质上的分解、裂解、化合、重组等，同时释放出能量，这就是石油能源。这些能量是分子、原子内含的天然能量。

有些情况下，用一种物质作为原材料，生产出另一种新物质产品，原材料的物质会被应用、转化到新物质产品中，构成新产品的物质成分。例如，用面粉做馒头，面粉的分子量通常不会减少；把铁块制成铁犁，铁的重量一般不会减少；把金条制成金戒指，重量是不能少的，否则，用户会要求金匠赔偿。

(二) 物质不守恒现象

生产中会有些物质原材料被浪费的现象，这往往是不得已而为之的，是无法克服的。比如，用面粉做馒头，总会有一些面粉粘到案板上、器具上，多多少少总会有些损失。这是不必计较的。这就是物质不守恒现象。

有时，我们并不要求物质守恒。比如，汽车烧油，油是越烧越少，但是，烧油为汽车提供了动力，石油变成了动力，这是我们需要的。我们没有必要把石油燃烧的废气、废液、废渣等收集起来，这对我们来说，是没有使用价值的，是没有意义的。

我们进行太空探索，发射火箭和卫星，要得到的是科学成果，使用过的物质性的卫星、火箭一般会被抛弃，或坠入海洋，或在大气层中烧毁，火箭发射也因此会造成巨大的物质消耗。因此，航天强国正在大力研究探索火箭回收再利用技术，马斯克领导的太空探索技术公司在这方面已走在了前列。

当劳动中发生物质不守恒时，人们期待价值能增加或守恒。

(三) 劳动及物质产品的外部性

劳动者通常会通过劳动行为，以及通过生产出来的物质产品，向外界贡献外部性。劳动行为外部性一般是瞬时的，而物质产品的外部性通常具有一定的持久性。

(四) 知识在物质生产实践中产生

无论是在物质守恒的生产活动中，还是在物质不守恒的生产活动中，只要是心智正常劳动者，他们的知识、经验都会因此而增加。

80后青年富豪王麒诚，在读大四的时候，到浙江大学的上市公司"海纳"（即现在的浙大中控）教育事业部实习，开始接触建筑智能化这个行业。王麒诚说："我对自己要求是非常严格的。我到一个地方实习，就会观察这个行业好还是不好，看一个公司需要哪些岗位才能支撑其运作。一直到现在，我每天做什么，都会记下来，每天要总结我的人生。"王麒诚的做法、经验，与大多数成功人士的做法相似。可以说，王麒诚没有虚度自己的实习时光，没有浪费自己的实习实践，而是在实习中注重观察、学习、思考，充分吸收实践中发现、产生的知识、信息，把实习实践当作对自己人生有益的机会和宝贵的资源。他充分利用了这个机会和资源，把这个机会和资源变成了自己的宝贵财富。正是每天"实践—总结—提高—再实践—再总结—再提高"，不断从实践中总结经验、教训、搜集积累知识、信息，不断把物质生产实践变成知识生产实践，不断提高自己，在一次实习中获得了物质和知识的两种收获，王麒诚才成就了自己的事业和财富，成为当今中国大学生创业的典范。

二、精神变物质

精神变物质中的"精神"，是指新知识、新技术、新科学，是指运用新的知识创造新的产品。这种精神通常是自己没有掌握或运用过的新知识，有时也是旧知识的重新运用。比如，运用新知识改造了传统设备，提高了设备的运行效率；运用新的化学技术，生产出了一种新的化学材料；运用新的智能技术，生产出了新的智能手机。在中国，大多数农民都运用传统的经验种田，如同狮子捕捉角马，仅仅只需运用一定的传统经验、知识、技能。这些情况，一般只能形成普通的、简单的生产劳动，生产出普通的传统产品。当然，有些情况下，传统知识也能生产出"新"产品，让传统知识焕发出生机。比如，用传统种植方法生产有机大米；弘扬非物质文化遗产，把非物质文化遗产发扬光大，这是因为外部环境发生了变化。

人的行为是受大脑思维支配的，有什么样的大脑思维，就有什么样的行动。人在劳动中，会运用知识、技能，会把自己学习、吸收到的新知识、新技能印刻到自己的产品中，会按照自己的意志、知识、技能，生产出人们需要的产品，这就是精神变物质。比如，工厂工人按照工程师的要求加工产品，建筑工人按照设计师的要求建造一栋大楼，科学家进行基因编辑生产出新的有特异性的作物新品种等，都是把精神变成物质的体现。

(一) 精神变物质，精神产品和物质产品都会越变越多

精神产品并不像有些物质产品那样，会变没有了，而是越变越多。每一次实践，都产生新的知识经验。只要愿意积累，知识、经验会越积越多，越积越丰富，越积越提高。

受大脑支配的人，进行劳动，生产出了物质产品，使物质产品越变越多。

受大脑支配的人，进行劳动，在劳动实践中增加了劳动经验，积累的劳动知识、信息越来越多，越来越高级、科学。

劳动者不但自己在劳动中积累了知识、经验，还会向外部贡献外部性，为社会提供丰富的信息、经验、知识。

(二) 知识使用价值的倍增现象

知识使用价值倍增，体现在知识数量的增长、质量的改进、功能的改良，以及知识使用价值的改进、提高、创新等方面上。新知识的使用价值通常大于旧知识的使用价值，特别是在科学技术和生产力方面表现明显。

知识是从无到有地在实践中产生和发展的。人在实践中创造了知识、创新了知识，并把创新的知识应用于实践，这就是新知识的使用价值。

自己拥有一分知识，就拥有了一分可以使用的财富。把自己拥有的知识分享给其他十个人，那么，这十个人就拥有了与自己相同的知识财富。如果能够把自己的知识分享给一万个人，那么，这一万人也就拥有了一万份知识财富。这就是知识的倍增现象。如果这一万人都应用该知识的使用价值，那么，该知识的使用价值就呈现出了放大的现象。

当你在传播知识时，你就是在从事着知识的传播实践，通过这种实践，又会增长你的知识、才干。这也是知识的倍增现象，同时，会使知识的使用价值倍增。

当知识被应用于劳动实践中时，知识又得到了新的检验、新的改进，应用、检验、改进的过程，还会与其他知识产生杂交，又能产生新的知识，从而增加知识量，知识的使用价值在实践中又得到了新的改进、增加、提高。每一次实践，都会增加知识、提高知识，从而使知识的使用价值得到提高，这也是知识使用价值的倍增现象。

知识会在什么条件下倍增？知识的使用价值到底能倍增到什么程度？有什么样科学合理的倍增路径？这些还有待进一步的研究。有志者可以以此为课题进行深入研究。

知识的使用价值倍增现象是价值不守恒现象的重要表现。发明家创造、获得、贡献的价值，通常大于他付出的劳动量即劳动价值，这是由于知识导致使用价值倍增。人类社会可以通过大量复制、传播、应用、倍增知识，来倍增知识的使用价值，促进科学知识实现普及，减少人在生产中的劳动消耗和物质消耗，造福人类。

三、商品性物质产品与非商品性物质产品互变

(一) 商品性物质产品变非商品性物质产品

企业购买物质性商品捐赠给学校和福利院，这些商品就变成了非商品。

企业投资兴建公益性公共设施，如公共道路、桥梁、公园、广场、图书馆等，就把物质性商品变成了非商品性物质。

家里购买物质性生活用品，家人消费使用该物质性商品，就把商品变成了非商品。

(二) 非商品性物质产品变商品性物质产品

自己生产的物质性产品，在没有用于交换之前，就是非商品；用于交换时，就变成了物质性商品。

把他人赠送自己的物质性产品出售给第三人，非商品就变成了商品。

把自己从河里捡到的一块狗头金或从山上采摘的一筐野果子，拿到市场上去出售，非商品性物质产品就变成了物质性商品。

第六节 被使用是物质产品使用价值实现的主要方式

一、有关产品使用价值的说明

(一) 生产者决定物质产品的使用价值

产品具有的使用价值，主要取决于产品的生产者。产品的使用价值首先是由产品的生产者创造和赋予的，没有产品生产者的劳动创造和赋予，就没有产品的使用价值。

一个产品具有的使用价值通常不只是一个方面的，而是多个方面的。比如，农民田中的一簇玫瑰，可能只是一簇普通的鲜花，也可能被当成爱情的象征，还可能是炼制玫瑰精油的原料，也可以是植物学家眼中的物种，还可能是画家写生的对象、旅行者眼中的风景。但是，无论是什么，它都是花农生产出来的，没有花农的劳动生产，就没有这簇玫瑰的存在。

(二) 使用价值可取可舍

比如，电脑有很多功能，但是，我们很少使用电脑的所有功能，而只使用其中一部分功能，并舍弃了另一部分功能。这使得我们的电脑总有许多富余、闲置的功能。因此，产品使用价值的实现与使用者如何使用也有关系。

(三) 使用者影响产品的实际使用价值

产品实际的、具体的使用价值，取决于产品的使用者。相同的产品，对于不同的人，在不同的具体需要、不同的时空背景下，其使用价值不完全相同。例如，野生水稻，对农民来说，可能是一把草，或者是一把可食用的天然粮食；但是，对杂交水稻专家来说，它就是宝贵的种质资源。

二、物质产品使用价值的实现

物质产品被使用了，其使用价值就实现了。

(一) 具体的使用

也就是人对产品进行了使用，既包括使用产品的主要功能，也包括使用产品的次要功能、附属功能、衍生功能和延伸功能等，以及使用者对产品开发出的新功能等。比如，人把面包吃了，就是使用了面包的主要功能。又比如，有的人把废旧的易拉罐做成烟灰缸、工艺品等，就是对废旧物品功能的一种开发利用。

(二) 外部效应

物质产品都有外部效应，其在使用中也会有外部效应。比如，拥有强大功能的智能手机，在使用中会体现出其先进性，使用模拟机的人看到智能手机的强大先进功能后，会对智能手机功能有某种感知。这就是智能手机使用价值外部效应的表现。

三、物质产品使用价值的实现方式

不同的使用价值有着不同的实现方式。比如，大米被吃到肚子里，就能实现它的使用价值；衣服穿在身上，就能实现它的使用价值；公交车被乘客乘坐，就能实现它的使用价值；书籍被读者阅读，就能实现它的使用价值。

(一) 占有

占有某种物质产品，是实现其使用价值的重要方式。占有是物质产品使用价值的起点，并可能是终点，但不一定是终点。占有了，就是发现、承认、接受了产品具有使用价值。比如，黄金是公认的标准财富，这是黄金的一种使用价值。占有了黄金，就占有了财富。但黄金还可以继续流通，它的使用价值还可以继续发挥。

(二) 接受

接受某种物质产品，是实现其使用价值的重要方式。接受了某种物质产品，就接受了该物质产品的使用价值和劳动价值。比如，玫瑰是爱情的象征，这是玫瑰的使用价值。男士向女士送玫瑰，就表示该男士爱上了该女士。女士接受男士送的玫瑰，就表示接受了他的爱。

(三) 吸收

吸收有物质上的吸收，也有知识、精神上的吸收。

吸收某种物质产品，是实现其使用价值的重要方式。吸收了饮料，就是吸收了饮料的使用价值和劳动价值，就变成了劳动力的生产和再生产，就是把饮料的使用价值和劳动价值变成了劳动力的使用价值和劳动价值的构成部分。吸收了新知识、新经验，就是把新知识、新经验的使用价值和劳动价值变成了自己的劳动力的使用价值和劳动价值的构成部分，变成了劳动力扩大的生产和再生产。

(四) 直接或间接使用

直接使用。比如，直接用面粉做馒头，就是直接使用了面粉的使用价值和劳动价值。

间接使用。观察、借鉴、外部性等，都属于间接使用。还有，比如抵押、质押、出租、出借等，也可归入此类。抵押了房产，就是使用了房产具有的所有权和使用权，也就是房产权所具有的某种使用价值。质押了首饰，就是使用了首饰所有权具有的某种使用价值。

(五) 观察、学习和借鉴

主要是观察、学习和借鉴生产者在物质产品上应用的信息、知识、方法、技能和经验等，这些都是劳动产品，都具有使用价值和劳动价值。比如，观看文物展示、新产品展览。观看、学习、借鉴的，主要是使用价值，也吸收了部分劳动价值。

街头立的一件石雕作品，只要你能从其身上感受到美好，感受到赏心悦目，能得到某种启发、激励，那么，它的使用价值也就实现了，从而，该使用价值所承载的劳动价值也就被你吸收了。也就是说，它的价值的实现方式并不是你通过交换得到的，并不需要通过交换才能得到，并不需要你去占有它，或者用双手把它搬到自家客厅里作为一件摆设品才可以实现，而是只需要你观察、学习和借鉴，得到某种感受、启发等，就可以实现它的价值。这是一种普遍存在的价值实现方式。

(六) 外部效应

物质产品对外部有较明显的影响和刺激，这是外部性使用价值的表现。受到这种影响和刺激，就是承受了其使用价值。受到好的影响，就是吸收、承受了正外部性；受到不良的影响，就是承受了负外部性。

回避他人的污染损害、避免他人类似的失败，从他人的污染和失败中汲取经验、教训等，都是利用了别人劳动实践外部效应的使用价值。

四、货币的使用价值

(一) 货币的使用价值很多

货币的使用价值是多方面的，对于不同的人，在不同的需要前提下，货币有一种或几种使用价值。

(二) 货币需要使用

作为公共物品，货币越使用，其使用价值发挥得就越显著；否则，货币的使用价值就是低效的。

(三) 货币形态不断发展变化

人类历史上已出现过多种材质的货币，如贝币、铜币、铁币、金币、银币、纸币。今天，数字货币、电子货币日益受到青睐，金属货币及纸币甚至有被边缘化的趋势。

第七节　使用价值可以衡量

使用价值并非不可比较、不可衡量，而是可以比较、衡量的，比如，"钱学森相当于多少个美军师"就是对钱学森劳动力的使用价值的一种衡量。一元货币，只有一元货币的使用价值；一百元货币的使用价值，就是一元货币使用价值的一百倍，它们之间是有显著差别的，也是可以比较、鉴别、量化的。

一、使用价值的衡量和比较方法

使用价值的衡量和比较，可以采用类比法。也就是用相同或类似的使用价值进行比较和衡量，比如，机器与人工进行比较，看使用一台机器相当于多少劳动力，可以节约多少劳动力。也可以用标准法，即换算成标准产品，比如，一吨铀的发热量是多少，一吨标准煤的发热量是多少，那么，一吨铀相当于多少吨标准煤，是可以换算的。就机器与人工的比较，至少需要考虑如下几个方面。

(一) 数量方面的比较

分析比较一台机器可代替劳动力的数量。

(二) 质量方面的比较

机器生产的产品质量能否达到人工生产的产品质量水平，达到什么程度等，是可以量化、测量的。

(三) 时间方面的比较

生产同样的产品，机器所花的时间与人工所花的时间相比是否更少，并可以把时间换算成价值。

(四) 成本方面的比较

机器生产的成本，与人工生产的成本哪个更低，机器有无优势？机器的运营维护成本与人工的再生产及组织管理成本哪个更有优势？

(五) 管理方面的比较

管理机器与管理人工，哪个更复杂，哪个更简单，是可以进行价值测算的。

(六) 外部效应方面的比较

机器生产的正外部效应与人工生产的正外部效应哪个更高？负外部性哪个更低？率先使用先进机器所具有的正外部效应与普及时采用机器的正外部效应是不同的。率先使用先进机器会引起人们的关注，通常有较高的外部广告效应。

对使用价值进行比较，需要应用价值工程学、数量经济学等，需要建立标准和模型；需要把一些定性指标进行分解、细化、量化，转化为定量指标，运用数学、统计方面的知识来进行量化评价分析。

二、使用价值比较的意义

没有比较，就没有鉴别。进行使用价值比较，可以为公平交换提供参考和依据，可为机器换人工、节约劳动，把人类从繁重的体力和脑力劳动中解放出来，为提高生产者和全社会的经济效益提供理论参考。

第七章 知识的使用价值

知识是人的劳动产品，可以供人使用，有使用价值。与一般的物质产品的使用价值相比，知识产品的使用价值又有其特殊性，正确认识知识产品使用价值的特殊性，有利于正确认识和分析社会发展和经济运行的动力、规律。

第一节 知识生产的特殊性

要了解知识的使用价值，还得先从知识的生产方面进行了解。知识生产是人类社会生产活动的重要方面。甚至可以说，正是有了知识的生产和相应的使用，才使得人类社会脱离了纯自然状态，才使得人类社会与其他动物拉开距离，使两者有了本质性的区别。

知识生产与物质生产既有相同点，又有不同点。相同点客观存在，不同点也客观存在。

一、知识生产的伴生性及伴生性的特点

(一) 知识生产的伴生性

知识生产是人类的特殊功能，它伴随着人的存在而存在，伴随着人的一切实践活动而存在。哪里有人的活动，哪里就有知识生产。劳动实践可以无限扩展、延伸，知识生产也就可以无限扩展、延伸。这就是知识的伴生性。

(1) 物质的需要是人类的第一需要，物质的生产是人类的第一生产，但是，知识总是伴随着人类物质生产的。人们在从事物质生产活动、生产出物质产品的同时，会产生知识。生产劳动中会产生、发现、积累劳动经验、信息、知识、技能（可统称为知识或信息）等，这些知识对下一次的生产劳动是相当有益的，是可以应用到下一次生产劳动中去的。同时，物质生产实践一般也有外部性，这也是其产生、提供的知识、信息。

(2) 人们在从事知识生产活动、生产出知识产品的同时，也会向外部散放出信息，生产出外部性信息。

(3) 知识生产活动本身会生产出知识，但是知识生产活动通常并不是把自己的所有劳动都转化成了目标产品，还会产生一些非目标、非目的的知识、信息。比如，研究人员本是研究治疗心脏病的技术，却研究出了治疗男性功能的技术，这就不是目标产品，而是非目标产品。这些知识、信息同样是人的劳动

产品，同样有使用价值。还有许多劳动产品具有劳动的外部性等，可以被人观察、感知等。

(4) 人们在从事生活活动的同时，会生产出知识。生活活动也是一种实践活动，也需要大脑支配，也会在大脑中产生某些信息、知识。这些知识、信息也有使用价值，也可以被借鉴、应用到其他的劳动实践中。

(5) 生产劳动产生的知识与生活劳动产生的知识有时可以互通互用，比如，在生活活动中学到的结绳技术就可以应用到生产劳动中；在生产劳动中得到的知识也可以应用到生活活动中，比如，在生产劳动中掌握的电工技术就可以应用到家庭生活用电需要中。

一句话，人的一切活动，都会产生知识、信息，都会记忆实践活动中感知、观察到的知识、信息。

(二) 伴生性的特点

伴生性是知识生产的最直接、最普遍、最显著，也最有生命力的一种特点。

(1) 知识伴生于一切实践，而不只存在于少数相同的实践之中，还可以产生、存在、适用、应用于不同的实践中。知识具有广泛来源性和适用性，并应用于不同的实践。比如，轴承、圆形轮等技术不仅可以应用于车辆上，还可以应用在任何需要轴承和圆形轮的地方。又比如，"1+1=2"，不仅在数学上可用，在物理、化学、天文学、经济学、社会学等方面都可以使用。

(2) 凝结了同等的劳动量。伴生于物质产品生产活动的知识，凝结了同物质产品一样的劳动量，而不会少于物质产品所凝结的劳动量。通常情况下，由于获得知识产品还需要生产者付出比生产物质产品更多的脑力。比如，有的物质产品生产者不爱做生产记录，不搜集整理生产过程中产生的知识、信息资料；而有的生产者则爱记录、搜集、整理生产过程中产生的相关知识、信息等，这就需要付出记录、搜集、整理等更多的劳动量。因此，有时，伴生的知识所凝结的脑力劳动量比共同劳动过程生产出的物质产品所凝结的劳动量还要更多一些，甚至可以说，这个劳动量存在于劳动实践的普遍性、必然性之中，而不只存在于特殊性、偶然性之中。

二、知识生产的独立性、专业性

知识生产不仅有伴生性，同时也存在独立性、专业性。在人群中，总有些人爱琢磨知识、探究知识、积累知识，总爱对事物、实践等问个究竟。在长期的社会实践及分工合作中,会出现一部分人专门从事积累、探索、研究、创造知识的劳动,从而形成独立的、专业的知识生产者。

(一) 知识越来越博大精深

物质产品生产和知识产品生产越来越精细,越来越需要专业化、独立化。专业化的物质产品生产伴生着专业化的知识产品的生产,发展出了知识的专业化生产。只有专业化的知识才能高效解决专业化的问题。无论是自然科学,还是社会科学、应用工程技术科学,专业化生产正成为知识生产的重要方式,成为新知识的重要来源。

(二) 知识生产人员越来越多

随着知识积累得越来越多,知识越来越丰富,也越来越复杂,产生了许多对既有知识进行再生产、再加工的知识生产实践活动。比如,专门翻译、研究古籍、文选,并因此著书立说,这是对知识的挖掘、传播和再生产的劳动。再比如,中国有大量的人专门从事翻译、研究、传播儒家和马克思经典书籍的工作,并因此而形成了规模很大的产业群体和劳动大军,这些人的劳动具有一定的相对独立性、专门性、专业性和专职性。

(三) 专业化知识可以市场化生存

当实践确实需要相应的专业知识来解决专业性的问题时,当人们认识到知识对人类生产经营活动有作用时,当知识可以进入市场进行交换时,知识的专业化、专职化生产就出现了。这是实践与市场自然形成的社会分工,是按照市场需求发展起来的分工。市场需要就是经济发展的动力,也是专业化知识的发展动力。市场可为社会分工、专业化生产提供动力,促进物质生产和知识生产的专业化分工。

(四) 知识专业化生产特点

专业知识具有科学、准确、高效、规范等特点,科学性强,精准性高,在实践中发挥的作用越来越重要,越来越成为知识创新、应用、实践发展、利润增长和竞争力的重要依靠。

三、知识生产的社会性

知识生产的社会性包括两个方面。一方面,知识由社会实践产生、为社会实践服务,相同的社会劳动实践既产生相同的知识,对知识也有相同的需要,也就是需要相同的知识。相同的知识,可以应用到相同的实践上。另一方面,知识需要社会大众共同来参与、应用、检验，才能形成正确的知识。没有社会大众共同的参与，是很难形成正确知识的。比如，2016年5月，某大学的一位副教授向国际刊物投稿，说自己发明了一种新的基因编辑技术，并称这种技术与目前全球科学界通用的基因编辑技术相比，有更简单、效果更好、成功率更高、成本更低等特点。文章一发表，引起世界的轰动，全球众多基因编辑领域的科学家们纷纷严格按照该副教授的说法进行重复实验，结果没有一个获得该副教授所称的结果。他们的实验证明，该副教授所称的技术没有其所说的那么有效，甚至根本没有效果。这就是大家共同实践、共同参与、共同检验的结果。只有大家共同实践、共同参与、共同检验，才能发现、形成广泛有效的共识，知识才能成为有效知识，才能成为科学知识。

四、知识生产的广泛实践性

实践出真知。人如果没有实践，也就产生不出真知识。作家如果没有生产和生活实践体验，也就写不出让人感到真实的作品。科学知识是大众、长期、大量、共同实践的产物。许多知识生产实践并没有固定的模式，似乎具有广泛性、不确定性、不可预见性，比如，谁会想到，阿基米德在洗澡时发现了浮力定律？谁会想到牛顿看到苹果掉到地上而发现了万有引力？谁会想到锅炉工瓦特在家烧水时发现了改良蒸汽机的技术？但是，知识生产需要热爱知识的人时刻保持着学习、探索的状态，"机遇总是青睐有准备的头脑"这个规律似乎是不变的。知识需要在实践中不断地被发现、被检验，并且会有曲折，会有反复。知识生产实践没有系统边界，没有固定模式，所有的实践都能产生知识。知识生产实践过程，就是一个自身劳动创造，加上大量吸收、汇聚其他各种知识、信息、能量，并产生出新知识的过程，这样生产出来的知识才有着巨大的使用价值。正因如此，科学知识才凝结了大量的人类一般劳动量，才具有极强的生命力、广泛的适用性、极高的使用价值。

第二节　知识使用价值的基本特性

知识使用价值有很多特性，难以全部罗列，但是，知识使用价值的普适性、载体性、客观性与隐蔽性、不灭性、积累性、复制性、增力性、增量性、节约性、止损性、准确性、收益性、正反性等值得关注。

一、普适性

知识的使用价值具有普遍适用性。也就是，只要使用条件允许，知识可以被广泛地使用。这种可普遍适用的特性，又可引申出知识的复制特性，并可从这个特性中反证知识的复制只不过是知识使用价值的复制，而不是知识所凝结劳动量即劳动价值的复制。

由于人类实践的主要对象就是自然和社会，人类的实践就是要认识自然和社会、改造自然和社会，以获得生存和发展，而科学知识揭示的正是自然规律和社会规律，人类认识自然和社会、掌握自然规律和社会规律，就希望知识也有利于人类改造自然、改造社会，因此，知识对全人类社会和全自然界具有普遍的使用价值即普遍适用性，这也正是知识使用价值的根本所在。

二、载体性

载体性也可称为"依托性"。知识是无形的，需要借助载体，才能呈现知识及知识的使用价值。知识的使用价值只有在使用中才能被感知。知识的使用价值本身也是隐形的，只有通过载体，并且只有在使用中才能更好地呈现出来，让人更好地感知知识的使用价值，才能更好地发挥知识的使用价值。比如数学知识，需要借助书籍、工具、产品，或人的大脑、言行来承载，并通过人的言行来呈现。一本书，你不读它，就不知道它的内容和它对人的意义；只有读它，才知道它的内容和对人的意义。

知识的载体有两种，一种是人，一种是物质产品。

(一) 人的大脑是知识的首要载体

没有人的大脑，一切知识都是无用的，都无法呈现。人通过记忆使用知识，进行知识化思维，并通过言行呈现自己所掌握的知识，呈现知识的使用价值。

(二) 物质产品是知识的另一种重要载体

物质产品通常有具体的形态、结构、成分、功能、运动状态等，而形成这些，都是运用知识的结果，这直接体现了生产者的知识技能和知识技能的使用价值。

(三) 知识使用价值在物质产品被使用时呈现

物质产品在被使用中，还会呈现知识的某种使用功能。比如，人们可以用智能手机共享位置信息、看视频等，这些功能是生产者把自己的知识技能赋予手机这个产品的，手机也物化了生产者的知识技能。当然，软件开发者、导航功能等也功不可没，是所有相关生产者们赋予了手机这个物质以"灵魂"，这些功能也是使用者在使用手机时呈现的。手机的这些功能就是知识技能的呈现，就是手机的综合使用价值。发挥这些功能，就是发挥了它的这些综合使用价值。

(四) 有些知识的使用价值通常不能直观呈现

有些物质产品的使用价值可以直观地让人感受到、观察到、判断到。比如，在品质相同的情况下，一大包面粉和一小包面粉，它们的使用价值肯定是不同的，人们能够通过直观的感觉和判断，得知它们的使用价值是不同的。如果允许人们无偿选择，人们能够很准确、自然地选择使用价值大的大包面粉，而不是选择使用价值小的小包面粉。几栋大小不一的房子、几沓厚薄不同的货币等，也是如此。知识却不尽相同，知识及其使用价值有时具有隐形性。比如，两本书，一本厚些，一本薄些，你不知道它们里面是什么知识，有什么使用价值，哪本使用价值更大些，哪本使用价值更适合你，你更需要哪本书。你不能根据书的厚薄来判断书本知识的使用价值。只有在你读了它们，理解了它们之后，才能对它们的使用价值差异做出合理的判断。

三、客观性与隐蔽性

知识的使用价值既有客观性，又有隐蔽性。

(一) 客观性

客观性是指知识是客观世界、客观规律、客观力量的反映，知识的存在及其使用价值可以通过人的使用客观地呈现出来。比如，电力技术，可以通过电灯泡、电动机等的工作而具体地呈现出来。知识使用价值的这种客观性是不容否定的。

(二) 隐蔽性

由于知识是无形产品，因此其又具有一定的隐蔽性。并且，知识需要借助载体才能呈现。人们往往只看到载体的客观物质性，却看不到客观载体所承载的知识。只有深入物质内部，或借助一定的技术、知识、技能、方式方法，去观察、分析、使用该物质，才能发现呈现了知识使用价值的客观性。这就是知识使用价值的隐蔽性。比如，连续多年夺得运算速度世界第一的中国超级计算机"神威·太湖之光"，一般用户在使用它时，只需要得到它的运算结果，并不需要了解它的内部到底是如何运算的。正如我们普通消费者在使用手机时，只需要使用手机的具体功能,并不需要知道手机的内部数据是如何转换、运行的。

四、不灭性

知识在使用中不会消失、灭失,也不会像用面粉做馒头那样发生物理和化学上的变化。知识被人使用得越多,其使用价值就越大。知识被应用于物质产品的生产中,改变了物质产品的形态、结构、成分、功能、化学和物理性质等,但是,唯一不改变的是知识自身。知识在使用中不会改变自己,除非存在知识的改进、创新和增长。

五、积累性

知识在于积累。没有哪种知识不是一点点积累而成的。高级知识是由低级知识不断积累而成的,量的变化积累多了就会发生质的变化。"不积跬步无以至千里,不积小流无以成江河。"知识需要积累、可以积累,知识的使用价值同样也是可以积累的。一个搞研究的人,开始一段时间是在积累知识,需要搜集、占有大量的第一手知识性、信息性材料。当知识积累到一定的程度,就会由量变发生质变,研究成果就成熟了。当知识还很少时,其使用价值一时还难以显现出来。当知识积累得足够多时,其使用价值就会呈现出来。科学家、专家、学者们,都是善于学习知识、搜集知识、积累知识的人。"好记忆敌不过烂笔头。"做了多少笔记,就积累了多少知识。笔记做多了,积累的知识就多了。

不同层次的知识,也是从低级到高级一层层、一步步地积累、上升的。比如,先要上小学,然后是初中、高中,再到大学,这都是一步步积累的。很少有人一步就上大学。

六、复制性

知识可以无限复制,知识的使用价值也可以无限复制、使用,这是知识固有的特性,是物质和劳动所没有的特性。知识的可复制性,是由物质和实践的相同性、广泛性决定的。物质和劳动是不可复制的,只有知识才是可以复制的。这种复制,既体现在众多人可以共同学习方面,又体现在大家都有共同的实践和认识、应用相同技术、生产相同产品等方面。知识的复制,是知识产品使用价值的复制,而不是知识产品所凝结的劳动量的复制。知识每复制一次,其所凝结的原创者的劳动量就被分摊一点。

七、增力性

知识反映了自然规律、自然力量，凝结了人的一般劳动量，使用知识可以增强人的力量、节约人的劳动量，这是知识最基本、最显著，也最重要的特性。"知识就是力量"。某些知识的使用价值可以延伸、增强、放大人的体力，增强人的脑力、智力、智慧，可以提高人的劳动生产力。比如中国山东烟台一台名为"泰山"的起重机，可以吊起超过2万吨重的物品，这是任何个人都无法比拟的。先进起重机物化了先进科学技术的使用价值，使用了强大的电力、机械力，因而可以增强人的体力，放大人的体力。2016年，中国自主研发制造的超级计算机"神威·太湖之光"的运算速度达到每秒12.5亿次，是当年世界上运算速度最快的超级计算机。它每分钟的运算能力，相当于当年世界上所有72亿人要运算32年。2016年，谷歌公司生产的围棋机器人"阿尔法狗"，已经战胜了国际上围棋顶尖高手。

八、增量性

物质遵循不灭定律，地球上的物质总量不会变化。但是，人类通过社会实践创造的知识总量越来越多，越来越丰富。使用知识，不但不会使知识消失，还会产生新知识，从而增加了知识量。只要知识在，只要人掌握了知识，一切都可以再生产出来。比如，面粉坏了，只要人掌握了面粉的生产技术，人类可以再生产出面粉。做馒头的人把馒头卖掉了，而做馒头的技术还在他的大脑里，并没有被卖掉，卖馒头的人还会在做馒头和卖馒头的实践中又获得一些新的相关知识和信息，因为，卖馒头的新实践又会产生新知识。专利技术同样如此。有些知识在实践中得到检验，检验的方式方法、检验的成效等又成为人们创造的新知识，又成为人类社会新知识的一部分。

九、节约性

使用高效的知识可以节约人的劳动。比如，供电部门使用先进的智能电表系统，实现远程抄表，不必到现场抄表，可以减少抄表人员，从而节省了人的劳动和人力成本。我们现在维修电脑等，也可以实现远程维修，而不必请维修人员上门维修。无人驾驶汽车可以节约我们的开车劳动。类似的应用正大步地、全面地进入我们的生产和生活领域，无人车间正在大量出现。使用别人的知识，可以节约自己的劳动。使用已有的知识，可以节约现在和今后的劳动。比如，别人测绘出了地图，我们就只需要拿来使用，不需要我们也亲自去测绘；别人发明了乘法口诀表，我们就只需要拿来使用，不需要我们去编制乘法口诀表。这些都节约了我们的劳动。使用别人发明的知识可以节约我们的劳动量，这是人类最初使用知识的功效，也是知识一种基本的使用价值。

十、止损性

广义的知识包括信息。知识、信息的一个重要功能是可以消除不确定性，可以使我们对事物过去、现状及未来发展看得更清楚明白，我们的行动就不会盲目，就可以减少失误，就可以避免劳动损失。掌握了规律，就不会去对抗规律，就可以避免被规律惩罚。"以史为镜可以知兴衰，以人为镜可以明得失"。"沉舟侧畔千帆过"，看到别人的船触礁沉没了，我们就会吸取教训，就不会触礁撞礁，就减少了损失。

十一、准确性

"知己知彼，百战不殆。"搞市场经济，掌握了足够的知识、信息，我们就知道该生产什么、该怎么生产、为谁生产等，这就可以提高我们生产目的的针对性、行动的准确性，我们就知道自己产品的市场在哪里、该卖给谁、该怎么卖。没有知识、信息，或知识、信息不充足、不准确，我们的目标就是盲目的，行动就是乱打乱撞的。

准确性既体现在企业内部的生产环节上，又体现在企业的生产目的、市场目标上，体现在生产环节之外的市场环节上。工人只需要按照上级规定要求生产出合格的产品，不需要考虑产品卖给谁、如何卖等问题。比如，一个粮贩到农村收购粮食，农民把粮食卖给粮贩，农民得到了自己应得的收入，农民不用管粮贩把粮食卖给谁，也不知道粮贩会把粮食卖给谁，粮贩一般也不会对农民讲自己要把粮食卖给谁。这就是市场分工现象，也就是不同的生产环节有不同的价值目标问题。

十二、收益性

在其他条件相同的情况下，运用某些知识，可以增加使用者的收益。这是知识使用价值最具吸引力的方面，也是最能体现知识生命力的方面。比如，种植超级水稻，可以增加粮食产量，粮农就可以卖更多的钱。又比如，使用先进的捕鱼工具，渔民就可以捕到更多的鱼，卖更多的钱。再比如，企业采用先进的设备，就可以提高劳动生产力和生产率，从而为企业带来更多的收益。

十三、正反性

知识使用得当，就可以为人类造福；如果使用不当，就可能造成失败，或对人类造成伤害。这就是知识的正反性。美国法律允许美国公民可以依法拥有枪支，据说，这有利于捍卫美国的人权和美国的制度。但是，大家也看到了，美国经常发生校园枪击事件。一些犯罪分子使用枪支对无辜的学生进行屠杀，这是罪恶的行径。一些恐怖分子、暴力犯罪分子，使用武器对无辜群众进行屠杀，这都是知识使用不当的表现。当然，这不是枪本身的问题，而是使用者大脑中的知识思维出了问题。

第三节　知识使用价值具有放大效应

人生产知识，就是为了获得知识的使用价值。生产知识的目的就是知识使用价值所指、所在。知识是伴随着实践而产生的，也是伴随着实践的需要而产生和发展的。实践有多丰富，知识就有多丰富，知识的使用价值也就有多丰富。知识最重要、最关键、最核心、最主要的功效就是知识的使用价值。没有使用价值，知识就没有存在的意义，就不成为知识。知识就是供人使用的，知识甚至可以与使用价值画等号。获得知识的目的，是获得知识的使用价值。不同的知识有不同的使用价值，也能够满足不同的具体需要，比如，可以分成满足物质生产需要的使用价值和满足精神生产需要的使用价值。知识的生产目的与知识的使用价值一样，是无法一一列举的。综合地看，知识的使用价值主要有两种，一种是满足现实的需要，一种是提高人对未来的预见性。

一、满足现实的需要

(一) 生产的需要

生产需要有很多，包括生产决策需要、生产过程需要等。

人需要从事生产活动，就需要使用相应的知识，才能知道为什么生产、如何生产更有效等。同时，从事生产活动，也会产生知识。生产活动所产生的知识，一定有利于再从事相同的生产活动，甚至还有利于从事其他活动。人要实现提高自己的劳动生产力、提高自己劳动效率的愿望，就必须生产知识、学习知识、使用知识。不生产知识、不学习知识、不使用知识，就无法实现这些，因为，人的体力、体能通常是稳定和有限的，只有知识可以延伸并增强人的体力和体能。

(二) 生活的需要

生活中需要的知识很多，包括家庭生活知识、社会知识和社会文化等。不同人的生活为什么有差别？就是因为不同的人所掌握的生活知识不同。有了相应的知识，生活才会有滋有味，才会清楚明白，才不会迷失方向。人不能浑浑噩噩、糊里糊涂、碌碌无为、得过且过地过一生。人要让自己的生活更轻松愉快，更丰富多彩，就必须总结掌握人生经历过的经验、探索人生实践中的知识，就必须生产、使用、消费更多的知识、文化。

人从事生活活动，也会产生相应的知识。而这些知识又利于人类再从事相应的生活活动，甚至有利于人类从事其他活动。通过生产更多的知识、文化，掌握和使用更多的知识、文化，消费更多的知识、文化，人才能活得更舒适、更轻松、更精彩、更充实和更幸福。

(三) 精神的需要

人脑中的知识也需要不断地新陈代谢、推陈出新、丰富多彩，需要不断创造、接受新知识、新事物，否则就会感到思想僵化、精神空虚。

丰富的文化知识，能够满足人对精神文化的需要。人有强大的大脑，人的大脑需要有更多的知识产品来充实。人在基本的物质生活得到满足之后，就愿意花费更多的精力去学习、思考、探索，解决人的精神文化的饥渴，以充实自己的精神文化需要，获得精神文化的快乐。

(四) 求知、探索的需要

好奇和求知是人的本能，也是人重要的精神需要，它会驱使人类不断地探索所见、所闻、所感，甚至所不见、所不闻、所不感的客观世界的知识和规律。人总在努力不断地探索科学理论知识，总在努力探索许多未知领域、未知世界的知识信息。这会让人活得更明白、更有动力，这会让他人产生敬佩，形成良好的社会形象。

二、满足预见未来的需要

规律性知识是人类对周而复始的客观现象的认识和把握。掌握了规律性知识，就会对客观事物发展变化方向、轨迹等有所掌握，就会对事物未来发展有某种预见性，就能用规律之利，避规律之害。

人类社会是不断发展的，人是智慧动物，规律性的知识能提高人对未来的预见能力，能让人"未雨绸缪"，让人知道要考虑长远、考虑未来。比如，人类可以通过自己掌握的气象知识来预测天气，为自己明天、后天，甚至更远的时间来安排工作、劳动、出行。人类甚至会考虑"如果地球将毁灭，人该往哪个星球移民"这样的问题，这也是人类探索宇宙的一个重要动力。

知识无论是满足现实需要，还是满足未来需要，都是满足人自己的需要，是以满足人自己的需要为目的的。这是知识使用价值的根本所在。

三、助力精神与物质的相互转变

知识的使用价值，主要表现就是助力实现"精神变物质""物质变精神""物质变物质""精神变精神"。实现这四种变化，都需要使用知识。不使用知识，就不能实现这四种变化。通过知识的应用，能提高人的劳动生产力，创造更多的物质、文化产品，丰富人们的物质、文化生活，从而让人们的身体更健康，精神更愉快，生活更幸福。

前面已阐述了"物质变精神"和"精神变物质"，此处只谈谈"物质变物质"和"精神变精神"。

(一) 物质变物质

这里所谈的物质变物质，不是指自然状态下的物质变物质（水塘里的水蒸发之后，变成水蒸气；水蒸气升上高空，遇到冷空气，又变成水或雪花，再降落到地面）。这里说的物质变物质是指物质通过人的加工之后，又变成新的物质状态，是指人通过运用新知识、新技术，把物质从一种状态变成另一种新的、之前没有过的状态，变成可供人使用的物质产品。

物质变物质就是人们运用所掌握的新知识、规律、技能，把物质资料生产加工成物质产品，比如，把面粉加工成面包，把葡萄酿成葡萄酒，把矿石冶炼成黄金，把钢铁加工成机械。知识的使用价值造就了物质产品的使用价值，知识的神奇造就了物质产品的神奇，知识的珍贵成就了物质产品的珍贵。

物质变物质通常要遵守物质运动规律，比如，物质守恒规律、物理规律、化学规律。从构成物质的基本元素看，物质资料在被加工成物质产品后，前后物质元素的质量是不变的，不会减少，也不会增加。但是，物质产品在结构、形态、功能等方面，与加工之前的情况会有很大的变化。这些变化是按照加工者的意志、目标及掌握的新知识，按照物质的运动规律进行的。从物质运动变化的路径看，物质运动变化都不会脱离物质运动的规律，劳动者只不过是利用了物质运动的规律，把规律的路径变成人的思维路径、劳动路径，使物质按照人的设计进行转化，按照人指引、规划、设想的路径发展变化。人揭示、使用了新规律知识，创造的产品也就会体现、呈现新的规律和知识。

能量是物质的另一种形态，把物质变成物质，还包括把物质变成能量产品，比如，把煤炭、石油、铀、风力、水力等变成热能、电能；或把能量变成物质产品，比如，借助物质能量，把铁矿石加工生产出钢铁产品。物质与能量之间相互转化，是人的知识、智慧、科学技术力量的重要体现。

(二) 精神变精神

精神变精神是指人们首先进行大量的知识学习，在掌握了大量的理论知识素材、原料之后，再对这些已有的理论知识素材、原料进行思考和加工，生产出新的理论、知识。这是许多理论科学工作者们的主要工作。比如，本书的观点主要就是在大量学习、吸收他人的知识成果，以及大量观察、吸收客观事实信息的基础上形成的，既不是凭空想象出来的，也不完全是对作者亲身实践的客观描述。比如，文化相互交流，可以碰撞出智慧的光芒，可以催生出新的文化和文明。文学鉴赏家、理论批评家们，常常是对他人的作品、理论进行鉴赏、批评；拥护或反对马克思主义的人都要对马克思的著作进行学习和研究；"红学家们"对《红楼梦》进行学习研究，在研究的基础上，他们又写出了许多理论文章和作品。这都是"精神变精神"的生产活动。从他们乐此不疲的研究中，人们也感受到了他们的快乐、分享了他们的快乐。我们经常先进行理论和书本知识的学习和思考，再进行知识的创造，生产出新知识、新理论，就是在进行"精神变精神"的生产活动。

当然，在这些"变"的劳动过程中，劳动者其实还是会多多少少地结合了自己的实践、吸收了客观实际情况，在自己创造的新理论、新知识中，加入、运用了新的实践知识元素。

无论是"物质变精神""物质变物质"，还是"精神变物质""精神变精神"，变的主体都是人，是劳动者，劳动是其中的根本，旧知识是其中的资源、工具，新知识是产品。没有新知识，人类的生产活动就只能是单调的重复、均衡，只能维持简单的、不变的生产和再生产，而无法创造新的更大的生产力，无法创造更多、更新、更好的产品、价值，就无法实现扩大的生产和再生产。只有在实践中创造新知识，并运用新知识，把新知识加入旧的生产体系、旧的实践之中，旧的生产体系、旧的实践才能被打破，旧的均衡、平衡才能被打破。劳动者需要掌握材料并需要掌握新知识，再进行劳动加工，然后，才能生产出新产品。也就是这四种"变"都少不了材料、技术和劳动三个基本要素，但是，关键还是要有新知识。运用了新知识，"变"才是改善，才是发展。

四、知识使用价值的放大效应

知识使用价值的放大效应，就是知识可以被广泛大量地使用，可以产生很大的应用效果。

(一) 知识本身具有巨大"隐形"力量

知识是对自然规律、自然力量的揭示、反映，使得知识内涵了自然规律、自然力量。当人运用知识改造自然时，可以借助知识内涵的自然力量来改造自然，实现"以牛打牛""借力打力"的效果，使知识的使用价值显现出来。另外，借助科学知识，人能够转化、约束、引导自然力量，把自然力量引向为人服务、为人造福的方向和路径上。自然的力量有多大，知识内涵的力量就有多大，在应用中所能显现的力量就可能有多大。使用内涵力量很大的知识，就可能会放大知识显性的使用价值，放大劳动者的力量，这是知识使用价值的放大效应。

(二) 大知识有大使用价值

普遍的实践产生普适性规律知识，宏观的实践产生揭示宏观规律的知识，规律性实践产生规律性知识，科学实践产生科学知识。知识使用价值的放大效应取决于知识具有的普遍适用性、宏观性、规律性、科学性等方面。运用普遍适用的知识、宏观的知识、规律性知识和科学知识，就会产生某种相应的放大效应。

(三) 知识可无限复制

由于物质和实践存在普遍、雷同的情况，因此，知识具有普遍的适用性，使得知识可以被"无限"地复制和使用，在数量上、在应用领域上被"无限"放大，也会产生知识使用价值的放大效应。

(四) 知识能提高劳动生产力

使用知识，可以提高人的劳动生产力。人通过学习，掌握和运用科学技术知识，从而可以延伸、提高劳动能力，提高劳动生产力。这也是劳动力扩大的生产和再生产。

人通过使用扩大了的劳动力，运用扩大了的劳动力，可以生产出更多、更好的劳动产品。

(五) 运用知识可以改变并提高产品使用价值

知识可以化腐朽为神奇。通过运用知识，人可以对原料进行加工，把无法直接使用的原料变成人可以直接使用的产品，使产品对人有了使用价值；可以把使用价值小的原料变成使用价值大的产品，使产品的使用价值大于原料的使用价值。

(六) 运用非商品知识可产生商品价值放大效应

人通过所掌握的知识、信息、技能等，可以吸收更多的非商品知识，掌握更多的非商品知识，运用更多的非商品知识。

人可以搜集、掌握、运用更多的非商品知识，进行商品生产活动，把非商品转化成商品，把非商品价值转化成商品价值，从而能以更少的商品性成本，取得更多的商品性收益，赚更多的商品性利润。比如，服装企业老板、设计人员等，可多方搜集顾客需求信息，掌握服装流行趋势，指导服装生产经营，生产出市场畅销的产品，从而赚得更多的利润，这就是把从市场中得到的非商品性信息转化成商品生产资源，转化成商品的价值和生产经营利润。电商企业运用大数据技术搜集上网用户的有关信息，并向这些用户精准推送广告，以此扩大销售，获得利润。

第四节　商品知识和非商品知识使用价值相互转化

知识的使用价值很大、很多，无法一一列举。比如，知识可能让人明事理，让人做事的方式方法更正确；知识可以让人明物理，使人知道如何处理和利用事物的规律和力量；知识可以让人明人理，学会如何处理人与人之间的关系，如何实现与他人的共享共赢，实现人在社会中的价值。知识可以改变命运，可以缩小贫富差距，可以促进平等。

人们通常所说的财富，其实就是一种使用价值。有的人认为石头就是财富，有的人不这样认为。有的人善于发现财富，有的人不善于发现财富。有的人，财富即使来到他的眼前，他却并不认识财富、不珍惜财富。这种行为上的差别，既取决于事物的本身，又往往取决于人们对事物的认识能力和水平。为什么不同的人从市场上看到了不同的商业机会？就是因为人们有不同的实践，有不同的需要，对市场、对财富、对社会的使用价值等有不同的认识。

有的知识是商品，也有的知识不是商品。也就是说，有的知识是可以用于交换的，或者是只有通过交换才能获得的；而有的知识是不需要通过交换就可以获得的。我们把用于交换或者只有通过交换才能获得的知识称为商品知识，把不需要通过交换就可以获得的知识称为非商品知识。

相同的知识，虽然可能存在商品和非商品两种不同性质的情况，但是就其使用价值来说，并不因此而有差别。无论是花钱买来的知识，还是非法剽窃来的知识，它们都有相同的使用价值，都可以被复制和使用，只是获得的方式和回报的效果不同而已。比如，某种药品生产技术，无论是购买得到的，还是别人无偿赠送的，用它所生产的药品的疗效即使用价值都是相同的。当然，由于付出的成本不同，它们可能会在使用的收益上有显著差异。

一、商品知识使用价值通过交换实现

商品知识，是需要进行交换才能得到的知识。这种知识，通常有具体的、明确的使用价值，能够为购买者和使用者解决具体现实的问题，满足其具体现实的需要。这种知识在使用中，其所凝结的人类一般劳动量和生产成本通常会被转化到新的产品中去，构成新产品的成本和人类一般劳动量。这种转化，通常遵循劳动量不灭定律。

对购买者来说，商品知识如果解决了购买者的问题，达到了购买者的目的，它的使用价值就实现了。如果没有达到，也不能说该商品知识就一定没有使用价值，有可能是使用者不当使用导致了这样的情况。

利用商品知识的使用价值进行生产活动，其使用价值有可能只有部分能转化到新商品，或者全部能转化到新商品，或全部不能转化到新商品；生产出的产品也不一定就是商品，或者不一定全部是商品，比如商品知识及其在使用中呈现的外部性就不是商品。比如，在国家支持的某项基础科学研究中运用了一定的专利知识，而国家因该研究项目取得的科研成果通常又是非商品性的。又如，某专利权人在其专利技术中，运用了他人专利中的非专利性的经验、构思等。再如，某项专利并不成熟，在实践中的应用效果不理想。商品知识被应用到非商品生产中，相应地，商品知识的使用价值和所凝结的劳动量也就部分或全部转化成了非商品的使用价值和所凝结的劳动量；商品知识被应用到商品生产中，相应地，商品知识的使用价值和所凝结的劳动量也就部分或全部地转化到新商品中，构成新商品的使用价值和所凝结的劳动量。

二、非商品知识使用价值不需要通过交换就可以实现

非商品知识，是指不通过交换就能得到的知识。非商品知识的使用价值与商品知识的使用价值一样，凡是被人使用、学习、借鉴、吸收了，它就有使用价值，它的使用价值就实现了。社会大同，天下为公。非交换方式实现价值，有利于最大化地利用人类的劳动成果，节约人类的劳动，促进人类社会利益共同体、价值共同体和命运共同体的形成。

非商品知识的使用价值还有一个让商品知识无法比拟的方面，就是使用非商品性知识不需要花费成本，这就是使用非商品知识具有的成本节约性。取得非商品知识不需要通过交换，不需要付出交换成本和交换代价，这会节约使用者的生产成本。这有时也成为非商品知识的一种"使用价值"，成为人们为获得非商品知识的一个重要原因。比如，发明人在进行发明活动之前，先考察该技术是不是有其他的人已研究出来了，其他研究者的技术思路如何？成果怎么样？技术水平、效果、性能等如何？自己可以在此基础上做什么改进，或有什么新的发明思路？或者，他们的知识对自己有什么借鉴、帮助，如何让他人的知识融入自己的发明创造之中？这就是汲取他人的劳动成果，汲取他人劳动知识的使用价值，甚至劳动价值。这种汲取通常是非商品性的，主要是吸收他人知识的非商品性使用价值，有些也包含他人凝结在该知识中的一些劳动量。每一个新知识的发明人、创造人、贡献人，都会或多或少汲取前人、他人知识的使用价值。只有汲取前人、他人知识的使用价值，才能掌握知识的现状水平，才能找准自己的劳动方向，才能找准知识的突破方向，才能高效地创造出有用的新知识。这就是人们所说的"知己知彼""站在巨人的肩膀上"，在别人研究成果的基础上前进。

也就是说，利用非商品知识的使用价值进行生产活动，生产出的可能是商品，也可能不是商品。无论如何，非商品的使用价值和其所凝结的人类一般劳动量在被使用时会转化到新产品中，成为新产品的使用价值和人类一般劳动量的构成部分。

三、两者的差异性和一致性

商品知识和非商品知识的差异只是在取得的方式方法和付出的交换成本上的不同，前者需要通过交换、付出相应的劳动量，付出交换价值才能取得，后者是不需要通过交换、不需要付出相应的劳动量、不需要付出交换价值就可以取得的。

两者的一致性表现在，除了取得方式方法和付出的交换成本有所不同外，其他方面都是相同的，包括使用对象可能是相同的、使用价值是相同的、使用方式方法是相同的、知识本身的使用效果是相同的。比如，只要是做馒头的技术，不管是剽窃来的，还是通过培训得到的，做出来的馒头都是相同的。又如，正规的大学生和旁听生、自学生所学到的知识都是一样的，这些知识都有相同的使用价值，知识本身的功能和使用价值是不会有什么不同的。

四、两种知识使用价值的相互转化

(一)商品知识的使用价值转化成非商品知识的使用价值

(1) 用购买的专利生产出某种新产品，深受市场欢迎，并有着显著的正外部性，其他生产者因此而纷纷仿效，进行生产。这种被人仿效的正外部性就是非商品性知识信息的使用价值。

(2) 农技人员自费购买农技书籍，进行学习，并将学习到的知识无偿传授给农民。

(3) 媒体花费大量的经费，搜集购买大量的信息，面向不特定的公众无偿地进行公开报道，让公众消费，就是将商品信息的使用价值转化为非商品性知识信息的使用价值。

(4) 政府推行义务教育、办免费的公共图书馆，为此花费了大量公共经费，就是要将商品性知识的使用价值转化成非商品性知识的使用价值。

(二)非商品知识的使用价值转化成商品知识的使用价值

(1) 广泛收集市场供求信息，出售给市场需求者。

(2) 收集整理民间故事，编辑出版出售故事书。

(3) 收集同行信息、同类产品信息，研究发明出新的专利技术。

(4) 听取他人意见建议，修改自己的论文、专著、专利，改善生产经营等。

(三)"原料"、劳动、产品三联示意图

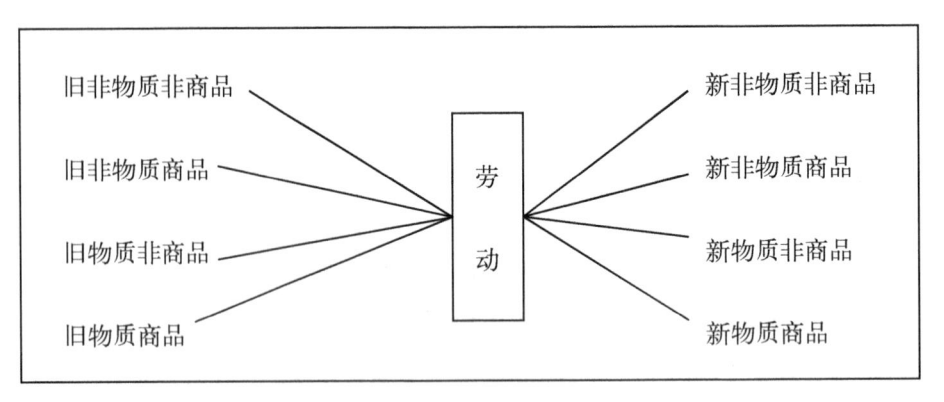

```
旧非物质非商品 ─────╲          ╱───── 新非物质非商品
旧非物质商品   ─────╲╲  ┌──┐ ╱╱───── 新非物质商品
                    ╲╲│劳│╱╱
旧物质非商品   ─────╱╱│动│╲╲───── 新物质非商品
旧物质商品     ─────╱  └──┘  ╲───── 新物质商品
```

人的劳动都是在人的大脑思维支配下进行的，而人的大脑思维又受到人的知识的决定。如果没有知识，人的行为就与动物没有任何区别，就没有所谓的人的劳动。劳动只属于人的行为，是与动物行为有着根本区别的，这个区别就在于劳动应用了大量的复杂知识。正是有了丰富多彩、不断发展的知识，人类才生产出了丰富多彩、不断发展的产品。人通过运用知识进行劳动，将一种"原料"改变成了另一种新的产品，供人使用。产品与"原料"在使用对象、使用价值、产品形态、运动状态等方面，都有不同。

把一种知识的使用价值转化成另一种知识的使用价值，前后知识的使用价值通常在使用对象、使用领域、使用方式、使用目的、使用效果等方面多多少少会有所不同。并且，非商品知识的使用价值如果不被使用，就会自动消失。

第五节 知识使用价值的几种特性

一、知识的隐性使用价值和显性使用价值

知识的使用价值有显性的，也有隐性的。知识隐性的使用价值，是指事物在正常运行时，其表面上看不到知识的使用价值。但是，无论是知识显性的使用价值，还是知识隐性的使用价值，都是事物良性运转不可缺少的重要组成部分。体现知识隐性使用价值和重要性的方式是，缺少这一部分知识，事物就无法正常运行。比如，一栋大楼，由地下隐蔽工程和地上显性工程两个部分组成。没有地下隐蔽工程，地上的大楼也就不能安全地存在；又如，手机缺少电

池、内存等内部部件，就无法正常使用；再如，没有庞大的技术作为支撑，卫星是上不了天的。我们不仅要看到卫星上天，还要看到卫星上天的背后有一大批人为此付出了辛苦劳动。知识的显性使用价值是人们在直观上就能感知的使用价值。比如，一件服装，人们凭肉眼就能直观地看到它的设计独具匠心、做工精致。

二、知识的直接使用价值和间接使用价值

乘风破浪、顺风扬帆，得益于船长、舵手的直接、正确的操作。船长和舵手的知识、技能、经验等，对轮船的安全航行有直接的使用价值。但是，"沉舟侧畔千帆过"，这"千帆"就是借鉴了"沉舟"这个信息的使用价值，这个"沉舟"为"千帆"的安全航行间接发挥了作用。比如，知识由量变到质变的过程，量变的知识可能就属于间接性的知识。比如，运动员在赛场上发挥出色，获得了金牌，这个成绩也有教练、队医等人员的间接功劳。企业经销人员把企业产品都卖出去了，这可能有决策人员、管理人员、技术人员、生产工人等的间接功劳，甚至还有政府、银行的间接功劳。

三、知识的即时使用价值和延迟使用价值

有些知识的使用价值可以即时发挥出来，比如，开车人的开车技术学得怎么样，只要一开车上路就能即时地体现出来；但是，也有些知识的使用价值则不能即时发挥出来，而是需要等一段时间之后，条件成熟之后，才能发挥出来，比如，登山运动员们，平时都学了一些急救知识，这个知识一般不会发挥作用，但是，一旦遇到紧急情况时，这些知识就会发挥作用。避免有些知识、信息虽然平时不怎么用，但是，必须时刻保持搜集、跟踪和积累的状态，保持适时的知识更新和足够的知识储备，这样，一旦需要时，就能迅速地拿出来，做到应对自如。

◆ 第六节　知识产权保护必须科学

知识产权保护的主要是知识生产者的所有权、使用权、收益权等，其中，所有权是根本，使用权是关键，收益权是目的。知识产权保护的要义是，未经产权人同意，不得使用属于他人合法产权的知识。

一、为什么要保护知识产权

知识产权保护是对首创者劳动的承认、保护和激励,是对科技创新、生产力发展的保护和激励,是对公平正义的保护和激励。

知识的形成是复杂的,通常是社会共同实践的产物,具有较强的社会性,是必然性与偶然性、普遍性与特殊性的辩证统一。但是,这与知识产权的独创性、专利性和专有性并不矛盾。保护知识产权,对所有人都一样、都是平等的,并不仅仅是保护某一个知识发明人的权利。谁都可以通过自己的劳动钻研取得某项发明专利,获得知识产权,得到专权法的保护,依法享有专利权利。

二、如何保护知识产权

保护好知识产权,必须准确判断、确定知识的发明人、首创人,以及由其发明创造的知识。知识产权保护,保护的必须是产权人自己发明创造的知识。不能把别人发明创造的知识据为自己所有,说成是自己发明的知识。不是发明创造人发明创造的知识,或者不是知识发明人授权保护的知识,不应判作其知识产权,也不应纳入保护之列。制定知识产权保护法律和规章制度,建立保护机构,对知识产权依法登记。要准确判断、辨别、确定属于发明人发明的知识和不属于发明人发明的知识。对登记的知识产权,设定合理的核心知识保护对象和边界,不能泛泛保护、超边界保护,不能扩大保护范围和保护对象,不能把无主的、游离的知识纳入保护范围。不能把未真正实现、未发明出来的知识列为保护范围,不能把有可能发明、发现的知识纳入保护范围,不能把仅有名称、概念、思路、设想而无实际内容的知识纳入保护范围。设定合理的保护时限和保护方式。为产权方和使用需求方搭建信息交流和产权交易的平台,探索知识多种使用途径和使用方式,鼓励产权人与需求主体按照市场原则依法开展平等合作,实现互利共赢,使知识能在实践中得到应用,使知识的价值得到充分的发挥。制定知识产权侵权惩罚条款,对侵犯知识产权的行为,依法惩罚。

三、知识产权保护面对的问题

知识产权需要保护。但目前的情况是,既有保护不足的问题,又有过度、过滥保护的问题。不同的国家,情况不尽相同。某些发达国家和强大企业,为了从落后国家或地区的使用者那里获得超额利益,存在过度保护的情况。而某些欠发达国家或企业,因为对知识产权保护规则不熟悉,又存在一定的保护不足的情况。也有的国家,为了保护本国落后的生产力、生产方式和生产者,保护本国部分国民暂时的就业和经济利益,而限制先进产权知识进入本国市场,对国外先进技术进入本国市场设置很多的技术壁垒、关税壁垒等,使本国人民无法享受国外先进技术、知识的福利。就全球来说,主要是不当保护和过度保护的问题,表现为保护时限过长、使用费用过高,政府为公众提供公共知识福利意识不强、实效不足等。一些发达国家通过对知识产权的过度、过滥保护,扭曲了人类的价值体系,使全球价值从欠发达国家向其大量转移、流动,对全球价值形成了巨大的磁吸效应,使流出国出现"失血""贫血"状况;并在流入国形成了价值泡沫、资产泡沫,形成了不正确的财富观、价值观,这造成了世界经济进一步的不均衡、不平衡、不合理的发展,激化了贫富不均和社会矛盾,给全球经济和金融危机积累了风险。

还有些人钻技术研发和专利制度的空子。比如,看到别人在研发某项新技术,自己虽然不研发相关技术,或者自己也研发相关技术,但是,自己的研究成果并没有达到他人的研究水准,为了获得不当利益,自己就提前设置专利陷阱,把一些概念性、名称性、构思性、设想性知识申请为自己的知识产权,使别人的研发成果掉入自己设置的专利陷阱中,这种行为是不道德、不正义的,有违科学精神的,应当受到法律制约。

(一)不当保护不利于知识的推广应用

知识的生命在于应用。由于知识更新换代加快,许多知识,包括一些专利知识通常只有短暂的技术寿命周期。知识必须能尽快被使用,才能为产权人创造效益,使用的人越多、越快,产权人的有形受益和无形受益就越高;只有尽快被更多的使用,才能造福人类。使用的人越多,受益的人越多,专利人的收益也越大,这是高度正相关的。如果不使用,知识就没有使用价值,产权人就没有收益,甚至是负收益,人类社会也因此无法受益。如果不当保护、过度保护、过滥保护,或者专利用费过高,就不利于知识的推广应用,产权人也就没有相应的收益,就会抑制知识的推广使用,损害知识创新者的积极性,人类社会也无法享受应有的知识福利。因此,知识产权保护像一把"双刃剑",产权人应当依法设置科学合理的保护时限、保护方式、保护手段、保护目标和使用费用等,最佳的目标是既有利于自己,又有利于社会。

(二)不当保护不符合共同实践创造知识的规律

人类社会成员之间的实践有着千丝万缕的联系。许多新知识不是某个人单独生产出来的，而是社会相互联系、共同实践的结晶。不当保护知识产权，与社会相互联系、共同实践创造知识的知识生产一般规律有矛盾，与知识生产中需要汲取他人智慧的知识现实生产条件和生产情况有矛盾。这种矛盾的存在，势必影响知识的使用，势必影响社会的公平正义，势必影响所有各方的正当权益。

(三) 不当保护造成了价值的不合理分配和流动

不当保护获得的收益属于泡沫收益、不当收益，这使全球价值生态遭到破坏，使社会失去公平正义，失去良心良知。所得的泡沫收益、不当收益，会导致受益者畸形的财富观、价值观，会使全球经济价值秩序、社会价值秩序被扭曲，会增大社会经济运行的内耗，从而不利于经济均衡、平稳、顺畅地运行，从而影响社会的和谐稳定，甚至引发经济和金融危机。

(四) 不当保护不利于知识创新和发展

知识是相互联系的，许多知识的应用是相互关联、相辅相成的。保护某项知识产权，可能涉及其他公共知识的使用问题。如果知识产权保护不当，就可能不利于拓展知识的应用领域，抑制知识的创新实践，从而不利于知识的创新和发展。比如，当某品牌的电脑操作系统占据了全球绝大部分市场的时候，其原代码仍然不公开，导致其他的拓展应用开发无法与其衔接，从而无法开发出新的应用功能、延伸产品，就抑制了相应的开发和创新。

再说，知识总在不断地更新换代，如果对知识产权保护期设置不科学、不合理，也会造成知识创新受阻。

第七节　知识使用价值的衡量

知识使用价值的衡量以知识能解决实践中的具体问题为依据，以市场认同为准则。不同的知识，可以解决不同的问题。不同的问题，存在于不同的实践，具有不同的意义和功效。因此，知识使用价值以知识对实践的使用价值为归属和衡量条件。

实践的需要有宏观需要和微观需要、关键需要和一般需要等。知识的使用价值就要看它在指导实践中的位置、准确程度和作用大小，看它是否能准确把握和指导实践，能否解决实践的具体问题。问题有多重要、有多大，知识的使用价值就有多大、多重要。

理论是在实践中产生的。理论在实践中的层次越高，它的功效就越大。但是，宏观往往是由微观汇聚的。人民是创造历史、推动历史前进的根本动力、真正动力、主要动力。知识的使用价值，既要看它的高度、深度，又要看它的广度、宽度，还要看它的数量和质量；既要考虑它的宏观使用价值，又要考虑它的微观使用价值，不能忽视、忽略微观知识的使用价值。"细节决定成败"。有时，微观知识的使用价值可能决定全局性的成败。美国"挑战者号"航天飞机在起飞后爆炸，科学家们分析后得出的结论说，爆炸的发生仅仅是因为一个小小的密封圈出了问题。

第八章 商品的劳动价值和非商品的劳动价值

人类社会的一切都是人类劳动创造的，没有劳动创造，就没有人类社会的一切。

第一节 劳动价值

一、基本概念

(1) 劳动价值。劳动价值是劳动产品中所凝结的人类无差别的一般劳动量，是人们对人类无差别劳动量的认同、认可、接受、吸收和利用。劳动价值是人的劳动产物，是人的劳动量在产品中的物化，它与产品的使用价值既有紧密的联系，又有一定的差别。联系在于，使用价值与劳动价值都是同一劳动创造的，而且，使用价值是劳动价值的载体，获得了产品的使用价值，也就获得了产品的劳动价值。差别在于，使用价值是产品可供人使用的属性，而劳动价值是凝结在产品中的人类无差别的一般劳动量。

(2) 劳动产品必须是对人类有益的。对人类有使用价值的劳动才是对人类有益的，有价值的，这种劳动才是有效劳动，才是有意义、有价值的。劳动价值因此就是产品所凝结的劳动量中对人类有益的部分，无益的部分通常没有劳动价值。

(3) 劳动价值通常是生产者为自己创造的，而不是为他人创造的，生产者通常是不把自己创造的劳动价值送给他人的。劳动价值可以被劳动者自己获得，比如，自己种菜自己吃，自给自足、自得其乐。再如，与他人交换产品，通常自己的劳动价值在交换中并没有损失，只是把自己产品的使用价值移交给了别人，虽然自己凝结在产品中的劳动价值也一并被转移了，但是与此同时，自己也从对方获得了自己需要的使用价值及与自己产品劳动价值等量的劳动价值。通常，自己在交换中并没有损失劳动价值，但使用价值改变了。

(4) 劳动价值也有可能不一定被自己获得，而有可能是被别人获得、为别人或社会创造的，是奉献给别人或社会的。又如慈善捐赠等，就是把自己创造的劳动价值和使用价值都无偿捐赠给他人。

除了无私奉献，劳动者还有可能无法占有自己的劳动产品和劳动价值，如劳动的外部性、产品的外部性等。比如，沉舟的劳动价值和使用价值被别人吸收了；猎人打猎时产生的脚印的使用价值和劳动价值被别人吸收了。

(5) 从汉语字面上理解，劳动价值，就是指劳动的价值，是指劳动对人有价值、有意义、有作用、有帮助，有益于人、有助于人、能供人使用。只要劳动有益于人、有助于人、能供人使用，劳动就有价值。而有助于人、有益于人的形式多种多样，既有物质上的有益、有助，也有精神上的有益、有助。我们必须突破思维的惯性，不能只认为物质上的有益、有助，才是有益、有助，思维、思想、认识、精神上的有益和有助就不是有益、有助。

(6) 从理论规范和现实的市场经济角度看，劳动价值是劳动力使用过程中付出的人类无差别的一般劳动量，是劳动量的凝结，是劳动量形成的价值或付出的劳动量，而不是指劳动力的价值或劳动创造的价值。

(7) "按劳分配"的含义是，分配只能依据劳动的质和量，或劳动产品的质和量，是依据劳动的质和量或劳动产品的质和量进行分配的，而不是依据别的什么进行分配的。这也说明劳动是有价值的。

(8) 劳动价值依附于产品的使用价值，产品只有具有使用价值，劳动价值才有载体，否则，劳动价值就没有载体。皮之不存，毛将焉附？也就是说，没有使用价值，也就没有劳动价值。劳动产品只要被获得、被使用、被应用，对人类有益、有助，劳动产品的使用价值也就被获得、被使用、被应用，劳动价值也就随之实现。而获得的方式、使用的方式、应用的方式也有很多种，不能只看到常用的方式、惯用的方式，不能"只见树木，不见森林"，而应当全面地看到对产品的各种获得方式、使用方式、应用方式、采用方式。当产品具有对人类有益的使用价值，这种使用价值能被人类认可、接受、使用和吸收，它所凝结的人类一般劳动量也就能被人类认同、接受、使用和吸收，生产它的劳动就有劳动价值。这种劳动价值就是产品中被认同、被接受、被使用和被吸收的人类一般劳动量。劳动价值就是指对人类有使用价值的产品中所凝结的对人类有益的人类一般劳动量或社会劳动量。

(9) 对产品的使用有很多种方式，难以全部罗列。占有、使用、运用、采用、学习、借鉴、认可、认同、接受和吸收等，都是对产品的使用方式，也就是产品使用价值的实现方式。对产品的使用，既包括行为、行动上的占有、使用、运用、采用、学习、借鉴、认可、认同、接受和吸收，也包括思想认识上的占有、使用、运用、采用、学习、借鉴、认可、认同、接受和吸收。只要是人的劳动产品，只要这个劳动产品被人占有、使用、运用、采用、学习、借鉴、认可、认同、接受和吸收了，那么，这个劳动产品的使用价值和劳动价值也就都实现了。

认可，这里是指人们在思想上对产品的使用价值产生了认可，也就增加、增强了自己对世界的认识，消除了对他人劳动及产品的疑虑，消除了自己对客观世界、主观世界以及社会的疑虑和某种不确定性，增强了自己对世界的明确性，同时也就实现了对产品的劳动价值和使用价值的认可。

接受，这里是指人们在思想认识或行动上接受了产品的使用价值，把他人劳动产品记忆到自己的大脑中，存储到自己的大脑中，构成自己占有掌握的知识的一部分，构成自己占有的使用价值的一部分，同时也就实现了对产品的劳动价值和使用价值的接受。

使用，这里是指人们在思想认识或行动上认识、识别了产品的使用价值，并吸收、使用了该产品可供人使用的属性，从而也就使用了该产品的劳动价值和使用价值。例如，看到别人的船曾在那儿触礁，自己就会认识到再从此处经过也会有危险，自己就不从那儿走。这就是在思想上、行动上使用了别人"沉船"的劳动价值和使用价值。

吸收，这里是指人们在思想上或行为上认可、接受、承认和运用了产品的使用价值和劳动价值。

二、内涵

劳动价值由人类无差别的一般劳动量决定，劳动量就是劳动的付出量和凝结量。劳动付量出包括体力劳动量和脑力劳动量。

体力劳动量，即人类为生产该产品所付出的一般体力劳动量。

脑力劳动量，即人类为生产该产品所付出的一般脑力劳动量。

综合性劳动量，即人类为生产该产品所付出的一般体力劳动量和一般脑力劳动量的总和。人的劳动很少有单纯的体力劳动或单纯的脑力劳动，通常是体力劳动与脑力劳动共同付出，才能从事具体的劳动，完成具体的劳动，生产出具体的劳动产品。因此，人生产的产品，通常是人的体力劳动和脑力劳动共同的产物，是综合性劳动的产品。

在同一市场上生产同一产品，其所凝结的体力劳动量和脑力劳动量通常有一个一般化的总劳动量和一般化的体力劳动量与脑力劳动量的比例结构，这就是无差别的人类一般劳动量。这个无差别的劳动量，由在现实社会正常生产条件下，在社会一般劳动强度和熟练程度下，大多数生产者生产该产品所需要的社会必要劳动时间决定。从统计学角度看，这个"大多数"就是众数。

三、外延

人类生产和占有的一切物品，都可以看成是人类的劳动产品，都凝结了人类的劳动量，都对人类有劳动价值和使用价值。

占有本身是人的一种行为。对自然资源的占有权是受社会制度保障的一种权利，是人类实践的产物，有利于对自然资源价值的发现、保护和利用。并且，合法占有权也有使用价值，能够促进人类社会的有序运行，能够增进人类社会的福利。这也是制度的使用价值和劳动价值的体现。

对自己的劳动产品享有占有权，是人类社会制度保障劳动者的基本权利，是人类文明的体现。在狮群中，母狮对自己捕获的猎物没有占有权和优先进食权，母狮的这种权利被狮群中的公狮剥夺和占有了。

四、价值与劳动价值不是一码事

劳动价值是劳动产品所凝结的人类一般劳动量，它的核心是劳动量。价值是对人有用的属性，它的核心是对人的有用性。它们的核心是不同的。

价值体现的是人与人之间或人与事物之间的利益关系，有利益就有价值，没有利益就没有价值，这种关系既可建立在劳动价值基础上，也可建立在使用价值及其他价值基础上。劳动价值体现的是人为生产该产品所付出的劳动量，这个劳动量是一定程度上可以替代他人为生产该产品所付出的劳动量。

价值包括劳动价值、使用价值、效用价值、稀缺价值、外部价值等，它的范畴远大于劳动价值。劳动价值只是价值范畴中的一部分，是价值大集合中的一个子集合。

五、劳动价值不可复制

劳动价值是由人的劳动量构成的，是人的劳动量的凝结，它同物质、能量一样，是一个客观的物理量，是不可复制的。

第二节 具体劳动与抽象劳动

一、具体劳动

(一) 劳动有具体的形态、方式

具体劳动，是指劳动的具体形态、方式，包括具体的知识、技能、场所、劳动组织、劳动工具、劳动对象、劳动资料如原辅料等具体条件和具体运用。劳动形态、方式及其产品的千差万别，就是由具体劳动决定的，也体现了具体劳动的差别。例如，生产钢铁的具体劳动形态、方式、知识、技能、场所、原辅料，与生产粮食的具体劳动形态、方式、知识、技能、场所、原辅料是不同的。机器插秧与人工插秧，在形态、方式、知识、技能等方面是不同的。

体力劳动与脑力劳动、简单劳动与复杂劳动都存在具体的劳动，承载于、寓于具体的劳动形态、劳动方式之中，在不同的劳动中，都会有不同的、具体的呈现。

不同的具体劳动，由不同的知识、技能决定。具体劳动抽象掉具体的知识、技能，就成了无差别的抽象劳动了。

(二) 不同的具体劳动生产出不同质和量的产品，即不同的使用价值

不同质和量的产品及其不同的使用价值是由不同的具体劳动生产、创造的。具体劳动创造具有不同品质、性能、功能、不同使用价值的具体产品。比如，机器插秧效率高、时间短、秧苗齐整，人还轻松舒服，人工插秧则正好相反。钢铁是由钢铁厂的钢铁工人生产出来的，钢铁有钢铁的具体功能；粮食是由农民在土地上耕种出来的，粮食有粮食的具体功能，两种产品的具体功能是不同的。这不同的功能就是由不同的具体劳动生产出来的。不同的具体劳动不仅体现在宏观方面，还体现在微观、细小、隐性的技术方面，有些细小、隐性的技术会导致产品在品质、性能、功能上出现巨大的差异。比如，光纤有无内丝，对光纤通量有着几倍甚至更高的影响；碳纤维原液的纯度越高，生产出的碳纤维原丝的质量也就越高，并进而影响碳纤维的品质、性能、功能等；碳纤维原丝在碳化炉里碳化时，碳化炉内温度的细微差异，对碳纤维的品质、性能、功能会有很大的影响。又如，用葡萄酿酒，如果温度有差异，就会导致葡萄是腐烂变质还是变成美酒的不同结果。再如，鳄鱼蛋在孵化时的不同温度，直接决定了鳄鱼的雌雄性别。这些都说明，一些细小的技术上的差异，会导致

产品品质等方面有很大的差异；这也反证一些细小的技术改进，其实有着相当艰难的发展历程，蕴含着巨大的劳动量和使用价值。

(三)产品的实际功效、稀缺性、外部性等也是由具体劳动形成的

产品的实际功效、稀缺性、外部性等取决于生产者的生产观念、技术水平、生产能力、生产形态（如公开或封闭）、对市场的认识和判断、生产规模等，由生产者内在知识、观念决定，是具体劳动的外部体现，是使用价值的外部延伸。

二、抽象劳动

(一)抽象劳动的一般含义

撇开劳动的具体形态、方式等方面的差别、差异，所有劳动都是劳动者无差别的劳动力的付出、劳动量的付出，劳动者都会把无差别的劳动量凝结到劳动产品中。每件劳动产品所凝结的人类无差别的一般劳动量，就是由抽象的劳动构成的。抽象劳动是撇开劳动的具体形态和形式、方式、知识、技能，撇开体力劳动与脑力劳动、简单劳动与复杂劳动的具体形态和方式，把不同的劳动转化成抽象的、标准相同的、可以相互比较的劳动。比如，抽象掉炼钢劳动与种粮劳动的具体形态、方式、知识技能等方面的差异，抽象掉小学教师、大学教师的具体形态、方式、知识技能等方面的差异，就都只剩下无差别的抽象劳动。具体劳动通过抽象化，去掉劳动的具体形态和方式的外衣，就可得到抽象化、标准化的劳动。所有具体劳动经过抽象化后，只剩下劳动量的差异和劳动知识技能差异。工人、农民与知识分子、企业家、管理人员等付出的劳动量并没有多大的差异，但是，他们所运用的知识、技术等有很大的差异。

(二)抽象劳动量构成产品劳动量

抽象劳动量构成产品劳动量。抽象劳动使具体劳动转化为无差别的社会一般劳动。许多不同的产品之所以能够进行交换，就是因为，它们都凝结了人类无差别的一般劳动量，各自的具体劳动量都能转化成人类一般劳动量，从而可以进行劳动量的比较，实行等量劳动交换或劳动量的等价交换。

(三)抽象劳动量是劳动价值交换的重要基础

许多不同的劳动之所以能进行比较、交换，就是借助抽象劳动这个统一的无差别的标准。例如，简单劳动之间的产品交换，通常就要考虑各自产品的抽象劳动量的差异，需要把各自的具体劳动进行抽象和统一。比较和交换复杂劳

动与简单劳动，有时可以把复杂劳动分解或抽象化为众多的简单劳动，再进行简单劳动与简单劳动之间的比较。

劳动的等量交换与等价交换是不同的概念。劳动的等量交换，是指劳动量必须完全相等。而劳动量的等价交换，则是指只需要双方认为所交换的产品所凝结的抽象劳动量是等价的，即可进行交换。一方可能凝结的劳动量较少，但效率、质量更高，而另一方凝结的劳动量可能较多，但效率、质量较低，但双方的劳动量是等价的。等量劳动交换把交换条件限制在产品所凝结的劳动量相等上；而等价交换则解放了这个条件，扩大了交换范围，把质量、效率、使用价值、效用价值、稀缺价值、外部性价值等都纳入了等价交换的范畴，只要双方认为是等价的，即可实现交换。因此等量劳动相交换即是劳动量的等价交换，而劳动量的等价交换则不一定是等量劳动相交换。

(四) 具体劳动抽象化是市场化比较的结果

把具体劳动抽象化，需要考虑人类一般的劳动能力、劳动技能、劳动条件、劳动强度、劳动付出量等，需要抽象掉具体劳动的知识、技能、形态、方式等，需要把具体劳动分解、细化、抽象、统一到同一个标准上，才能进行比较，才有可比性。这个标准化、可比化的过程就是市场化比较的过程，是市场在长期的运行实践中，借助大数法则、比较法则，通过大量的具体的观察、交换、比较而形成的，而非行政命令的统一。这就是"货比三家""人人心中都有一杆秤"。因此，把具体劳动抽象化，是人们追求劳动平等的重要方式和途径。

(五) 劳动价值不等于劳动创造的价值

劳动价值是产品中包含的人类一般劳动量，核心是劳动量。

劳动创造的价值是指劳动创造的全部价值，既包括劳动数量，也包括劳动质量，包括在劳动的具体形态、方式方法下形成的产品的使用价值、效用价值、稀缺性价值、外部性价值等。

劳动创造的价值，既包含具体劳动的价值，也包含抽象劳动的价值。而劳动价值只包含着抽象劳动的价值，不包含具体劳动的价值。

三、既要重视劳动的抽象性，又要重视劳动的具体性

抽象劳动是为了消除劳动比较中的差异性，而具体劳动就是要反映劳动的差异性。没有差异的劳动，就没有人类劳动生产的丰富性、多样性和发展性。而没有抽象劳动，就没有交换的统一性。

抽象劳动与具体劳动，是同一劳动所具有的两个方面的属性，而不是两次劳动。就现实来看，没有具体劳动，就没有产品具体和不同的使用价值，就体现不出劳动者不同的劳动技能、劳动效果以及社会产品、社会财富的丰富多彩，就体现不出劳动能力的差异。不能用劳动的抽象性代替、弱化、掩盖劳动的具体性。我们既需要重视抽象劳动，更需要重视现实中的具体劳动，因为，只有具体劳动才能生产出满足人们不同的、丰富多彩的、对美好生活追求所需要的具体产品，才能发展生产力。

第三节　劳动价值的衡量

劳动价值可以衡量，也必须衡量。只有衡量，才能判断劳动价值的大小。劳动价值是由人创造的，每个人生命的长度，决定了他一生付出的劳动量和创造的劳动价值最大限度。

一、劳动比较

劳动价值比较是建立在劳动比较基础上的。没有劳动的比较，就没有劳动价值的比较和衡量。

作为劳动价值合理内核的抽象劳动，必须是无差别的人类一般劳动。无差别的人类一般劳动，必须是无差别的、可比较的、标准化的劳动。比如，生产同样大米的劳动，大家的产品质量没有差异，那么，大家可以就生产大米所花费的劳动内容、劳动时间、劳动强度、劳动技术熟练程度、劳动条件等情况进行比较，把不同的劳动内容、劳动时间、劳动强度、劳动技术熟练程度、劳动条件等标准化。大家都要撇开具体劳动的差异，在众多千差万别的具体劳动中，找到一种无差别的、标准化的人类一般劳动，或取中等情况，或取大多数生产者采取的情况，或按照大家共同要求的情况。在撇开了劳动的具体差异之后，就可以形成一种大米生产的标准化劳动，以此作为判断所有大米生产所需要的无差别的人类一般劳动的依据。

标准化的劳动就是无差别的人类一般劳动。

标准化的劳动是基于市场充分的条件下，基于大数法则下，找到一种大家都认可的标准化的劳动。没有市场的充分，没有众多的生产者，就难以形成大数法则，难以找到标准化的、无差别的人类一般劳动，而只能依具体劳动、个别劳动而确定。

二、劳动量比较与衡量

在确定了标准化的劳动之后，就可以把有差异的具体劳动转化为标准化的劳动，用标准化的劳动来衡量不同产品所凝结的人类无差别的一般劳动量，把各自有差异的产品生产劳动进行量化，转化为标准的劳动量。这种比较，有横向与其他同类生产者之间的比较，也有纵向的与自己过去的生产情况进行的比较，还有内向的与劳动力的生产和再生产成本进行的比较。

三、劳动价值比较与衡量

有了标准化的劳动量，并将不同商品生产的具体劳动转化为标准劳动，就可以得出不同商品所花费的无差别的人类一般劳动量有多少不同。劳动价值就是凝结在商品中的人类无差别的一般劳动量。

四、创新劳动价值不受总需求制约

不同的、具体的劳动，是社会自然分工形成的，是基于人类的需要的。对于具体的劳动，如果没有人类的需要，就没有具体劳动存在的可能。因此，具体劳动本身存在实践之中，是实践的重要组成部分，是人类实践需要的结果，具有实践的客观性、必然性、必要性、可行性。实践的需要是劳动存在的根本。

人类的实践需要是动态的、发展的，而不是静止的。创新劳动既能创造供给，也能创造需求。而一般的、简单的劳动只能满足因循守旧式的需要，是无法刺激新需求、创造新需求的。只有紧紧抓住新需求，刺激新需求，创造新需求，供给才是有效的。实践的求新需要，给予了创新劳动存在的新空间，同时，创新劳动也会在实践中创造自己的存在空间。对于实践的需要与创新劳动的关系，不能用静态的总需求的概念来界定规范创新劳动，不能把创新劳动创新的新需求归结为社会静态总需求中的一部分，不能认为创新劳动创造的新需求依然受静态总需求的制约，因为，创新劳动本身就是实践的重要有生力量，是创新实践的具体呈现。不要只看创新劳动受到总需求什么样的限制，而要看创新劳动能不能创造新的需求，能为实践发展贡献什么新的价值和需求，特别是贡献什么创新性产品，如何创新实践、推动实践发展。没有创新的劳动，才会受到总劳动、总实践、总需求的制约。

五、已物化的劳动量不受供求关系影响

物质产品一旦被生产出来，它所凝结的人类无差别的一般劳动量就是物化的、固定的、不可能变化的。劳动价值是社会必要劳动时间的代名词，是对劳动量的必要的、最低的劳动交换量、回报量和补偿量，是实现劳动力的生产和再生产需要的最低的劳动交换量、回报量和补偿量。劳动价值如果得不到必要补偿、实现不了必要补偿，劳动力的生产和再生产就会难以为继。供求关系通常直接影响的只是产品的价格、交换价值和市场价值，而不会直接影响产品已经凝结的人类无差别的一般劳动量。这个量，已经发生，已经凝固，已经是一个客观物理量，对这个客观物理量，你可以取舍，可以无视，却不能抹杀。如果供求关系直接影响劳动价值的实现，就会导致劳动力再生产难以为继。

第四节　劳动价值实现方式

人是社会的人，而不是孤立的人。人的劳动不仅要对自己有价值，还要对社会有价值，不仅为自己创造价值，还为社会创造价值。社会是"人人为我，我为人人"的社会。劳动价值不只在市场中实现，还能在非市场即社会中实现。例如，马克思研究哲学、政治经济学和科学社会主义，写了大量的著作，表达了大量的观点，其中的许多观点被世人认识、理解和接受。可是，马克思开始生活很穷困，需要靠恩格斯接济才能维持生活，你能说马克思的劳动没有价值吗？马克思劳动的价值到哪里去了呢？被马克思主义者们以及非马克思主义者们学习、借鉴、认可、认同、接受、使用和吸收了！

一、什么是劳动价值实现

劳动价值实现，是指劳动或劳动量被人学习、借鉴、认可、认同、接受、使用和吸收，能够替代人的劳动。

劳动价值实现的最终归宿是自己的劳动量被自己或他人吸收了，能够替代人的劳动，能够为人节约劳动，为人提供智慧和力量，有利于人的生存和发展，有益于自己和社会。比如，妈妈做饭给子女们吃，子女们就不需要再做饭了，就节约了子女们自己做饭的劳动。因此，劳动价值的实现，就是可以替代别人的劳动。只要能够替代别人的劳动，不需要别人再重复做同样的劳动，那么，这种劳动价值就实现了。

交换只是劳动价值多种实现方式和途径中的一种，而不是全部或唯一的方式和途径。

二、不同的市场

(一) 充分的市场

市场充分，是指市场是公开、透明的，供方和需方都有众多的参与者，供需双方可在不受非市场因素限制的条件下进行交流和交易。

(1) 产品能够被占有。这是实现交换的首要条件。要交换，必须能够占有产品。产品如果不能被占有，就无须也无法实现交换。

(2) 市场是开放的。允许任何正常人依法依规自由进入和退出，对任何正常人依法依规自由进入和退出不做限制。法律和规章是公开的，一视同仁的，没有歧视的。

(3) 市场是公开、透明的。任何人想获得产品的外部性、生产技术、产品标准、市场规则、市场信息等，都是非常容易的，不受限制的。

(4) 有众多的生产者和需求者。市场上有大量的同类商品、替代品，商品是"大路货"、大众货，而不是"小路货"、小众货。生产量、供给量、供给频率，以及消费量、消费频率都很大，生产和消费周期都很短。

(5) 市场范围很广，几乎所有同类产品都可进入市场流通，商品和价值流通活跃、便捷，是大市场，而不是小市场，没有人为的市场分割、阻碍。

市场公开、透明，供需进出自由，商品数量多，交易自由、频繁，就容易形成生产者与购买者之间的力量均衡，新知识、新技术的垄断所产生的不开放、不共享、不均衡的情况，会因市场公开透明、可自由进入而逐渐变得开放、共享，进而被均衡，从而容易实现供应方的劳动价值与需求方愿意支付的劳动价值之间的均衡、匹配。在这样的条件下，市场上同类产品的劳动价值就会因为生产与需求的均衡而凸现，这有利于实现劳动价值的等价交换。

(二) 不充分的市场

不充分的市场通常是有局限的，不公开、不透明的，供求不充分、不对等，是有限的、局部的和区域性的市场，这导致供求双方都难以有效地实现自己商品的使用价值和劳动价值。

(三) 供求平衡关系与市场充分与否的关系

市场充分不代表供求平衡，供求不平衡也可能是市场充分的表现和作用的结果。

市场不充分不代表供求一定不平衡，有时市场不充分，但是供求也是平衡的，比如，在低水平上的供求平衡、垄断下的平衡、计划经济强制下的供求平衡。

三、劳动价值实现的基本条件和基本方式

(一) 劳动价值实现的基本条件

劳动价值体现在劳动产品之中，体现在没有浪费劳动，体现在劳动为人类发挥了作用上，体现在使用价值之中，以使用价值、产品为载体，以社会和市场为平台，以被学习、借鉴、认可、认同、接收、使用和吸收为实现方式。

不同的劳动，其劳动价值和使用价值的实现条件是不同的。不同的条件，导致劳动价值和使用价值的实现方式、实现程度也不同。

(1) 劳动价值与使用价值的统一。产品劳动价值的实现与产品使用价值的实现是统一的，不可分离的。产品的使用价值实现了，产品的劳动价值也就全部或部分实现了。

(2) 公开透明是劳动价值实现的重要条件。只有劳动过程和产品公开透明，有外部性，劳动产品才能被人感知、观察，劳动产品的使用价值才能被人发现，需求才能被刺激，占有、交换、使用产品的系列行为才能因此而产生，劳动价值才能得到实现。

(3) 存在社会关系之中。劳动价值存在社会关系中，以建立、建构、形成社会关系为实现方式和条件。没有社会关系，也就不存在劳动价值以及劳动价值的实现。有供也有求，有产也有用，建立起供与求的社会关系，才能使劳动价值有了实现的可能。社会关系既包含一般的社会关系，也包含市场关系；既存在社会中，也存在市场中。供求关系既是市场关系，也是社会关系。劳动价值在供求关系中呈现，既体现了市场关系，也体现了社会关系；既可能是市场关系体现，也可能是社会关系体现。

(二) 劳动价值实现的基本方式

使用价值实现方式就是劳动价值实现方式。使用价值的使用方式就是使用价值的实现方式，也是劳动价值的实现方式。

(1) 交换方式，也就是有些劳动价值只有通过劳动产品的交换才能实现。

这是商品社会普遍存在的显性的劳动价值实现方式,特别是对物质产品而言,这是主要的实现方式。

(2) 非交换方式,可称为非商品方式,是指不需要通过劳动产品的交换,就可以实现劳动产品的劳动价值,这种方式主要存在于非商品的劳动价值实现方面,是非商品劳动价值实现的主要方式,主要是非商品性知识劳动价值实现方式。非商品方式通常是单方面的,不需要双方进行产品交换的。

非商品方式有很多种,学习、借鉴、认可、认同、接受、占有、运用、采用、使用和吸收等,都是非商品方式,但不是全部的非商品方式。劳动产品只要被人单方面学习、借鉴、认可、认同、接受、占有、运用、采用、使用和吸收,产品的劳动价值和使用价值就实现了。这种方式,可以是单方面的,比如,单方面学习了别人的经验,别人经验的使用价值和劳动价值也就实现了。学习、借鉴、认可、认同、接受、占有、运用、采用、使用和吸收别人的劳动产品,也就把别人劳动产品中的劳动量一并学习、借鉴、认可、认同、接受、占有、运用、采用、使用和吸收了。一般地,不能说只使用了别人产品的使用价值,而没有使用别人产品的劳动价值,这种说法是不合逻辑、不合实际的,是不成立的。

被感知、观察、学习、借鉴、认可、认同、接受、占有、运用、采用、使用、吸收等,是使用价值的实现方式。但是,由于使用价值是劳动价值的载体,使用价值被使用、实现了,那么,劳动价值也就自然被使用、实现了。因此,这些方式方法同样是劳动价值的实现方式和方法。劳动价值的这种实现方式,既是现实的,也是道义的。当然,有些产品,由于被大量复制、传播和使用,已成为无主的知识和产品,导致其原创者的劳动量被摊薄,可能已经只有使用价值,而没有原创者的劳动含量,没有原创者的劳动价值,因为,劳动量是不能被复制的,只能被摊薄。

(3) 交换方式包含非交换方式,因为,交换方式同样需要认同、接受、使用等行为,与非交换方式的行为完全一致。没有认同、接受,就不会有交换行为发生。只是,交换方式与非交换方式有着不同的形成原因,有些原因是客观的、无法克服和避免的;有些原因是主观的、主动的。交换方式可看成是价值实现的显性方式,而非交换方式可看成是价值实现的隐性方式。

四、劳动价值的几种非交换实现方式

劳动价值的非交换实现方式，是指劳动被人学习、借鉴、认可、认同、接受、使用、利用或吸收的方式。有些劳动者无法占有或出售自己的劳动产品，其产品具有公有、共有和共享的特点。这些产品只要被人学习、借鉴、认可、认同、接受、占有、运用、采用、使用和吸收，其劳动价值和使用价值同样能够得到有效的实现。

(一) 被学习

人的劳动实践能被他人学习，这个劳动的劳动价值和使用价值就全部或部分实现了。例如，师傅的劳动技能、品德被徒弟学到了，那么，师傅教徒弟的劳动价值和使用价值就实现了。

(二) 被借鉴

人的劳动实践能够成为他人的借鉴，为他人劳动提供了经验、技能、信息等，那么，该劳动的劳动价值和使用价值就全部或部分实现了。比如，许多法律规章就是这样在实践中形成的，法律规章中所凝结的劳动价值和使用价值就体现在实践的应用方面。

(三) 被认可

被认可，就是劳动产品被人认识、承认或许可。劳动产品的使用价值和凝结的人类一般劳动量被人认可，被人认定为对自己是有益的，是正确的、善意的、友好的，那么，该产品的劳动价值和使用价值就是全部或部分实现了。

(四) 被认同

人的劳动实践能够被别人认可、赞同、学习、借鉴、模仿，别人也跟着进行同样的劳动实践，那么，该劳动实践的劳动价值和使用价值也就全部或部分实现了。一个人带头干，其他人跟着学，就称为"同"。一个人的实践，最终成为群体性的实践，这个"带头大哥"可以说是创造者、领路人。敢第一个"吃螃蟹"的人就是英雄，就能获得别人的尊敬。被尊敬也是价值实现的方式和表现。

(五) 被接受

被接受，就是劳动产品被人接受、收藏或占有，甚至能构成接受者的财富能力的一部分，那么，该产品的劳动价值和使用价值就是全部或部分实现了。

(六) 被使用

被使用，就是劳动产品被人使用、运用或消费，那么，它的使用价值和劳动价值也就全部或部分实现了。

(七) 被吸收

被吸收，就是产品被认可、被接受或被使用之后，产品的劳动价值就被认可者、接受者或使用者利用了，能够替代认可者、接受者、使用者的劳动，他们不需要再重复劳动，那么，产品的劳动价值也是全部或部分实现了。

那些不被他人认可、不被他人接受、不被他人使用、不被他人吸收的劳动产品，其劳动价值和使用价值也可能通过其内部性，通过经验教训、反思、自省等方式被生产者自己部分或全部实现。

这里需要注意产品的劳动价值和使用价值存在全部或部分实现的现象。有些产品，其使用价值很多，例如一台电脑、一部智能手机，都有很多功能，但是这些功能并不一定被使用者全部使用，可能只是部分使用，那么，这台电脑或这部智能手机的使用价值也就是部分实现了。

五、劳动价值的一般实现途径

(一) 劳动者的自我实现

劳动价值可以供人使用，首先是可以供生产者自己使用。自己生产的产品供自己使用，自给自足，自我满足，自产自用，同样是自己劳动价值的实现方式。体育锻炼、自我修行、自找快乐等，都是劳动者的劳动价值的一种自我实现方式，它最终使自己的身体更健美、精神更愉快、品德更高尚、言行更受人尊重。

劳动者的劳动价值的自我实现，是对自我劳动的自我感知、自我认可、自我接受、自我使用和自我吸收的结果。

企业进行生产准备、制造生产工具等，都是一种自我劳动的自我实现方式。为生产准备的劳动和为自己制造生产工具的劳动，能得到企业自己的认可和使用，它所凝结的劳动量就得到认可、接受、使用和吸收，其劳动价值就得到实现。至于最终这些劳动能否体现在向市场出售的产品中，那是另一种劳动过程和劳动价值的实现过程，需要把这两种劳动过程进行区分，不能混为一谈。

(二) 外部性途径实现

学习、借鉴、认可、认同、接受、使用和吸收别人的劳动产品，使得别人的劳动产品没有被浪费，劳动价值没有被浪费，产品的使用价值没有被浪费，并且，使得自己获得了一份使用价值和劳动量即劳动价值，这也是部分劳动价值的实现方式，是帮助别人部分实现劳动产品的劳动价值和使用价值。

一部先进机器、一个先进典型、一栋风格别致的小楼、一位美人、一篇佳作等，引来很多人观摩、学习和欣赏，这是它们的外部性的使用价值被使用。

(三) 交流方式实现

人们常常进行语言上的交流，这种交流中，劳动价值的流动并不一定是对等的。有时，人们能够从他人的语言中获得更多的益处，"听君一席话，胜读十年书"，就是这个意思。如果人与人之间的交流都是劳动价值对等的，都能从对方获得相同的益处，那么，就没有"听君一席话，胜读十年书"这种感受和说法了。如果"君"的话真的能够被听者认同和吸收，那么，"君"谈话的劳动价值和使用价值也就实现了。

人们常常进行文化交流。比如，中国到国外表演传统文化国粹京剧，而国外到中国来演出摇滚音乐、现代音乐等。一种是现代文化，一种是传统文化，两者给人的感受是不一样的，人们对两者的喜爱程度也是不一样的，这不是对等的文化交换，而是文化交流。文化的使用价值和劳动价值各不相同，观众的喜爱程度不同，演出的效果不同，很难说是对等的交换，只能是进行交流。

人们也常常进行感情交流。甲对乙感情深厚，愿意为乙付出一切甚至生命，而乙可能对甲并没有对等的感情。父母愿意为子女付出一切，又有多少子女能够这样对待父母呢？

人们还常常进行物质上的交流。例如，苏联曾向中国援助物资、设备，并向中国派遣高科技人员，而中国也向苏联输出了苹果、鸡蛋、面粉等。

(四) 交换方式实现

交换是实现劳动价值和使用价值的显性方式。比如，在物物交换社会，一个农民拿着一筐大米，与一个铁匠交换一把镰刀。按照传统政治经济学观点，这样的交换，双方遵循的是劳动量即劳动价值相等原则，使得双方的劳动价值和使用价值都得到对方承认，这就叫等价交换，这种交换的社会背景是社会开放透明、市场充分，但技术进步缓慢。在今天这样的货币化社会，消费者在商店里购买纯净水，消费者支付货币，商店提供纯净水，双方交换的劳动量同样是平等、等价的。这两种交换都是在公开、透明、充分的市场下进行的，交易双方都有大量的参与者，交易意愿和交易行为没有受到非市场因素的限制。

农民从铁匠铺换回了一把镰刀，这把镰刀的劳动价值量与一筐大米的劳动价值量是相等的，也就是说，农民在这个交换过程中，并没有损失劳动价值量，并且得到了镰刀的使用价值。同样，铁匠得到的一筐大米，其劳动价值量与镰刀的劳动价值量是相同的，同时得到了大米的使用价值。

消费者得到纯净水，纯净水的劳动价值量与支付货币的劳动价值量是相同的，消费者并没有损失劳动价值量，同时还得到了纯净水的使用价值。商店得到了货币，这货币的劳动价值量与纯净水的劳动价值量是相等的，同时，商店得到了货币的使用价值。货币既是劳动价值符号，又是使用价值化身，是通用的劳动价值和使用价值。

农民、铁匠、消费者和商店为什么要交换镰刀、大米、纯净水、货币？这是出于自己的需要，是他们需要镰刀、大米、纯净水、货币的使用价值。由于这些物品无法无偿获得，他们不得不付出代价，用自己的劳动量进行交换。

劳动价值等价交换有两个前提，一个是生产者可以完全占有、支配自己的产品，二是市场是充分的。问题是：第一，许多劳动产品并不是由生产者完全占有的，而是生产者无法完全占有的。比如前面讲到的知识、信息等，通常就是生产者无法完全占有的。有些情况下，得到这些产品，既不用交换，也不用抢夺、偷盗，而是可以轻而易举地、无偿地获得的。第二，市场并不总是充分、透明、对称的，而是充满着不充分、不公开、不透明、不对称的情形，特别是存在技术进步较快、知识产权得到有效保护的情况。这导致交换双方并不知道对方产品所凝结的劳动价值量是多少、花费多少创新成本。但是，创新者必须公开展示自己产品的使用价值，购买者可以根据自己对产品使用价值的需求程度、产品对自己可能的使用效果等来判断自己可以接受的交换价值。

使用价值是劳动价值载体，使用价值的实现方式，也是劳动价值的实现方式。使用价值实现了，劳动价值自然也实现了。使用价值最终的目标或归宿是要让使用价值得到有效的使用。只要使用价值得到使用，使用价值也就得以实现。因此，使用价值也可以通过被认同、认可、接受、吸收、尊重等，以及被复制和使用，从而实现其使用价值。

(五) 低端工人劳动价值的实现

没有参与企业经营决策和管理的流水线上的生产工人，只是按照决策管理者的要求进行相应的简单劳动。只要他们按照决策管理者的要求完成了相应质和量的工作，企业决策管理层就应当承认他们的劳动价值和使用价值，就必须向他们支付劳动报酬。企业决策管理层不得以产品没有卖出去为理由而不向流水线上的生产工人支付工资。也就是说，流水线上的工人获得工资的权利不受产品销售与否的影响。

(六) 高端决策管理者劳动价值的实现

企业的生产经营活动是受企业高层决策管理者支配的，是为了实现高端劳动者的目标需要、按照高端决策管理者的要求而进行的，是为高端劳动者创造价值的，是为了满足高端劳动者的需要而进行的。而高端劳动者的生产又是为市场而进行生产经营的，是为满足市场需要而进行生产经营的。企业的产品能否得到市场的认可，取决于高端决策管理者的劳动。只有产品得到了市场的认可，被市场接受，高端决策管理者的劳动价值才能得到实现。如果产品得不到市场的承认、接受，高端决策管理者的劳动就是无效劳动，就必须承担自己的劳动责任，而不能向工人、向外部消费者、向国家、向他人转嫁自己的责任。

第五节 两种劳动价值的相互转化

一、商品的劳动价值

(一) 商品的劳动价值，是商品所凝结的人类一般劳动量

普通商品的劳动价值以交换为实现方式。在市场充分的情况下，由于交换的目的是获得普通商品的使用价值，而购买者愿意支付的也是这个使用价值所承载的劳动价值，因此，普通商品的这部分劳动价值也就成为商品交换价值的主体部分。比如，在市场充分的情况下，一瓶普通的纯净水的劳动价值与一元货币的劳动价值是相等的，一瓶纯净水的劳动价值就是该水的交换价值。

(二) 有些商品同时存在非商品价值即外部效应

许多商品不只有交换价值，也就是不只有商品价值的主体部分，它同样有外部性，有非商品价值，因此也有非商品性的劳动价值和使用价值部分。不能忽视商品所产生的这部分非商品性劳动价值和使用价值。比如，商品良好的外观设计、性能、品质等，都是商品正外部性，有商品的非商品价值。

(三) 商品的价值不等于商品的劳动价值

商品的劳动价值是指商品所凝聚的、被人认可和吸收的无差别的人类一般劳动量。商品的价值通常是指商品所具有的劳动价值、交换价值、效用价值、稀缺价值、外部价值等的综合。理论上，商品的价值包括商品的劳动价值，商品的劳动价值只是商品价值构成中的一部分，而不是全部。

二、非商品的劳动价值

非商品也是人类的劳动产品。非商品的劳动价值是指非商品所凝结的人类一般劳动量。除了商品具有非商品的外部效应外，许多劳动产品因为不能被占有、交换而成为非商品，成为向社会贡献的无主的、游离状态的产品。这些非商品也能被人使用，同样具有使用价值。理论上，非商品的劳动价值也只是非商品全部价值构成中的一部分，而不是全部。

(一) 非商品价值实现方式

非商品的使用价值和劳动价值的实现，通常以被学习、被借鉴、被认可、被认同、被接受、被使用、被吸收为主要方式。

(二) 非商品劳动价值同样可以被吸收转化

非商品被吸收应用到商品生产活动中，非商品的劳动价值和使用价值就会被转化到商品的劳动价值和使用价值之中。比如，某手机生产商学习苹果手机营销方式也取得了成功，获得了可观的利润，这就是学习吸收了苹果公司生产经营活动外溢的非商品性的价值，并把这种非商品性的价值转化成了属于自己的商品性的价值。

第六节 劳动价值论承认存在非商品价值

传统政治经济学认为，商品是用来交换的劳动产品，劳动价值是凝结在商品中无差别的人类一般劳动量，这就把劳动价值限定在商品范畴内；只有商品才有劳动价值；不是商品，就没有劳动价值；只有实现了交换，商品的劳动价值才能实现；等价交换是指劳动价值即劳动量的等价交换。本书的观点与此有同有异。

一、相同点

(一) 都是指产品所凝结的无差别的人类一般劳动量

劳动量是劳动价值的合理内核,是劳动价值的实体部分。没有凝结人类一般劳动量就没有劳动价值。

(二) 都以使用价值为载体

劳动价值以使用价值为载体,依使用价值而存在,依使用价值而被感知,依使用价值实现而实现。没有使用价值,就没有劳动价值。

(三) 依存关系相同

有劳动价值,就一定有使用价值;有使用价值,不一定有劳动价值。劳动价值与使用价值并没有互逆的依存关系。

二、不同点

不同点主要是占有方式、实现方式、实现内容和遵循原则的不同等。

(一) 占有方式不同

传统政治经济学认为,通过交换实现产品的劳动价值和使用价值的,必须能够占有所交换的产品。本书观点认为,可以通过非交换、非接触、非占有的方式,比如可以通过非接触的观察、学习等方式使用该产品的外部性等,而不需要考虑是否占有该产品,也可实现产品的劳动价值和使用价值。例如,道路、路标、灯塔等公共服务设施,我们并不占有它们,但我们都使用它们。

占有该产品可以实现产品的劳动价值和使用价值,不占有该劳动产品也能通过其他方式实现其劳动价值和使用价值,比如通过吸收外部性等方式实现产品的劳动价值和使用价值。

不被占有的产品,通常具有公有、共有和共享的特性,包括有很强外部性的产品,如科学家们发表的论文,目的就是要公开,让全人类共享。

(二) 实现方式不同

传统政治经济学认为,劳动价值的实现方式是交换,并且,必须有交换双方,必须遵循无差别劳动量即劳动价值相等的交换原则。只有通过交换,且双方都遵循劳动价值相等的交换原则,才能实现劳动价值,才是实现劳动价值的唯一原则和方式。这其实是把劳动价值与交换价值画等号。

本书所谈的劳动价值不以交换为唯一实现方式,还可以通过被学习、被借鉴、被认可、被认同、被接受、被使用、被吸收等方式实现。这种实现方式,是在全社会范围的实现，体现了产品和价值的社会公共性。交换只是劳动价值众多实现方式中的一种，而不是全部和唯一的方式。在非交换方式下，劳动价值的实现可能是单方面的，而不是双方面的，是不需要交换就可以实现的。比如，许多人写文章时，常常引用他人的观点、事例等，并没有向原创作者支付任何劳动报酬，是单方面地引用、单方面地吸收原创者的劳动价值和使用价值。

(三) 实现内容不同

本书所指劳动价值实现内容，既包括商品的劳动价值，也包括非商品的劳动价值。而传统政治经济学只考虑商品价值的实现，没有考虑非商品价值的实现。

(四) 遵循原则不同

本书所指的劳动价值实现方式，不一定遵循劳动价值等价交换的原则。有的人以为自己生产的产品没有使用价值，就遗弃了该产品。但是，自己认为没有使用价值，不等于该产品对其他人也没有使用价值，其他人可能觉得该产品还是有使用价值的，就把它们拿去使用。例如，开矿产生的尾矿，有的人认为那是没有使用价值的东西，但是，有的人能用废弃的尾矿生产建筑材料。一块石头，有的人认为它没有价值，但是，对于雕刻家来说，这块石头就可能是块"宝石"。再比如，猎人打猎时，在雪地上留下了一串脚印。对留下脚印的猎人来说，这串脚印是没有使用价值的，但是，对其他猎人来说，这串脚印是有使用价值的，他们可借鉴此脚印去搜寻猎物，可以节省自己的搜寻劳动和搜寻时间，提高自己的搜寻效果。

(五) 适用范围不同

传统劳动价值主要适用于重复劳动，需要有大量的同类样本，是大数法则下的劳动价值。而创新劳动没有大量的样本，没有所谓的社会平均的必要劳动时间，只有个别劳动时间。如果仅以个别劳动时间来判定创新劳动所创造的价值，就不公平、不科学，不利于激发创新动力，不利于社会发展。不能用劳动付出量作为判定创新劳动所创造的价值及其应得回报的依据。因此，传统劳动价值论适用于非创新劳动，本书的价值论适用于包括创新劳动在内的所有劳动。

传统劳动价值论能很好地解释重复劳动创造的价值，却难以解释创新劳动所创造的价值。创新劳动所创造的价值不能只以劳动者所付出的无差别的人类一般劳动量来或社会必要劳动时间来判定，还必须以其所创造的使用价值、外部价值等来判定。只有鼓励劳动者创造更多、更新、更好、更高、更强、更先进、更高效的产品，降低人的劳动强度，节约人的劳动量，提高人的劳动效率，让人类不断摆脱自然束缚，满足人类不断追求美好生活的需要，才能让更多的劳动者投入创新劳动，促进人类社会发展。有时，创新劳动所付出的劳动量虽然不多，但是，其创造的价值很大，这是重复劳动与创新劳动在价值创造上的差异。这种差异是客观的，也是公平、合理的。社会发展体现在创新上，创新是驱动社会发展的关键力量。

三、不能把劳动创造价值与劳动价值画等号

在讨论劳动价值问题时，常常会有人把劳动价值与劳动创造价值画等号，这是犯了概念性错误。劳动价值是产品中所凝结的，被人类认同、接收、吸收的人类一般劳动量，是一种对劳动价值量的衡量的表述。劳动创造价值是对价值生产过程、状态、条件的描述，是一种定性表述，并不是对价值量、劳动价值量的衡量，不是定量表述。

劳动创造价值的过程能否发生、产生效果如何，取决于具体劳动，取决于劳动者掌握的具体的知识技能。利用相同的劳动对象、劳动资料，掌握了不同知识技能的劳动者会生产出不同的劳动产品，会有不同的使用价值、劳动价值。虽然劳动对象、劳动资料也参与劳动过程，没有它们，劳动的开展、劳动效率等会受到制约、限制、改变，但是，劳动对象、劳动资料不是主动地参与到劳动过程中的，而是受到劳动者的劳动支配，是被动地参与到劳动过程中的。在这个过程中，起组织、支配、根本性、主动性、能动性作用的是劳动者的知识技能，是人的具体劳动，而非劳动对象、劳动资料。只有人的活劳动、主动性知识性劳动的付出，才决定着劳动对象、劳动资料的组织形式、参与方式、参与质效等。在这个过程中，劳动对象、劳动资料只是劳动者的劳动支配的对象、劳动施加的对象，而不是劳动产品创造者。如何把劳动对象、劳动资料转化成有不同使用价值的劳动产品，不是由劳动对象、劳动资料决定和主动作为的，而是由劳动者的劳动主动作为的，是由劳动者及其知识技能决定的。劳动对象、劳动资料通常是客观的，是不能、不会主动地变成人所需要的劳动产品，而必须由劳动者按照自己的主观愿望、设想，按照劳动者的知识、技能、意志等，被改造、变成、制造成人所需要的劳动产品的。劳动对象、劳动资料能否变成对人类有用处、有什么用处、有多大用处的产品，完全取决于人的主动劳动，取决于劳动者的主观能动性，取决于劳动者所掌握的知识、技能

等。也就是说，产品的价值是人创造的，物只是价值创造的必要条件，而非充分条件，因为，价值是对人才有用的。比如，在一般农民眼里，野生稻属于野草，对他们并没有什么价值。而在农业科学家眼中，野生稻是无价之宝。

与价值创造类似的一个问题是价值发现。对某个客观事物，一般人可能都不认为它对人有什么价值，但是，如果你发现了它对人很有价值，并把它嵌入人类社会的价值体系中，那么，它的价值（即使用价值）就进入了人类的价值体系，它对人类就有了使用价值。它的使用价值又取决于你的发现。发现也是人的一种劳动，发现事物对人类有使用价值，就是"发现"这种劳动创造价值的过程、表现。

当然，即使"发现"也是人的一种劳动，仍然不能把发现事物使用价值这种劳动的劳动价值与事物具有的使用价值画等号，即不能把事物对人类具有的使用价值与发现这种使用价值的劳动的劳动价值画等号。打个比喻，就是不能把袁隆平发现、发明杂交稻的劳动价值，与杂交稻技术的使用价值画等号。也许袁隆平为此所付出的劳动量即劳动价值小于或等于或大于杂交稻技术的使用价值。这说明，劳动创造的价值，可能大于或等于或小于劳动价值，换句话说，劳动价值也可能大于或等于或小于劳动创造的价值。

用一句话表述，就是不同的劳动，创造的使用价值是不同的，人更需要的是产品的使用价值，而不单是劳动价值。

四、不能把劳动价值与交换价值画等号

劳动价值是商品所凝结的无差别人类一般劳动量，交换价值是需求者为取得该商品而愿意付出的价值量，两者概念完全不同。交换价值容易受供求关系变化而变化。劳动价值是物化在商品中的无差别的人类劳动量，一般不会发生变化。但是，交换双方为了保障自己的劳动力再生产能得到简单维持，交换价值通常至少要等于自己付出的劳动量即自己的劳动价值。也就是说，劳动价值通常是交换价值的底线。

五、不能把劳动时间长短与产品质量高低画等号

效率低的劳动通常就只有低的劳动价值回报，效率高的劳动通常就有可能获得较高的劳动价值回报。但是，不能把效率高的劳动获得较高劳动价值回报与产品使用价值高的价值回报画等号，因为，效率高与低，一般是指单位时间内所生产的合格产品的数量，即每件产品所花费的劳动时间或劳动量，而不是指产品的使用价值高与低，不能误认为低劳动时间与高产品质量、高产品使用价值是一码事，不能认为高劳动效率与高产品质量、高产品使用价值是一码事。反之，不能把高劳动时间与低产品质量、低产品使用价值画等号。比如，有些工匠精益求精，为产品花费的时间多，付出的劳动量大，但是，产品质量高，使用价值很高，也有很高的价值回报。

第七节　劳动量是劳动价值的唯一构成

一、产品的劳动价值构成

本书的劳动价值构成，与传统政治经济学所讲的劳动价值构成相同，主要包括活劳动和物化劳动。

公式为：劳动价值量＝活劳动量＋物化劳动量

物化劳动量其实仍然是由活劳动转化、固化而来的。因此，这个公式的最初始状态是：劳动价值量＝活劳动量，上式因此可简化为

劳动价值量＝活劳动量

需要说明的是，上式的逆命题并不一定成立，因为，产品所凝结的全部劳动量并不一定等于产品全部劳动价值，这是由于使用者存在不同的取舍造成的。比如，某件产品，凝结了100份的人类一般劳动量，但是，使用者可能只取其中的80份，剩余的20份就可能浪费了，成为无效劳动量。

(一) 活劳动投入

活劳动投入又包括两个方面。

(1) 劳动者自身的活劳动的投入，即在收集、加工、流转过程中自己所付出的新的劳动量。

(2) 劳动者吸收自己或别人的劳动、产品（如知识、信息）后，这个劳动及产品就转化成劳动者的生产能力，并通过劳动者的活劳动这个载体、工具被投入、转化到新的劳动中。吸收的劳动，既包括吸收自己的劳动，也包括吸收别人的劳动；既包括花钱购买、吸收的商品性劳动，也包括没有花钱购买而吸收的非商品性劳动。比如，一个商人请咨询公司进行营销策划，取得了成功，就是商人吸收了咨询公司的劳动价值和使用价值；一个小贩按照高人的指点去

做，取得了成功，就是吸收了高人的劳动价值和使用价值。

(二) 物化劳动投入

物化劳动是指已凝结在产品中的人的一般劳动量，包括两个方面。

(1) 吸收物化在商品中的劳动。在劳动实践中，常常要购买和应用其他人生产的商品。应用别人出售的商品，就必然应用了别人商品的使用价值和物化在该商品中的人类一般劳动量即劳动价值。

(2) 吸收物化在非商品中的劳动。除了等价购买和应用别人的劳动价值外，通常也会通过非交换的方式，吸收一些非商品的劳动价值。比如，通过市场调研，掌握竞争对手信息等，与竞争对手开展差异化的市场竞争，这也是一种市场分工与合作；通过学习别人的经验，改进生产工艺、流程等；通过观察别人的产品，分析自己产品的差异或落后之处，并对自己的产品加以改进。对手的信息可能是非商品性的，有非商品性的劳动价值和使用价值。

(三) 考虑了商品和非商品的劳动价值构成

考虑到物化劳动价值包括物化在商品中的劳动价值和物化在非商品中的劳动价值，那么，前述劳动价值构成公式又可变换出以下公式：

劳动量＝商品性劳动量+非商品性劳动量

劳动价值＝商品性劳动价值+非商品性劳动价值

产品的劳动价值＝活劳动价值+应用的商品性劳动价值+应用的非商品性劳动价值

二、劳动价值转化

劳动价值转化，就是把凝结在原料、知识、技术、信息等中的物化劳动量，通过人的活劳动加工，转化到新产品中去，使之成为新产品劳动价值的组成部分。劳动价值转化就是劳动量的转化，一般遵循不灭定律，除非对劳动价值量有取舍。

到目前为止，劳动价值转化主要靠活劳动来实施。即使是全自动化的生产企业，也必须由工程师、程序员、市场研究人员、决策者等来制订和实施企业的生产计划，即价值创造计划，由他们编制程序、确定算法、操作机器来完成企业的采购、生产、销售、资金回笼等工作。因为，目前只有人，才知道他人的需要、市场的需要，才能进行生产的计划、设计、组织等工作。在这样的企业里，其产品的劳动价值就是由这些人员的劳动及他们吸收的劳动转化、合成的。

(一) 不同物质产品之间的使用价值和劳动价值的相互转化

(1) 用旧物质产品生产新物质产品，那么，旧物产品中的物质成分、使用价值和所凝结的劳动价值即劳动量，一并转化到新物质产品之中，构成新物质产品的物质成分和劳动价值部分。

(2) 劳动力的生产和再生产过程中消耗的物质产品的劳动价值，在劳动中也转化到新产品之中，构成新产品的劳动价值和使用价值部分。

(二) 不同知识产品之间的使用价值及劳动价值的相互转化

(1) 用旧知识生产出新知识。比如，借助人类已发明的基因识别技术，科学家们开始研究基因编辑技术，那么，基因编辑技术就吸收、转化、融合了已有的基因识别技术，吸收、转化、融合了已有的科学家们的劳动价值和创造的基因识别技术的使用价值。

(2) 现在的科学家们自己的劳动价值也转化到新的知识技术产品之中，与已有的科学家们的劳动价值一起，共同构成新知识技术产品的劳动价值和使用价值。

(3) 从事知识应用工作的劳动者们通常要运用自己学习、掌握的知识、技术，生产出新产品，创造出新的使用价值。

(三) 物质产品与知识产品之间的价值相互转化

(1) 物质生产实践创造了知识。物质生产实践成为知识生产实践的重要平台，该实践创造的物质产品与该实践创造的知识产品在劳动价值上相同。

(2) 知识产品以物质产品及其生产劳动的外部性为载体。没有物质产品及其生产劳动的外部性，知识就没有存附之地。

(3) 人从事劳动实践活动，身体需要消耗物质产品，创造了知识产品。这种物质消耗，就转化成知识的使用价值和劳动价值。这是"物质变精神"。

(4) 知识生产出来之后，又可以指导人们从事物质产品生产实践，生产出物质产品，并把知识的使用价值和劳动价值转化成新物质产品的使用价值和劳动价值。这是"精神变物质"。

三、劳动与劳动价值增殖

(一) 物化劳动不能增殖

劳动量的付出一经形成，凝结到产品中，就成了物化的劳动，就不可变化，也无法变化。劳动量（劳动价值）通常不会变动。有些产品价格出现波动，那只是一种价格波动现象，即交换价值或效用价值或稀缺性价值发生了变化，是价值赋值或负值表现，即价值转移或劳动价值取舍上的变化，而不是该产品劳动价值量即所凝结的人类一般劳动量本身发生了增减变化。有些产品的价格在短时间内出现涨跌双向剧烈波动，并不是该产品的劳动价值即所凝结物化的劳动量发生了变化，而只是产品的使用价值、效用价值、稀缺性价值、外部性价值等的变化引起了交换价值发生变化。比如，一般产品可能变成了文物、工艺品，一般的使用价值变成了文物、工艺品的使用价值。

劳动价值转化，通常遵循价值不变原则。即吸收多少劳动价值，才能转化多少劳动价值，只可能减少，不可能增殖。例如，把面粉做成馒头，面粉的劳动价值就转化到馒头中去了，这种转化不会增加面粉本身的劳动价值，通常也不会减少面粉本身的劳动价值。馒头的价值大于面粉的劳动价值，是因为加工者投入了新的劳动，创造了新的劳动价值和使用价值。

有些企业，在传统市场销售不景气时，积极开拓新兴市场。在传统市场和新兴市场上，企业销售同样的产品，出现了在新兴市场上的销量大于传统市场上的销量、新兴市场上的收益率高于传统市场的情况。这不能说明劳动价值在转化中实现了增殖。这只能说明两点：一是开拓新兴市场，也是一种劳动，是活劳动的新投入，是有劳动价值的，是创造价值的，当然，也应有价值回报；二是新兴市场本身的市场空间、需求结构、劳动价值、使用价值、效用价值、稀缺性价值和外部性价值等，与该产品相当匹配，该产品的交换价值和价格等得到了新兴市场的高度认可。

(二) 只有活劳动才能实现劳动价值增殖

活劳动是一切劳动价值的源泉。没有活劳动的投入，就没有人类的劳动价值。我们常说"大水淌来的也要人去捡"，说的就是没有不需要劳动就可以获得的财富。挂在嘴边的饼子也要人张嘴去咬，如果不张嘴去咬，人也吃不到饼子，也会饿死。

善于发现、使用、利用使用价值，善于培育市场、积累市场，也是一种活劳动的新投入，也是一种能力，并可能是一种超强知识、信息、能力的体现和投入，是一种创造劳动价值和使用价值的劳动。只有活劳动才能实现劳动价值增殖；一切物化的劳动，最多只能等量转化，不能增殖。

(三) 增殖与增值的区别

增殖是指劳动价值合理内核和实体数量的增加，即劳动量的增加，而不是价格上涨。增殖一定是源于劳动量的增加，源于劳动投入量的增加。劳动价值增殖只有一个来源，就是增加了新投入的劳动量。

增值是指价格上涨，或有价值转移，而不一定是产品所凝结的劳动价值实体量的增加。增值不一定是新投入的劳动量的增加，不一定涉及新投入劳动量的增加。增值的原因相当复杂，直观表现是商品价格上涨，这可能与新投入的劳动量有关，也可能与新投入的劳动量无关。

一种产品或商品，其价格上涨，可能是因为新投入劳动量的增加，也有可能只是单纯的价格上涨，而所投入和凝结的劳动量没有变化，因此，需要具体问题具体分析。例如，一栋房子价格上涨了，有可能只是单纯的价格上涨，也有可能是因为业主对房子进行了改造，对房子进行了新的投入。

第八节　劳动价值赋值与负值

劳动价值不仅有创造，还有转移。赋值与负值就是劳动价值转移现象。赋值与负值的基本表现是，商品价格高于或低于劳动价值。

一、概念

(一) 劳动价值赋值

在市场充分的情况下，商品交换一般遵循劳动价值等价交换原则，即交换双方商品所凝结的人类一般劳动量是相等的。但是，在市场不平衡的情况下，交换双方商品所凝结的人类一般劳动量有可能不相等，一方付出的劳动量可能大于另一方付出的劳动量，这多出的部分就是劳动价值赋值，可简称为赋值。通常是由于企业产品吸引人、政策规划引导人，产生了公众的实践溢出、劳动溢出。比如，由于城乡规划建设不平衡，导致大量人员流入某个街道、区域，使该街区商机凸现，房地产升值。或者，劳动者不得不贡献的某种正外部性，这种正外部性无法变成自己的利益，从而使自己的劳动成为向社会贡献的价值，这种情况也属于劳动价值赋值。

赋值的内核是劳动价值，是劳动者的劳动创造的，是人类一般劳动量的凝结，而不是天然的，也不是别的什么价值。

赋值通常不是指交换双方博弈的结果，而可能是宏观供求关系失衡的结果，可能是产品的生产技术水平、劳动效率发生了变化，可能是制度、体制、机制、人的客观性等原因导致的结果，具有技术性、宏观性、必然性和客观性。因此，赋值既有可能是市场机制积极正面作用的呈现，也有可能是制度、体制、机制消极、不公平作用的呈现；既有可能是市场机制失灵的体现，也有可能是市场机制正在发挥作用的体现；既有可能是不公平制度的体现，也有可能是制度变革、政策调节过程中暂时出现的情况。

从现象上看，劳动价值赋值一般是由于技术差异导致供求关系失衡，出现供不应求，导致产品价格偏高或上涨，购买者不得不为此支付更多的劳动价值（如货币），这多出的部分就是劳动价值赋值，是交换的一方向另一方多赋予劳动价值的体现。

劳动价值赋值是一种社会经济实践的客观现象，主要是由于市场不均衡（如出现了垄断）、信息不均衡（如技术、信息专有、不公开透明）、政策不均衡（如政策厚薄不均）、个人偏好等诸多因素造成的。

(二) 劳动价值负值

赋值就是负值，是同一事物的不同侧面、不同表述。买者向卖者过度支付了劳动价值，对买者来说，就意味着负值；对卖者来说，就是获得了赋值。或者，买者向卖者少支付了劳动价值，对卖者来说，自然是负值；对买者来说，就是获得了赋值。

造成劳动价值负值也是由于市场不均衡、信息不均衡、技术不均衡、政策不均衡，以及个人偏好、能力方面等原因，而不仅仅是交换双方博弈的结果。

赋值与负值类似一枚硬币的两个面，站在不同角度看，就会出现赋值或负值的不同判断。一般情况下，赋值与负值在绝对值上是相等的。

(三) 负值可能是亏损，也可能不是亏损

负值可能是为了获得自己需要的某种使用价值、效用价值、稀缺价值、外部价值而愿意付出更多的劳动价值进行交换，是为了获得劳动价值之外的其他价值，这样的负值就不是亏损。比如，农民用一袋米换回一本农技书，就是为了获得技术的使用价值、效用价值、稀缺价值和外部价值。

作为不是亏损的负值，可以看成是为了获得其他种类的价值而做出的对自己劳动价值的交换和让渡，是不同价值交换的考量、比较和判断，是劳动价值与其他价值的交换。

当然，负值有些情况下也代表亏损，比如，花高价买回一堆无用的东西，这种情况就是亏损了。

二、主要表现

(一) 赋值的主要表现

(1) 私人物品价格上涨。不同的人有不同的偏好，这种偏好可能影响价格。有的人愿意为获得某件商品支付更多的货币，以满足自己的偏好。这种交易的另一方就获得了更多的货币收入。这更多的货币收入，就是价值赋值。

(2) 大宗商品价格上涨。大宗商品如果没有新的技术进步，没有新的使用功能，没有功能上的变化，而只是由于生产或供应的不足，或者由于信息不畅、政策失误，导致价格上涨，而消费者又不得不为此支付更高价格时，这就是消费者为此多赋予的劳动价值。

(3) 房地产价格上涨。典型的表现是由于城乡空间、环境、人口和产业等方面的规划差异，道路、学校等基础和公共设施建设失衡，导致局部地区房地产价格上涨。

(4) 公共物品数量增加、质量提高、价值增加。由于公众的协同行为通常具有外溢的价值，这导致社会文化等公共物品数量不断增加，质量不断提高，价值不断增加。这就是社会文化、社会制度等的价值所在。

(5) 为获得质量好、技术先进的产品，就需要对它赋值，从而使该商品有很高的附加值。因此，赋值与附加值有时是同一事物。

(6) 需要说明的是，赋值不一定表现为价格动态上涨，即使是价格没有动态上涨，也可能存在赋值情况。比如，苹果手机价格高、利润率高，就可能存在赋值，而苹果手机价格并没有上涨，只是苹果公司在对手机进行定价的时候，就考虑到了自己产品的高质量、高性能，而采取了高定价策略，从一开始就考虑要让消费者多赋值。而对消费者来讲，感觉也是值得的。

(二) 负值的主要表现

(1) 体力劳动与脑力劳动、简单劳动与复杂劳动报酬"倒挂"。在中国改革开放初期，由于政策及市场结构性失衡原因，导致"搞原子弹的不如卖茶叶蛋的""拿手术刀的不如拿剃头刀的"。原子弹与茶叶蛋的使用价值差别很大，市场没有充分体现劳动者创造产品的使用价值上的合理差别。

(2) 先行者往往冒着市场风险。这就是先行者向社会贡献的正外部性。二十世纪九十年代，互联网刚刚兴起的时候，许多投资者、企业疯狂涌向互联网领域，形成了互联网投资热潮。但是，由于没有找到行之有效的赢利模式，加之市场的接受程度还不够，大量互联网公司在三五年之后纷纷倒闭。这些失败的投资者为后来的互联网公司贡献了经验等外部性劳动价值和使用价值，探索出了互联网的发展道路。

三、赋值主体

(一) 组织赋值

包括政府在内的各种组织，都可以成为劳动价值赋值的主体。组织对某一（公共）项目进行投入，就是对该项目进行赋值。

(二) 社会大众赋值

社会大众赋值是指由社会公众的共同劳动实践外溢和无偿贡献的某种劳动价值和使用价值，并且，这种劳动价值和使用价值通常游离于贡献者私人财富之外，成为他人或社会公共的、共有的、共享的财富。比如，地上本没有路，走的人多了，便成了路。每个走此路的人，都向这条路赋予了劳动价值和使用价值。

社会赋予，就是在众人的共同实践中，产生了大量的外溢劳动价值，众人共同贡献的劳动价值和使用价值。

(三) 个人赋值

主要是由于个人偏好，愿意奉献价值。

四、负值主体

(一) 大众

大众是劳动价值的创造者。当大量的资金被少数人掌握之后，大多数的劳动者就成为税和高价格的最后负担者。如果普通劳动者收入下降过多，会影响他们的基本生活，而富人的基本生活通常不会受到影响。

(二) 投资者

投资有风险，投资须谨慎。投资不可能总是赚钱的，有时也会出现亏损。有些亏损会转化为向社会贡献的正外部性，也有些会转化为投资者的经验和教训，成为后来投资经营的宝贵财富。

五、主要功能

劳动价值转移具有分配和再分配功能，具有调节市场功能。

(1) 实现财富在不同群体、产业之间的分配和再分配。

(2) 激励、刺激更多的生产和供应，满足市场的需要。

(3) 既有可能刺激需求和投机，又有可能抑制需求和投机。

(4) 有可能促进市场均衡，也有可能加剧市场不均衡。

(5) 引发社会不满，需要并促使政府干预。

第九节　创新劳动有利于劳动价值增殖

前面阐述了劳动力简单的生产和再生产，以及劳动力扩大的生产和再生产。劳动力简单生产和再生产，就是按部就班，就是保持劳动力状态和劳动状态不变，就不存在创新。有创新，就不是简单的生产和再生产，就是扩大的生产和再生产。要创新，就必须有扩大的生产和再生产，就必须对生产和再生产进行某种调整，就必须有更多的劳动投入。因此，创新本身是一种新的劳动状态，需要离开原有的劳动形态、劳动路线和技术路线等，需要有开拓精神和开拓意识、知识、能力、行动，是一种扩大的生产和再生产。

按照熊彼特的观点，生产经营创新有五种情景：引入新的技术和设备，选择新的、更廉价的原料来源，生产出新的价廉物美的替代品，生产出全新的产品以满足人们发展的需要，开辟新的市场。这五种情景，都是在创新劳动的基础上实现的。没有创新劳动，这五种情景是无法实现的。

一、创新需要有新劳动投入

创新是破与立的辩证统一。创新一方面要改变原有的状态，打破原有的状态，这本身就需要投入一定的新的劳动；另一方面，创新劳动本身也是新劳动、新知识和新技能的投入，是活劳动的投入，从而才能建构新的状态。活劳动是劳动价值的源泉。增加活劳动，通常就增加了产品的劳动价值。比如，拆旧房、建新房，拆是一次劳动，建又是一次劳动。

二、创新需要吸收转化非商品劳动价值

创新劳动吸收非商品劳动价值，并可把这些非商品的劳动价值转化到新产

品中。非商品最重要的部分是非商品性知识，即非商品知识、信息、技能、经验和教训等。所吸收的非商品，既包括自己创造的非商品，比如自己的经验、教训，也包括他人创造的非商品，比如观察、学习、吸收他人的知识、信息、经验、教训。非商品可以无偿使用。如果没有人使用非商品，非商品就会流失。如果吸收使用了非商品，就可以把这些非商品所凝结人类一般劳动量转化到新产品中去，构成新产品的劳动价值部分，并可节约人的活劳动，同时，非商品使用价值也得到了有效利用。

三、创新具有很强的外部性

创新劳动创造了新产品、新方法、新技术，开拓了新市场，传播了新信息，展示了新形象，贡献了新的正外部性，为人类做出了新的贡献。创新劳动会产生创新表达、创新呈现、创新展示等，很能吸引人的眼球，从而产生创新的外部性，主要是正外部性。贡献的正外部性越多，品牌价值越大，外部性也越强，这就呈现出相互放大的效应，类似核裂变的连锁放大反应，也类似声音共鸣腔。

四、衡量创新劳动价值与非创新劳动价值的内容、方式方法不同

创新劳动稀少，具有独创性、开创性、唯一性、先进性、引领性，它的劳动方式和产品，与非创新劳动方式和产品，不处于同一档次、水平，不属于同一类型，不能简单地把创新劳动与非创新劳动归为一类，不能简单地利用大数法则下的社会必要劳动时间来衡量创新劳动价值。

科学技术和生产力创新存在神奇性、隐秘性、智慧性、跃层性、跨越性、正外部性，单就劳动时间消耗来比较、判断创新劳动创造的价值是很困难，也是不公平的。创新劳动代表先进生产力、先进文化的前进方向，是社会的公共福利，对社会具有引领、示范作用，对这种作用，不能仅以社会必要劳动时间来衡量它的价值。社会通常会对这种劳动给予一定的价值赋值。

创新劳动创造的价值，通常以其产品的劳动价值、使用价值、效用价值、稀缺价值、外部价值等为共同衡量内容，既衡量它的商品性价值，又衡量它的非商品性价值；既衡量它的劳动价值，又衡量它的知识价值。这与对非创新劳动价值衡量相比，在衡量内容、衡量方式方法上是有所不同的。这说明，在衡量创新劳动与非创新劳动时，衡量的内容、方式方法上发生了变化。这种变化，是人们对更美好生活追求的需要，是社会适应发展和创新、鼓励发展和创

新的需要，是社会优胜劣汰、自主选择、自主进化的表现。当创新劳动不断被均衡，变成非创新劳动时，衡量的内容和方式方法就会趋同。

第十节　劳动产品与价值观的关系

一、劳动产品与价值观

价值观是人们在长期的实践中形成的，对于人生及社会真、善、美的基本观点、基本看法和基本选择，属于知识产品范畴。

价值观是劳动实践的产品，既属于哲学认识论范畴，又属于经济范畴。

价值观属于哲学认识论范畴，是人们在长期的认识世界、改造世界的实践中形成的，对于人生及社会真、善、美、假、丑、恶的基本观点、基本看法和基本选择，是大脑思维认识的结果。

价值观是劳动产物，又属于经济学范畴。人的一切知识、观念都来源于人的劳动实践。实践出真知。没有实践，就没有人的知识。价值观也是劳动实践的产物。没有劳动实践，就没有认识，就没有价值观的形成。实践产生认识，认识又对人的实践有指导作用，价值观又可以指导人的实践。

劳动不仅创造财富，还创造幸福。幸福的感受不是凭空而来的，而是需要在实践中创造、感知、培养、形成的。由此形成的幸福的人生观、价值观等也是通过劳动实践来创造、培养、形成的。

二、价值观也有使用价值和劳动价值

(一) 价值观有使用价值

价值观可以指导人们的实践。形成价值观的实践越广泛，价值观在实践中的应用越具有普遍性、广泛性，其使用价值也就越大。

(二) 价值观有劳动价值

价值观是知识性劳动产品，凝结了人的一般劳动量。没有劳动，就没有价值观的产生。价值观的形成越具有普遍性和广泛性，其所凝结的劳动量也就越大，其所具有的劳动价值也就越大。

(三) 价值观可以复制传播

价值观作为知识性产品，具有使用价值，可以复制、传播、接收。价值

观的使用价值可以被复制，但是，它的劳动价值不能被复制，只会因复制而被摊薄。

三、价值观重在劳动实践中的教育培养和建构

(一) 通过教育建构

(1) 家庭教育是价值观培养的重要阵地。良好的家庭教育，可以培养良好的价值观。从小受到良好的家庭教育，可以影响人的一生。家庭教育通常不仅仅是口头说教，还注重身体力行的身教，即注重在实践中做榜样，在实践中的应用、展示、熏陶、感染，才能真正形成良好的家庭教育成效。有良好家庭教育的人，离开家庭，走向社会，也会把良好的价值观带到社会，影响社会。

(2) 各种团体组织，通常具有学习、吸收、转化社会价值的功能，包括成员之间的相互学习、组织开展的学习、成员自学自修、学习与实践相结合等。良好的组织通常是学习型组织，能够找到组织发展的正确方向，能让大多数成员的思想素质、业务素质、价值观等在学习与实践的有机结合中得到不断的成长进步，能促进成员形成正确的价值观，成为对社会、对组织有益的人。

(3) 社会教育通常是多主体、多方式、无序的，主体、客体、内容等都是不确定、不稳定的。社会教育重在社会成员的自觉观察学习、相互学习、相互制约、相互帮助、见贤思齐、见不贤自省的模式，重在培养成员的自觉自悟能力和良知良心境界，重在社会相互制约、示范、引导、帮助等。社会成员间对不良言行的批评教育，是社会教育的重要表现。一个社会如果有大量成员能用自己对良知、良心的弘扬行动影响、感染其他成员，那么，这个社会就是一个有良知、良心的社会，是充满正能量的社会。

(二) 通过产品建构

通过产品建构主要是通过各种实体产品，包括建筑物、构筑物、实物宣传产品、其他物质产品等来建构社会价值观。比如，通过先贤纪念场馆等设施来弘扬正确的价值观，通过建筑物的文化内涵等来弘扬某种文化、价值观等。某些建筑物因为具有永久性使用寿命，其所具有的文化内涵能长久地影响人们的价值观。也可通过产品的生产、消费等，传播、建构某种文化和价值观等。饮食也包含着丰富多彩的文化和价值观，比如，美国的麦当劳、肯德基等，不仅仅是餐饮店，还是美国企业文化、快餐文化的传播者和建构者。

(三)通过实践培养

实践产生认识，认识形成价值观。但是，个人单纯靠在实践中培养自己的价值观，往往具有艰巨性和低效性，甚至有不确定性和无序性，必须在实践中把学习先进与自我修行有机结合起来，既吸收自己的实践，又吸收他人、先贤的实践，提高价值观的建构效率，从而使自己迅速成为一个有正确价值观、有益于社会的人。

四、价值观可以转化成经济范畴的价值

(一)树立正确的价值观有利于凝聚和激励人心

榜样的力量是无穷的。良好的榜样可以吸引更多的人，感召更多的人，提高社会影响力，让更多的人信服、尊敬、学习，引起更多人的共鸣和共赴，有利于形成"振臂一呼，应者云聚"的效果。

(二)树立正确的价值观有利于引导人们正确地从事经济活动

正确的价值观可以让人们有效地发现大众的需要，会以大众为中心，把顾客当作真正的"上帝"；可以找准企业发展的正确方向，包括生产方向、服务方向和价值方向；可以增强与顾客、社区和公众的亲和力；可以生产出大众接受、大众喜爱的产品。

(三)正确的价值观有利于扩大市场

把正确的价值观应用到经济生产活动中，产品就会有很好的正外部性，就能得到社会和市场的广泛认同，正确的价值观就会转化成产品的使用价值、劳动价值、效用价值、稀缺性价值、外部性价值，就可以使企业的产品和服务获得更多的市场认可，从而获得更多的经济收益。在这些经济收益中，就有一部分是由正确的价值观转化而来的。正如美国科学家研究的结果表明，一个虐待猪的养殖场，尽管其猪肉质量都是合格的，但其猪肉不受消费者欢迎；而一个善待猪的养殖场，其猪肉就大受消费者的欢迎。生产者有正确的价值观，有道德，其影响的不仅是自己，同样影响到与自己合作、交往的一切人，会吸引更多的文明人。正确的价值观、高尚的道德在市场经济中就是无形的"通行证"。

第十一节　劳动价值守恒与不守恒现象

一、劳动价值的起点和终点是人的拥有和吸收

(一) 人的拥有是劳动价值和使用价值的起点和终点

产品必须被人拥有和使用，才能实现其劳动价值和使用价值。如果没有人拥有和使用，那么，其劳动价值和使用价值就没有实现，就是浪费。当一个人拥有某件产品，并自认为这件产品"有价值"时，其就拥有了这件产品的使用价值和劳动价值，这件产品的使用价值和劳动价值就算是实现了。

(二) 出售是一次新的实践活动

如果这个人想出售该产品，那么，该产品使用价值和劳动价值就有了新起点、新循环。这个新起点、新循环能不能被市场认可、接受，能不能实现出售者的目标，则是另一回事。也就是说，有价值与有商品价值不是一码事。

出售产品，就是把所拥有的产品的使用价值和产品所凝结的劳动价值当作"原材料"，进行一次新的"加工""转化"，以交换、转移其使用价值和劳动价值。这种新实践，通常需要出售者借助、运用新的更多的商品和非商品知识的使用价值和劳动价值，如市场信息、交换方法、人际关系、价值观念等。

(三) 外部性也是劳动价值和使用价值的实现方式

如果劳动或劳动产品能够对外部提供正外部性，能够被外部感知，那么，这样的劳动也算是部分实现了其劳动价值和使用价值。

二、劳动价值转化存在诸多变数

(一) 不全转化的变数

产品的使用价值和劳动价值转化存在全部转化、部分转化、全部没有转化三种情况。生产者不一定全部转化了"原料"的使用价值和劳动价值，有时是有取舍的，甚至是"买椟还珠"。

(二) 创新的风险变数

(1) 自主创新能力。创新是有风险的。新的生产技术是不是成熟、稳定、可靠？是不是很快就会有更新的、替代性技术出现？是不是存在知识产权风险？是不是能持续地吸引投资、有可持续的财力进行投入？

(2) 市场的接受程度。新产品使用价值的市场认可度、文化认可度如何？新产品成本、技术是不是被市场接受？生产经营中是否出现了环保、社会责

任、信誉等问题？市场接受程度影响新产品价值转化成商品性价值或非商品性价值。接受程度高的，或许可以转化成更多的商品性价值；接受程度低的，就很难转化成更多的商品性价值。

三、劳动价值守恒

(1) 劳动价值守恒是指劳动量守恒。"原料"中物化的劳动量，以及新投入的活劳动的劳动量全部被转化到新产品中，并全部得到社会认可，就是劳动价值守恒。

(2) 一个人的失败，可能换来另一个人的成功，比如，价值转移有时会表现为一个人的财富增加而导致另一个人财富的减少。

(3) 劳动价值守恒是生产活动和生活活动的基本追求和遵循。这是人们的愿望，能不能实现，还要看具体情况，因为，发展需要创新和突破，需要生产出能节约人的劳动量的产品，这就会打破原有的劳动价值平衡，打破劳动价值守恒。

(4) 生产活动或产品所具有的外部性被公众学习、借鉴、认可、接受、使用和吸收，这构成了劳动价值及使用价值的部分。

四、劳动价值不守恒

(1) "原料"中物化的和新投入的活劳动的劳动价值只被部分转化到新产品中，或只有部分得到社会认可。

(2) "原料"中物化的和新投入的活劳动的劳动价值被全部或部分转化到新产品中，但是，社会和市场不认可、不接受，或者不全认可、不全接受，就难以实现新产品的全部或部分劳动价值。比如某些过剩产品，没有任何人愿意购买。

(3) 有的劳动只有很微弱的正外部性。企业生产活动如果不被社会接受，其劳动就成了无效劳动，其产品就没有劳动价值和使用价值。失败的劳动能否成为劳动者、社会的"反面"教材，能否成为劳动者和社会积累的经验和教训，还要看这个教训能够在人脑中维持多久，是不是会影响下一次生产劳动。

(4) 新使用价值对旧使用价值不守恒。通常，新产品代表新的美好生活，能满足人们对更新、更美好生活追求的需要，新产品的使用价值高于旧产品的使用价值，因此，新旧产品之间的使用价值是不守恒的，这是价值不守恒的关键因素。

第十二节　劳动价值的"四性"

一、劳动价值的客观性与主观性

(一) 劳动价值的客观性

从上述分析中可以看到，劳动价值是产品所凝结的人类一般劳动量。人类的生产活动具有客观的属性，劳动过程及劳动量的付出具有客观性。劳动价值是劳动量在产品中的物化，是人与人之间结成社会关系的桥梁和纽带，是可以具体观察、量化的，是不能掩盖、否定的。这是劳动价值的客观性。

(二) 劳动价值的主观性

由于劳动价值又取决于人们对劳动量的认同、吸收等，因此又具有一定的主观性。没有人认同、吸收，劳动就没有价值，就失去了价值。具体的劳动有多大的劳动价值，又很大程度上取决于需要者、使用者的主观认识、需要和意愿，使劳动价值无法逃脱某种主观性的制约。这就是劳动价值的主观性。

二、劳动价值的单方面性与两方面性

(一) 劳动价值的单方面性

劳动产品是生产者按照自己的主观愿望独立完成的，劳动价值是生产者的劳动量在产品中的物化，是生产者向产品赋予的劳动量，是生产者的劳动量在产品中的凝结，这又说明，劳动价值具有一定的单方面性。

(二) 劳动价值的两方面性

价值体现的是人在社会实践中建立起来的人与人、人与物之间的关系，因此，价值天然地具有两方面性。劳动价值的实现又取决于需求者、使用者的认同、吸收。没有需求者、使用者的认同、吸收，劳动价值就无法实现。而需求者的认识状况、需求程度等又影响着劳动价值被认可、接受、吸收的程度，这使得劳动价值具有既受到生产者的影响，又受到需求者的影响的情况，这就是劳动价值的两面性。

第十三节　劳动生产率提高与劳动价值的关系

一、劳动生产率提高的表现

劳动生产率是指在保证产品质量相同的情况下，在单位劳动时间内生产出

的产品数量；或者保证在单位时间内生产出相同数量产品的同时，产品的质量有变化的情况。提高劳动生产率，要么可以提高单位时间内的产品数量，要么可以提高单位劳动时间内的产品质量，要么两者都能做到，三者必居其一。

二、劳动生产率对劳动价值的影响

一方面，劳动生产率的提高并不是凭空产生的，而是长期劳动、积累了丰富的经验、知识、技能的结果，是学习、运用新技术、新方法、新原料的结果。也就是说，劳动生产率的提高，通常是通过转化知识、经验、技能而得到的，否则，劳动生产率就无法得到有效的提高。

由于经验、知识、技能等都是劳动产品，都凝结了人类一般劳动量，都有使用价值和劳动价值，因此，在劳动者运用经验、知识、技能提高劳动生产率的情景下，生产者的劳动就吸收、转化了经验、知识、技能所具有的劳动价值和使用价值；生产者生产的产品中，所凝结的劳动量也就增加了生产者从所应用的经验、知识、技能中转化过来的劳动量。这种情况下，劳动生产率的提高并不一定降低产品所凝结的人类无差别的一般劳动量。

另一方面，由于经验、知识、技能的使用价值是可以复制的，应用经验、知识，可以改善劳动者的劳动强度和工作条件，对劳动者来说是一种福利。通过大量复制、运用经验、知识来提高劳动生产率，就可以降低产品所凝结的人类一般劳动量。当低劳动含量产品与高劳动含量产品在市场上同等竞争或交换的时候，低劳动含量产品就会有竞争优势，市场就会出现对低劳动含量的产品转移价值，以鼓励支持其生产的情况；同时，低劳动含量的产品可以利用降价方式提高竞争力，扩大销售，增加市场占有率和企业收益。

至于转化过来的劳动量与复制使用价值两者谁在劳动生产率提高中对产品劳动价值的影响更大，则需要通过对大量的实例和数据进行分析研究才能得出结论，需要具体问题具体分析。

● 第十四节　劳动价值不是人类的追求

从上述分析中，我们再次看到，单纯的劳动价值不是劳动者的追求，使用价值才是劳动者的追求。即使是直接为人提供服务的劳动，也以获得使用价值为目的。随着人工智能更多地替代简单劳动，人们可以不考虑生产者花费了多少简单劳动量才能生产出产品，但是，必须考虑所需要的产品对自己有什么使用价值，能为自己节约多少劳动量，能给自己带来多少使用价值和劳动价值，让人们获得多大的利益。商品必须有使用价值，非商品也必须有使用价值，才能被人使用，其劳动价值才能得到有效的实现。如果创造的产品没有使用价值，就不会有人需要和使用，生产这些产品的劳动就是无效劳动、浪费性劳动。因此说，创造更多的、符合人们需要的产品，是人类的追求。

第九章 知识的劳动价值

知识是所有人都生产又广泛使用的劳动产品，是人类社会加速前进的关键力量。作为劳动产品，知识凝结了人类一般劳动量。知识的劳动价值依附于知识的使用价值。只要知识得到了使用，知识的劳动价值就得到了实现。

第一节　知识劳动价值的含义

知识的劳动价值很多时候都被知识的使用价值夺去关注力。一方面是因为，知识的使用价值更突出，有更显著的效果，人们追求的就是知识的使用价值。另一方面是因为，许多知识是人们共同实践的产物，大家共同拥有。知识的劳动价值在知识被大量复制、重复使用之后，其所凝结的劳动价值分摊到每份知识中的分量已相当少，甚至可以忽略不计。

一、基本含义

知识的劳动价值，同其他劳动产品的劳动价值一样，是指知识产品中所凝结的被人掌握、学习、借鉴、认可、接受、使用和吸收的无差别的人类一般劳动量。

由于可以被掌握、学习和借鉴是知识使用价值的重要表现，因此，当知识被掌握、学习、借鉴时，知识所凝结的劳动量也就被掌握、学习和借鉴了，这样，知识的劳动价值也就实现了。掌握了知识，就可以相应地降低自己劳动的盲目性和无效性，提高自己劳动的针对性、准确性和有效性。

（一）所有劳动都可能凝结为知识的劳动量

劳动不分种类，不分形态，只要是人的实践活动，人都会把自己的劳动量凝结到其生产出的知识、信息中。有的人可能不注重总结自己的实践经验，只做简单重复的劳动。比如，在现代科学技术研究中，所有协同参与方的劳动量都凝聚为科技成果的劳动量。但是，它们一般有外部性，一般能形成外部性信息，对外部产生某种影响。

在物质产品的整个生产劳动中，劳动量既凝结到物质产品中，又凝结到劳动者的生产技能，以及劳动者对生产资料、生产方式、生产环境、社会环境、甚至自身身体等的认识中。一个物质产品的生产过程，可以产生很多的知识、信息，这些知识、信息都凝结了劳动者在这个物质产品生产过程中所付出的相应的劳动量。

"隔行如隔山"。"山外""局外"的一般使用者是无法准确判定"山里""局里"人为创造知识所付出的劳动量的,使用者只能根据相关的劳动来类比,根据知识的使用价值来判断,根据自己的需要来取舍。

(二) 不同的判断和取舍

一项知识,可能有很大的劳动价值量,但是,使用者可能只认同、学习、借鉴、接受、使用或吸收其中的一部分,而不是知识所凝结的全部的人类一般劳动量。这种对知识产品所凝结的全部劳动量的取舍,通常与使用者对知识使用价值的取舍有关。知识的使用者可能并不完全使用知识的全部使用价值,而只是使用其一部分使用价值。就知识的通用性、普适性来说,"单个"的、有限的人是无法全面、全部地使用知识所有使用价值的,只有全社会都来广泛、共同地使用,知识的全部使用价值才能得到全面的使用和发挥。

不同的取舍,就是知识劳动价值和使用价值的具体体现和具体实现。

二、拥有劳动价值的知识类别

几乎所有的知识都有使用价值和劳动价值。

(一) 商品知识和非商品知识

商品知识是用于交换的知识,包括专利技术、专有技术。有些知识虽然不是专利技术或专有技术,但是,也需要花钱才能购买到,比如,一些需要花大价钱才能上的培训班。

非商品知识就是不需要交换就可以获得的知识,包括我们日常观察、听到的许多知识和信息等。有些知识,虽然是商品知识,但是,由于这些知识具有很强的外部性,比如,汉字五笔输入法,使用它就需要购买发明人的专利。但是,这种专利技术,在人们的使用过程中又有很强的外部性,人们可以直观地感知、观察到它应用时的高效优良性能等,得到它的相关信息是不需要进行交换的。

(二) 生产类知识和生活类知识

所有的实践都产生知识。但是,考虑到人们习惯性地把实践分为生产活动和生活活动,因此,此处也采用这个分类。

生产类知识主要是指用于生产活动的知识。进行生产活动,需要掌握和应用相关的知识,但是,用于生产活动的知识,通常并不是只能从生产活动中得到的,也不是只可以用于生产活动的。许多生产知识是可以从非生产活动中得到的。有些生产知识虽然是从生产中得到的,但也可用于非生产活动。比如,驾驶技术,既可以用于生活活动,又可以用于生产活动。

生活类知识主要是指人们从事生活活动时产生和需要的知识。这些知识,同样凝结了人们生活实践的劳动付出量,同样具有劳动价值。

(三) 自然科学知识和社会科学知识

自然科学知识是指揭示自然物质及自然生命运动的科学知识。这些知识并不是天然的,而是由人通过实践,通过科学研究,发现掌握的。这些知识凝结了人的大量的劳动量,并且,通常对人们认识和改造自然具有直接、精准的使用价值。

社会科学知识是指揭示人与人之间关系的科学知识。人既是社会的人,又是自然的人,兼具自然性和社会性。这导致了人是极其复杂的,不但人的思想复杂,人的行为也很复杂。科学地揭示人与人之间的关系,有利于建立和增进人与人之间的良好关系,有利于构建和谐社会,有利于促进人不断向前发展,有利于提高人的劳动生产力,有利于提高人的幸福指数。但是,揭示人与人之间关系,就需要付出人的劳动。因此,社会科学知识同样凝结了人类的劳动量,同样具有使用价值和劳动价值。

(四) 不成熟知识和成熟知识

不成熟知识。理论上,实践的过程性决定了知识的过程性,实践的阶段性决定了知识的阶段性。有些实践还处在探索过程中,其所产生的知识并不成熟、完整、系统、科学,不能对新实践有长期、全面、完整、正确的指导作用,还需要在新实践中继续检验和继续完善,才能达到完整和科学的状态。

成熟知识。有些知识已成熟。这些成熟的知识,通常都经过了"实践—认识—再实践—再认识"的多次反复、应用和检验,而且,通常不是某个人的实践,而是社会广泛的实践,凝结了众人的劳动量。

成熟知识是从不成熟知识演变而来的,包含了不成熟知识相应的实践。因此,成熟知识所凝结的人类一般劳动量包含了不成熟知识所含的人类一般劳动量。

(五) 低级知识和高级知识

实践是由低级向高级不断发展的,知识也因此由低级向高级不断发展。

最开始,知识还处在低级阶段,但会继续向前向上发展。比如,说话、识字等只是人开始学习的知识，只是低级的知识，向上发展，就需要学习更多的社会和自然科学知识。"1+1＝2"在数学中只是简单的算术，继续发展就有方程、代数、几何、微分、积分、矩阵等。

知识是由低级向高级不断发展的。随着实践的发展，知识越积越多，人类钻研、揭示出的知识越来越高级、全面，知识的深入性、系统性、逻辑性、完整性和全面性也就越来越高。

高级知识是从低级知识演变而来的，包含了低级知识。高级知识实践包含低级知识实践，包括低级知识所包含的一切劳动量。

(六) 古代知识和现代知识

古代人有古代人的实践及其掌握的知识，现代人有现代人的实践及其创造的知识。现代知识是基于古代知识演变而来的。但是，如果时间悠久，演变过程漫长而复杂，那么，现代知识与古代知识可能就有"代沟"，现代的人可能就不了解古代知识，这就是"知识失传""知识迭代"。有些生产生活方式方面的知识，因为与当时生产力紧密联系而具有了那个时代的烙印。由于生产力不断发展，生产生活方式也不断演进，当时的生产生活方式及其相应的知识在今天也就失传了。

(七) 应用型知识和非应用型知识

应用型知识是指与生产劳动实践紧密结合、融合，有具体的用途，可以解决具体实践中的实际问题的知识。

非应用型知识是指与生产劳动实践联系不紧密，难以判断其在具体实践中的具体用途，难以解决具体实践中的实际问题的知识。

无论是应用型知识，还是非应用型知识，都凝结了生产者及社会大众在相关劳动实践中付出的劳动量。

三、知识劳动范围

不管什么劳动，只要在大脑中产生知识，哪怕这些知识只存在于人的大脑中，这种劳动都算是知识的生产劳动。

由于知识越来越多，由于人们对知识重要性的认识越来越清楚，知识的专业化生产就越来越凸现，专门从事知识的生产、以知识生产知识、把旧知识当"原料"加工成新知识的知识型劳动越来越普遍。这些劳动都是生产知识的劳动，都凝结成知识产品中的劳动量。

四、知识劳动价值范围

所有被人掌握、应用的知识，所有对人有益的知识，都有劳动价值。

五、知识劳动价值边界

即使是对人有害的知识，也可能会增强人的能力，间接地对人类有益。"害"是人类无法避免的一种实践，"害"也会让人产生相应的认识，会有益于人排除"害"而找到"益"。人类一开始并不知道哪种知识有益，哪种知识有害，只有应用之后，才知道有益还是有害，才会在今后的实践中趋利避害、扬利抑害。

六、知识劳动价值与知识价值的关系

有时，人们把知识的劳动价值简称为知识的价值或知识价值，这并不严谨，也不恰当。知识价值其实是一个综合概念，甚至是个模糊概念，它既可能指知识的劳动价值，也可能指知识的使用价值或效用价值，甚至指知识的交换价值、交换价格。从字面上看，知识劳动价值比知识价值对劳动量的指向更明确。因此，不能混淆知识价值、知识的劳动价值和知识的使用价值这三个概念。

第二节 知识劳动价值的来源具有独立性和社会性

知识劳动价值只有一个来源，就是生产知识的劳动。但是，生产知识的劳动有其特殊性。

一、知识劳动价值的来源

(一) 劳动是知识劳动价值的唯一源泉

(1) 活劳动投入，是知识劳动价值的唯一源泉。没有活劳动的投入，就没有知识的产生，也就没有劳动量被凝结到知识中，也就没有知识的劳动价值。

(2) 物化劳动转化。活劳动，如果凝结到了人之外的产品之中，如知识、物质产品等，活劳动就变成了物化劳动，也就是劳动被物化到了物之中。这里的"物"，不单指有形物，也指无形物。一种产品中的物化劳动可以转化成另一种产品中的物化劳动，也可以转化成人的劳动力的生产和再生产，也就是转化成人的劳动力，从而再转化成为活劳动。当人消费物质产品或精神产品，以生产和再生产人的劳动力的时候，当这种劳动力再次进入生产领域，进行生产

劳动的时候，劳动力吸收的物化劳动也就转化成了劳动力新的活劳动。用一句通俗的话说，就是"吃了多少饭，就要干多少活"，就要把"饭"所凝结的劳动量再转化出来。

(二) 商品知识和非商品知识的劳动价值来源

商品知识和非商品知识的劳动价值本质、内核相同，来源相同，就是生产它们所花费的无差别的人类一般劳动。

(1) 物质生产劳动生产出商品知识和非商品知识。从事物质产品生产劳动的同时，也会生产出一定的知识。这其中，有些知识可以成为商品，有些知识则没有或无法成为商品。比如，发明专利就可以成为商品，但是，创新行为的外部性等则无法成为商品。

(2) 非物质生产劳动生产出商品知识和非商品知识。从事非物质生产劳动的目的不是要生产出物质产品，而是要生产出知识、信息，提供服务等，这样的劳动就称为非物质生产劳动。非物质生产劳动同样生产出知识、信息，同样可以提高人们对劳动工作实践、对事物、对社会的认识。这些知识、信息、认识，有的可以被占有、用于交换，有的则无法被占有、无法用于交换、无法成为商品。

(3) 商品生产劳动生产出商品知识和非商品知识。专门从事商品生产活动的人，既可能生产出商品知识，也可能生产出非商品知识，比如，企业的发明专利，就是企业生产出的商品知识，但是，企业的这种生产行为产生的外部性，以及专利本身的外部性、其他商品本身的外部性等，都是非商品知识。

(4) 非商品生产劳动生产出商品知识和非商品知识。比如，有个退休老人在经常的休闲垂钓中想到了发明一种不脱钩的鱼钩，依照这个构思，他发明了不脱钩的鱼钩，并申请专利，成为商品。

上述分析说明，商品知识与非商品知识的生产活动没有明显的专业、职业实践上的界线。

二、外部性的使用价值和劳动价值归属全社会

劳动的外部性也是一种劳动产品、一种使用价值。严格地说，所有的外部性都是人创造的，都是人的思想行为的外部性。没有人的劳动创造，就没有所谓的外部性。

使用他人外部性创造的知识或其他产品，这个知识或产品的使用价值和劳

动价值如何考虑？该如何分配？是只算作研究者、获得者、观察者创造的产品和劳动价值，还是有必要考虑外部性贡献者所贡献的劳动产品和劳动价值？比如，哲学社会科学工作者对社会进行大量的观察、调查和研究，得出了某种哲学社会科学理论知识。这种理论知识到底是只算作研究者的劳动成果，还是要考虑被研究对象提供的外部信息的劳动？理论上说，这些外部性信息并不是产生外部性的人（即研究对象，简称"对象"）所需要的。如果生产者自己不搜集、吸收这些外部性信息，这些外部性信息就会自然消失。再说，这种研究成果，通常并不针对特定个体人的行为，而是针对群体、社会的行为。除研究者外，研究对象中的不特定的个人不具备单独形成研究成果的能力，也不具备单独占有此研究成果的权利。社会科学工作者需要广泛观察、搜集信息，才能排除个体的特殊性，找到社会共同性。因此，我们往往把社会科学研究者观察到的这些外部性信息只当作是研究者付出搜集、研究劳动才会产生的信息成果；只有经过他们的研究之后，这些信息才能转化成为对人可能有具体、明确、精准、共同、普遍的使用价值的信息。但是，必须明确的是，作为研究对象的人的外部性，应当是研究成果的共同参与者，这正是人的社会性的重要体现和重要方面，也是知识社会性的重要表现，还是社会作为价值共同体和命运共同体的重要表现。

大数据时代，我们每个人都在贡献大数据。但是，我们必须考虑个人信息和个人隐私问题，必须考虑权利许可、价值交互问题。社会科学工作者对社会进行观察和研究，通常都涉及个人信息和个人隐私。即使是最宏观、最理论性的社会科学研究，也必须建立在对社会具体现象、社会大量个体样本的观察基础上，这些样本都是人，或者是人的言行、表现。必须考虑作为样本的人对社会科学贡献的非商品性信息的使用价值和劳动价值。回报的原则是科研成果应用应当有利于而不是有损于改善研究对象、社会公众的福利，应当有利于社会进步。

三、知识劳动价值转化

知识产品有劳动价值，这种劳动价值也可以转化成其他产品的劳动价值，比如，可以转化成物质产品的劳动价值，可以转化成商品或非商品的劳动价值。

如果把非商品知识中的劳动价值转化成商品知识中的劳动价值，那么，就会出现商品劳动价值升溢的现象。比如，生产劳动之前，有数量为100的商品知识劳动价值和数量为100的非商品知识劳动价值，即共有200的劳动价值。如果把这个非商品知识和这个商品知识进行融合，并一同转化成商品，在不考虑从事融合劳动的劳动者的劳动付出的情况下，那么，商品成果的劳动价值就是200。取得商品知识需要付出等量的劳动价值作为交换，而取得非商品知识是无偿的，不需要付出等量的劳动价值作为交换。那么，从生产结果与生产之前所占有的商品价值比较来看，这个生产劳动结果就"赚"了100数量的商品性的劳动价值，这是由非商品的劳动价值转化而来的，因为，劳动价值在转化中通常遵循劳动量即劳动价值不灭定律。当然，这个分析是基于正确吸收应用价值的情况，如果是不正确吸收应用，可能会出现价值相互抵消、相减而不是相加的情况。

把非商品知识中的劳动价值转化到物质商品中，也会有同样的效果。

四、知识劳动价值的社会性

许多知识通常是广泛社会实践的产物，需要吸收大量的社会知识、信息和智慧成果。并且，知识使用价值的应用具有普适性、广泛性和社会性。从这些角度看，知识劳动价值具有显著的社会性。

当然，不能用知识的社会性来否定知识创新者、生产者个人劳动的专有性。由于每个人（也包括研究者）都在贡献知识，都在贡献外部性，这个外部性是公共资源，大家都可以无偿使用，社会所有成员在享有、使用这个资源方面的权利是平等的，没有受到任何限制，是当今社会法律允许的，社会应当鼓励人们更多利用外部性来造福人类，这正是大数据应当发挥的功效。让大数据造福社会而不是危害社会，是大数据利用的原则。大数据的获取和运用要有正当性，而不能侵犯公民合法权益。

五、知识的复制与知识的劳动价值和使用价值

（一）复制与知识的使用价值

复制不会减少知识的使用价值，只会使得知识得到更广泛的使用，从而充分发挥知识的使用价值。

知识就是力量，科技就是生产力，人是生产力的掌握者，知识每复制一次、使用一次，就是对社会的一次推进。知识只有得到广泛的应用，知识的使用价值才能得到充分的发挥，才能为人类社会提供更多福利，才能最大限度地解放人，使更多的人摆脱自然的束缚。

(二) 复制与知识的劳动价值

知识被大量复制之后，知识所凝结的生产者的劳动价值（即人类一般劳动量）就被分摊到了每份复制的知识中。知识每被复制一次，就是对应用者劳动的一次节约。如果复制量大，每份知识所分摊的劳动价值量就很少，甚至可以忽略不计。此时，知识就只有新的劳动价值，即传播者、复制者或学习者的劳动量就凝结到了被复制的知识之中，成为被复制知识所具有的劳动量的主要来源。传播者、复制者或学习者的劳动构成了被复制知识的劳动价值。因为，传播、复制、学习知识，也是一种劳动，也创造使用价值和劳动价值。

第三节　知识的劳动价值实现方式

知识劳动价值的实现方式与其他劳动产品的劳动价值实现方式基本是相同的，但远比一般物质产品劳动价值实现方式多得多、隐蔽得多和无形得多。由于知识本身是"虚"的、无形的，可以观察、学习的，因此，知识劳动价值和使用价值实现起来，比有形物质产品更容易，主要是更容易被别人观察学习和掌握，更容易实现。我们常说"剽学"，就是知识劳动价值和使用价值的一种隐蔽的实现方式。

一、认可

知识到底怎么样，还要得到人的认可。即使知识没有得到人的认可，也可能实现了知识的某种使用价值。比如，爱迪生在寻找电灯泡的发光材料时，就试验了上千种材料，但这些材料都不令人满意，经过了上千次的失败后，他才最终找到了钨丝这个最合适的发光材料。科学探索的道路本身就很艰难。爱迪生之前进行的上千次试验，其实也是有使用价值和劳动价值的，因为，这为后来的成功积累了经验和教训，找到了新的研究方向。

二、认同

人的劳动实践产生的知识到底有没有使用价值和劳动价值，需要人的认同。没有认同，就说明这些知识对社会没有正外部效应，是错误的，需要继续调整和重新实践。认同了，就可以接着干，继续干。

三、接受

知识被人接受了，其使用价值和劳动价值也就被人接受了，也就转化成了人的劳动力，也就实现了知识的使用价值和劳动价值。

四、学习

学习别人的知识，或自己创造的知识被别人学习了，知识就转化成了人的劳动力，就说明这个知识是有使用价值的，其使用价值和劳动价值也就实现了。

五、使用

知识得到使用，就是知识使用价值得到了实现，知识的劳动价值也随之得到实现，转化到相应的劳动产品中。

六、借鉴

借鉴是众多使用方式中的一种。借鉴如同学习、使用，都是对知识使用价值的一种使用，知识的劳动价值和使用价值也随之得到实现。

七、吸收

吸收，首要的是人的吸收，而不是物的吸收。只有人吸收了，才能有效地应用到物上，才会被物吸收。

八、听取

我们常说"听取"别人的意见和建议。这个"听取"，包括"听"和"取"两个字。"听"，就是听清楚，就是理解知识；"取"，就是取得、接受或使用。听到了、理解了别人讲话的内容、传递的知识和信息，自己就会更清楚明白，自己的大脑就会形成某种思维，这种思维就会指挥自己的言行，就会使自己的言行发生某种程度的变化。听取别人的意见和建议，就是自己的思维受到别人意见和建议的影响，接受了别人的意见和建议，按照意见和建议去行动，别人的意见和建议的劳动价值和使用价值也就实现了。

采用这些方式方法实现知识的劳动价值和使用价值，不一定需要劳动量即劳动价值的等价交换，而可以是单方面的学习吸收行为，可以单方面实现的。

第四节　知识的劳动价值与使用价值的递增、递减关系

知识的劳动价值依附于知识的使用价值。

一、载体关系

劳动价值依附于使用价值，这是所有劳动价值的共同特性，知识也不例外。这里的载体关系，不是指知识依附于有形的物质产品，以有形物质产品为载体，而是指知识的劳动价值依附其使用价值。

二、递增、递减关系

(一) 递减关系

知识的使用价值是可以复制的，复制得越多，知识的使用价值越多。由于知识一经生产出来，其所凝结的劳动价值量就是固定的，不可能变化的，如果知识仅此一份，那么生产知识所花费的所有劳动量，就全部由这份知识承受着。但是，知识的使用价值是可以被复制的，而知识的劳动价值则是不能被复制的，这就使得知识的使用价值与其劳动价值产生了特殊的变化，使得知识的劳动价值被分摊到所有被复制出来的知识产品中，使得每份被复制的知识都可以分摊得到知识劳动价值"原浆"中的一部分劳动价值，也使得每份被复制的知识分摊的劳动价值含量因为复制得越多而呈递减的规律。

(二) 递增关系

由于复制，使用知识的人越来越多，使用范围越来越广，使用量越来越大，知识的使用价值也就越来越大，影响力也越来越大，所以，社会劳动生产力的提高就成了大家共同的实践。这个时候，一旦知识得到了某种新的改进，这种改进的知识的应用研究范围就很大，应用量也很大，使用价值也就很大，因社会广泛、共同的实践而凝结成的劳动价值量也很大。也就是说，知识的劳动价值和使用价值也可能随着在实践中的广泛应用而呈现递增的关系。

第五节　商品知识与非商品知识的劳动价值的实现

无论是商品知识，还是非商品知识，都是劳动的产物，都凝结了人类的一般劳动，都有使用价值和劳动价值。

一、商品知识劳动价值的实现

商品知识的劳动价值依附于商品知识的使用价值。一旦商品知识被出售或仿冒，商品知识的使用价值和劳动价值就被购买者或仿冒者使用和吸收了。如果知识被仿冒，这对商品知识产权的拥有者来说，可能是一种损失，对社会来说，同样是知识的使用价值和劳动价值得到了一定程度的实现，只不过，这种实现方式侵害了产权人的合法权益，是不合法、不道德的，是对价值秩序和经济秩序的一种破坏，有损于知识生产的可持续发展，是应该受到法律制裁的。

二、非商品知识劳动价值的实现

非商品知识也是劳动产品，也能被使用，也有使用价值和劳动价值。有些非商品知识是在人们自己都不知不觉中被吸收、使用的，是一种下意识的吸收和使用。非商品知识一旦被采用、利用、学习和借鉴等，非商品知识的使用价值和劳动价值也就被使用和吸收了，是非商品知识的使用价值和劳动价值得到了一定程度的实现。

第六节 知识的劳动价值运动与劳动力再生产的融合

劳动价值有静止的，也有运动着的。静止的劳动价值不再转化、不再参与社会再生产活动，就是劳动价值的终结。就社会总体来看，劳动价值是运动着的，是不断转化、不断参与社会生产和再生产活动的，而不是静止的。

一、知识劳动价值运动的基本过程

知识劳动价值运动是伴随着知识使用价值的运动而运动的。没有知识使用价值的运动，就没有知识劳动价值的运动。知识劳动价值的运动，与知识使用价值运动一起存在，也一起终止。

（一）知识劳动价值运动的基本过程

(1) 人吸收知识、物质、能量，转化成人的劳动力，使人的劳动力得到了生产和再生产，如下图所示。

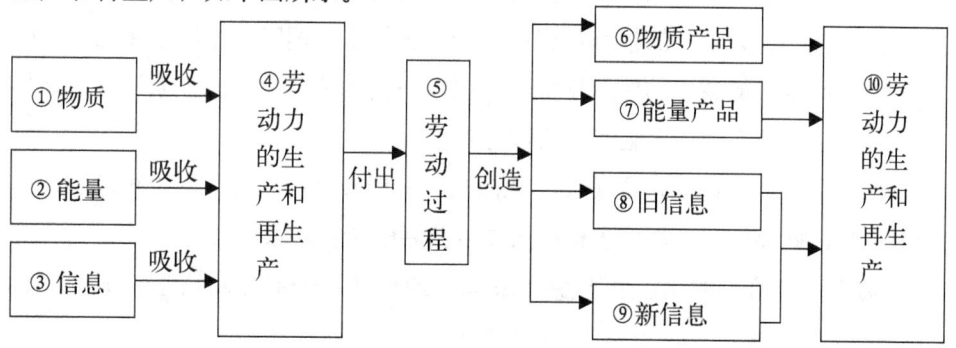

上图说明：

①物质，即劳动力的生产和再生产所吸收的物质，主要是人的劳动产品，如机械、工具等，也可能有非劳动产品；既可能有商品物质，也可能有非商品物质。

②能量，即劳动力的生产和再生产所吸收的能量，主要是人的劳动生产出的能量，也可能有天然的能量；既可能有商品能量，又可能有非商品能量。

③信息，是指广义的信息，是信息、知识、经验、感知、感觉等的总称。凡是人掌握的信息都是人的劳动产品。只要人掌握了信息，信息就是人的劳动产品。信息既包括商品信息，也包括非商品信息。信息如果不被人占有使用，就会消失。

④就是通过吸收物质、能量、信息等，使人的劳动能力得到恢复或提高，实现劳动力的简单再生产或扩大再生产。

⑤就是运用人的劳动能力，包括人的脑力和体力，进行生产劳动，使知识得到传承或增加，产品价值得到保持或提高。

⑥物质产品，这必然是劳动者生产出来的，而不可能是天然的，且与之前吸收的物质是不同的。物质产品构成人类社会的物质财富。人的劳动行为对环境造成的破坏也是劳动产品，只不过是对人类有害的劳动产品，是人类的负财富。

⑦能量产品，这必然是劳动者生产出来的，而不可能是天然的，且与之前吸收的能量是不同的。能量如果不被人及时占有和使用，就可能"烟消云散"。

⑧旧信息，与之前的③是相同的，是旧信息在人脑里的留存，或存储于其他的载体。旧信息构成人类社会的精神财富。比如，做馒头的工人卖掉了馒头，但是，做馒头的技术还留在他的大脑里，并没有被卖掉。

⑨新信息，是劳动者在劳动过程中生产出来的所有信息、知识、经验、技能、感知、感觉等的总称，是劳动者在劳动过程中新创造的，而不是旧的信息。劳动者经过劳动，旧信息还留在大脑的记忆里，同时又生产出新信息。劳动过程，使得人脑掌握的信息增加了，也就是新创造、发现、积累了许多新信息。这是作为拥有智慧大脑的人的特有功能。

新信息可能是商品，也可能不是商品；可能被生产者占有，也可能不被生产者占有，如外部性。新信息构成人类社会新的精神财富。

就劳动力简单的生产和再生产来说，如果增加一部分新信息，那么，就会少（遗失）一部分旧信息，就像计算机存储器容量已满后，新记录的信息就会自动挤占最先记录的信息的存储空间，导致最先记录的信息被自动删除；如果旧信息不减少，那么，新信息就无法增加；或者信息增加微不足道，对再实践、对再生产没有任何影响。这是劳动力简单生产和再生产的关键。

(2) 就劳动力简单的生产和再生产来说，①与⑥是相等的，②与⑦是相等的，③与⑧+⑨的和相等，④与⑩相等。也就是说，劳动力简单的生产和再生产，导致劳动力没有任何的变化，既没有提高，也没有降低，世界也没有发生变化，均保持了前后不变的状态。

人利用自己的劳动力进行简单生产劳动，生产出知识、物质、能量。这些被人生产出来的知识、物质、能量，与其之前所吸收的知识、物质、能量是相等的，既不增加，又不减少。

(3) 就劳动力扩大的生产和再生产来说，人会吸收和创造足够多的新知识、新物质或新能量，借助物化了科学知识的物质的力量，使得人的劳动力实现扩大的生产和再生产，也就是⑩大于④，并且，⑧+⑨大于③，这既体现在人创造的物质财富的增加上，也体现在人创造的精神财富的增加上，更重要的是体现在人的劳动力、社会生产力都得到了有效的提高。

(4) 人能利用自己的劳动力进行扩大的生产劳动，生产出比自己之前所创造、吸收的知识、物质和能量更多的知识、物质和能量。人类之所以能够成为地球的主宰者，就是因为人类的知识在不断创新和增加，生产力不断提高，实现了扩大的再生产。

(5) 人在劳动实践中，只能够占有自己生产的一部分的知识、物质和能量，有一部分所生产的知识、物质和能量是无法被自己占有的，这部分无法被自己占有的知识、物质和能量中，包括外部性以及大家相互交流的不成熟的知识、初级知识和零碎信息等非商品信息和知识，这些知识、信息共同构成了游离状态的社会公共知识财富。

(二) 物化到产品中

(1) 使用和转化。知识被使用的时候，其所凝结的人类一般劳动量也被转化到新的产品中，构成新产品的劳动价值和使用价值。

(2) 商品知识。商品知识的使用价值和劳动价值，在被使用中，会转化到新产品中，构成新产品的劳动价值和使用价值。

(3) 非商品知识。非商品知识与商品一样，在被使用中，其劳动价值和使用价值也会转化到新产品中，构成新产品的劳动价值和使用价值。

(三) 转化成劳动力

(1) 使用和转化。劳动力的生产和再生产需要吸收使用知识，这些知识转化并构成新的劳动力，是新劳动力的重要和合理的内核。

(2) 商品知识。商品知识参与劳动力的生产和再生产，被劳动力吸收，构成新的劳动力，形成新劳动力重要和合理的内核。

(3) 非商品知识。劳动力不只吸收商品知识，还能吸收他人的外部性、经验和教训等非商品知识，这些非商品知识同样构成新的劳动力，形成新劳动力重要和合理的内核。

(四) 知识劳动价值终止

(1) 使用价值终止。知识的劳动价值终止，主要是因为知识的使用价值终止了，而知识劳动价值需要借助使用价值才能得到体现。比如，当4G通信技术大规模应用后，1G、2G技术就基本终止了。

(2) 知识消失。某种知识失传，知识被"淹没"于书籍等"死"的载体之中，没有显性化，没有参与新的实践运动，人们的大脑里已没有印象了，现实生产生活中也找不到这种知识的影子，这种知识就算消失了。知识消失了，就不存在使用价值，也就没有了劳动价值。

(3) 知识的"淹没"。当知识被"淹没"于图书馆中的书籍、档案馆中的档案等"死"的载体之中，没有显性化，没有参与新的实践运动，人们的大脑里已没有这种知识的印象的时候，这个知识就需要再开发。再开发通常与现实实践的再需要有关，与实现社会的问题导向有关。比如，今天的中国，有越来越多的人学习传统儒家文化，这是今天中国人实践的需要，也与传统儒家文化的实践应用式微有关。今天，又有很多人对古籍进行研究，对传统文化进行研究，想搞清楚古人如何修身、齐家、治国、平天下，对今天有什么借鉴意义。这种开发，其实是一种新的劳动，是一种知识的重新开发和创造。新开发的知识，不能再算作是古人的劳动产品，只能算是借鉴了古人知识文化中的某种使用价值，也是当今社会共同实践、共同需要、共同思考的共同产物。

(4) 知识被大量复制。当知识被大量复制使用时，每份被复制的知识所摊得的知识原始劳动量也就很少，甚至可以忽略不计。

二、知识劳动价值运动的基本规律

(一) 劳动价值守恒规律

知识劳动价值的运动,同样遵循"劳动量不变""劳动量守恒"的规律。知识在被使用中,其劳动量最多也只能是等量转化,而不可能发生复制、扩大的情况。劳动量不能被复制的道理同样适用于知识劳动量的运动。知识被使用得越多,其使用价值也就越大,但是,其劳动量仍然不变,并随着复制而摊薄,除非知识被改进了,凝结了新的劳动实践量。

(二) 知识凝结的劳动量决定知识的劳动价值

知识的劳动价值在于知识所凝结的人类一般劳动量。如果知识在使用过程中被不断地改进完善,那么,知识所凝结的劳动量也会随之不断地增加。

(三) 知识劳动价值和使用价值的主体化

知识在于人的掌握应用,在于人的学习、借鉴、认可、认同、接受、使用和吸收。这可能只是主体单方面的行为。只要这个行为发生了,那么,知识的使用价值和劳动价值就实现了,就会转化为主体的劳动力,从而转化成主体的福利,提高主体的劳动能力,并使主体在劳动中创造出更多的、能满足人需要的使用价值。

(四) 商品知识与非商品知识的无差别转化

无论是商品知识还是非商品知识,都是知识的重要组成部分,它们所具有的使用价值和所凝结的劳动量在转化方面基本没有上本质的差异;差异的只是创造和应用知识的人所付出的成本。

(五) 知识进步规律

知识在实践中会从无到有、从少到多地不断积累,并由肤浅向深入、由低级向高级、由不成熟向成熟、由零碎向系统、由一维向多维、由片面向全面发展。高级知识、成熟知识、系统知识、全面知识等,都包含了低级、不成熟、零碎、片面知识的劳动价值。

(六) 非商品知识转化成商品

生产者把非商品知识的劳动价值转化成商品的劳动价值,可以节约生产者支出的商品成本,节约生产者付出的劳动量,提高生产者的劳动效率,改善产品品质等,那么,就可以增加生产者的商品销售量和利润率,从而增加生产者的生产经营利润。

第七节 知识的劳动价值的"四性"

同其他劳动产品一样，知识的劳动价值也具有客观性与主观性、单方面性与两方面性。

一、客观性与主观性

(一) 客观性

人类高超的想象力源于人类的实践。虽然知识是人类的主观产品，但是，人类生产知识的社会劳动实践是客观的、自然的和物质的，作为社会劳动实践生产的知识也是对客观物质世界、社会实践的客观反映，知识的使用价值是客观的。同时，知识所凝结的人类一般劳动量也是客观的。认可不认可、吸收不吸收、使用不使用，生产者所付出的劳动量是实实在在的，知识所凝结的人类劳动量是实实在在的，是不能被抹杀、掩盖、否定的。这是知识劳动价值的客观性。

(二) 主观性

知识的真实性、科学性和实用性取决于主体（使用者）的主观认识能力，具有一定的主观性。主观认识能力强的，知识的真实性、科学性和实用性就强，使用价值、劳动价值就会更充分；主观认识能力相对差的，知识的真实性、科学性，以及使用价值和劳动价值的充分性等，也就相对差些。

劳动价值取决于需求者的判断水平、应用水平与需求程度、需求领域，取决于需求者的主观认识、愿望、判断能力。主观认识能力强的，对知识的劳动价值和使用价值的认识就强些；反之亦然。

二、单方面性与两方面性

(一) 单方面性

知识是由知识的生产者生产出来的，知识所凝结的人类一般劳动量是由知识的生产者单方面赋予、凝结的实实在在的劳动量，它通常与使用者或购买者无关，使用者或购买者并没有向知识赋予劳动量。因此，从生产的角度看，知识的劳动价值通常具有单方面性，除非需求者也参与知识的生产，也是知识生产的参与者、定制者或定向需求者。

(二) 两方面性

知识所凝结的人类一般劳动量通常需要购买者或使用者来认可、取舍、吸收和使用，其所凝结的劳动量才能转化成知识的劳动价值。而认可多少、吸收多少、转化多少，又依赖于认可、取舍、吸收、使用者的主观意愿、判断能力、认识能力和使用能力等，因此，这又使得知识的劳动价值具有一定的两面性。

第八节　知识的劳动价值的衡量

同其他劳动产品不同，知识的劳动价值似乎难以衡量。

一、理论上的可衡量性

知识的劳动价值是凝结、物化在知识中的无差别的人类一般劳动量。知识一经被人类生产出来，知识所凝结、物化的人类一般劳动量就是恒定的，理论上由生产者新付出的社会必要劳动时间决定。人的数量是有限的，人的生命是有限的，人付出的劳动量是有限的，人一生中为创造知识所花费的劳动时间不会大于他生命的全部时间，这决定了知识的劳动价值理论上是有限的，是可以衡量、测量的。

二、现实中的复杂性

由于知识的形成过程有很大的复杂性和广泛性，是社会共同实践的结晶。它不像某些物质产品那样，可以由一个人、一次性劳动形成，人的劳动形式、形态、劳动的时间、空间等具有有限性、可观察和可测量性。知识可能不是一个人在一次性劳动中形成的，而可能是很多人在长期、反复、广泛、复杂的实践中形成的，劳动者的劳动时间、空间、形式等都很复杂。理论上，知识的劳动价值是由很多人在长期、反复、广泛、复杂的劳动实践中付出的劳动量的凝结；同时，逐利性也影响生产者对自己劳动量的公开，这就增加了知识劳动价值衡量的复杂性。

三、知识劳动价值衡量的几种方式方法

(一) 定量衡量

对于那些在有限的时间、空间及劳动形式下，由有限的人员生产出来的知识，可以通过对这些人在有限的空间和时间内付出的无差别的人类一般劳动量进行测量，从而衡量出由其创造的知识的劳动价值。比如，工人进行商品生产，其所花费的劳动时间、劳动强度、劳动质量等，通常是可以测量的，以此测量其创造的知识的劳动价值量。但是，如果以此衡量创新者的劳动创造的价值，则不恰当，会影响创新劳动者的创新积极性，从而会不利于创新和社会发展。对创新者劳动创造的价值与非创新者劳动创造的价值，只能采用不同的模式和标准进行评价。

科学家们的工作在形式上虽然是独立的，但是，他们在独立的科学研究工作中，也要密切关注其他科研工作者的动态和成果动态，观察、学习、借鉴他人创造的知识。科研工作不可能是完全独立的，科研工作者不可能孤立地进行研究，而要从外界吸收知识、信息、能量等。如何认定、测量他们从外界吸收的知识、信息、能量的劳动价值？这恐怕是个难题。

(二) 定性衡量

知识是社会在共同的实践中共同形成的，凝结了社会共同的劳动实践量，可按社会参与的广泛程度、深度等定性分析知识所凝结的人类一般劳动量。这种定性分析并不是精准的衡量，只是一种粗略的认定、分析、比较、推测、判断，是模糊的。价值工程学常常采用这类方法对事物的重要程度、功效和价值等进行分析、判断，也就是对事物的使用价值进行测量。这种方法也可以应用到对知识劳动价值的测量上，如对知识创新劳动进行评级、评分，不同等级的知识创新劳动会有不同的评分。这种衡量法也免不了要考虑创新劳动的实际功效，即实际的使用价值，似乎在这种评价中少不了要考虑对使用价值的评价。

(三) 市场法衡量

尽管知识的劳动价值难以测量，但是，在社会中、在市场中，人类总能找到合理、公平、公正的衡量知识价值的方式方法，这就是市场比较法。这是最实用的、最现实的、让大家普遍接受的价值测量的方式方法，既适用于对使用价值的测量，也适用于对劳动价值的测量。

在市场经济下，知识劳动价值是通过市场比较、市场交换、实际使用、市场反馈等方式方法进行测量的，也是通过这样的方式方法实现知识的劳动价值和使用价值的。无论如何衡量知识的劳动价值，最终必须得出一个客观、公平、公正，被相关方认可、接受的结果。

其实，不只知识的劳动价值即凝结在知识中的劳动量难以准确测量的，其他产品也有同样的难题；不只劳动价值难以精准测量，就是使用价值同样也难以精准测量。就目前的情况看，只有采用市场法，才能把生产者与需求者统一起来，由双方达成合意，才能客观、公平、公正地测量产品的劳动价值，才是最合理的测量劳动价值和使用价值的方式方法，才能得出一个让大家信服的结果，因为，人是社会的人，价值是人的社会性的体现，人需要为自己、也为社会创造价值，人既向社会贡献价值，又从社会中吸取价值。只有社会评价，才能判断人的价值，才能判断人的劳动价值和产品的使用价值。

第十章 交换价值

随着生产的社会化、专业化的发展，人们通常不是为满足自己的需要而生产，而是为满足社会的需要而生产。大家都在为满足别人的需要而生产产品，产品就需要进入交换领域和市场领域，就出现了产品的交换，产品就变成了商品，就会产生比较和鉴别，形成交换价值、市场价值和价格。我们就再不能以产品的观念来看待商品。产品从生产领域转移到交换领域和市场领域，产品的价值也就从之前主要由生产领域单方面决定的价值变成了主要由交换双方共同决定的交换价值、市场价值和价格。交换价值、市场价值和价格是商品价值在交换市场中的具体呈现。

第一节　与交换价值高度相关的价值

与知识相同，交换也是人类社会特有的现象。在一般动物界，只有强夺，没有交换。交换体现了人类的文明与理性。有交换，就必然有交换价值——价格。交换价值是使用价值、劳动价值、效用价值、稀缺性价值和外部性价值等的综合评价和实现方式。价格现象，是市场经济现象的典型、核心和重点。

一、一般含义

(一) 交换价值基本含义

(1) 交换价值是不同商品之间相互交换所呈现出的某种数量比例关系。交换价值又可称商品价值、价格等。

比如，一斤大米可以交换半斤苹果，那么，一斤大米与半斤苹果的交换价值就是相等的。如果把一斤大米作为价格计量标准，那么，苹果的单价（每斤）就可以看成是二斤大米。假设用人民币计价，大米每斤1元，那么，苹果的价格就是每斤2元。因此，交换价值是有客观表现的，是可观察、可测量的。商品的质量会影响交换的比例关系。但是，为了便于探讨，这里把质量看成是能够满足对方需要的一般质量。

(2) 交换价值是双方价值匹配的结果。交换双方都有自己的价值物，又都需要交换回对方的价值物，只有对方的价值物能得到自己的认可和接受，与自己的价值需要、价值观念、价值判断和价值认同一致，才能实现交换。

(3) 交换价值是双方价值合意的结果。交换双方是自主决策、自主选择的，没有自主决策、自主选择，就谈不上交换。在自主决策、自由选择条件下，双方意见达成了一致，形成了合意，交换就可实现。

(二) 交换是商品生产活动全流程中的重要组成部分

进行商品生产，目的是为别人而生产，是为满足别人的需要而生产，因此，交换就是商品生产活动必要的组成部分。商品生产者要时刻牢记，自己生产的产品不是为自己生产的，而是为别人生产的。产品的价值只有符合他人的需要、得到他人的认可和接受，自己生产的产品才能与别人的产品实现交换，才能从别人手中换回自己需要的商品。只有通过交换，自己付出的劳动才能得到回报，才不至于损失。

(三) 交换目的

"天下熙熙，皆为利来。天下攘攘，皆为利往。"进行商品交换的人，其主要目的，一方面是获得对方商品的使用价值、效用价值、稀缺性价值、外部性价值等，而不只是获得对方商品的劳动价值。对方商品的劳动价值、使用价值、效用价值、稀缺价值、外部价值必须能满足自己的需要，并且以这些价值组合成的交换价值必须大于自己的劳动价值，但是，这只是条件、是底线，不是目的。如果交换只是为了获得劳动价值，自己的产品中就有自己的劳动价值，只要自己直接占有、使用自己的产品即可，就没有必要进行交换。如果交换价值只考虑商品所凝结的人类一般劳动量即劳动价值上的差异，而不考虑商品所具有的使用价值上的差异即不同的使用价值，那么，交换就无法发生，也没有发生的必要。人们进行交换，主要是为了获得对方商品所具有的、与自己的商品所不同的使用价值。不同的使用价值，必然会在交换中、在交换价值上体现出来。客观事实是，交换主要是为了获得对方商品的使用价值。

另一方面，进行商品交换是为了获得利润。只有获得超过自己劳动价值的交换价值，才能获得利润。只有借助商品的使用价值、效用价值、稀缺性价值、外部性价值等，而不是商品的劳动价值，才能在交换中呈现出让人信服的优势，才能获得超过自己劳动价值的交换价值，才能使自己在交换中处于有利地位，才能使自己的利益最大化。

(四) 影响交换价值的因素

交换是为了获得商品的使用价值、效用价值、稀缺性价值、外部性价值等，这是客观的、显而易见的事实和公理。谁不是为了获得商品的使用价值、效用价值、稀缺性价值、外部性价值而进行交换的呢？这些价值又受到生产商品的具体劳动的决定；具体劳动又受到劳动者的知识、技能等的决定；而劳动者的知识、技能又受到劳动者所掌握的非商品知识和商品知识如专利等的决定，不同的知识决定了不同的具体劳动。专利属于商品知识，购买专利就是使用商品知识。而知道有专利，知道购买专利、使用专利、把专利与生产需要有机融合起来等，则可能属于非商品知识范畴。也就是说，即使是使用商品知识，也需要掌握一定的非商品知识。况且，有些劳动者自己就能创造专有知识，而不只是购买专利。

从现实看，价格即交换价值不仅受到劳动价值的影响，而且受到使用价值、效用价值、稀缺性价值、外部性价值等更多元、更复杂的价值因素影响，包括商品客体的客观因素和交易双方主体的主观因素，以及政治因素、政策因素、社会因素等。

(1) 使用价值。获得使用价值是交换的主要目的，因此，使用价值是影响交换价值的主要因素。通常使用价值越大，交换价值也就越大。反之亦然。

(2) 劳动价值。即商品所凝结的人类一般劳动量。交换价值必须能够弥补生产者为生产商品所付出的人类一般劳动量，否则，劳动力再生产就难以为继，生产者或需求者就不愿意交换。比如，农民种粮食，如果无法弥补他付出的劳动量、生产成本，他就会把土地撂荒。

(3) 效用价值。商品的使用价值是理论上的，而商品实际上还有一个效用价值，也就是实际的使用效果。如果实际使用效果好，商品的交换价值就好；如果商品的实际使用效果不好，那么，商品的交换价值也就不好。

(4) 稀缺性价值。当商品的需求大于商品的生产和供给，导致商品供不应求，就出现稀缺的状况。在市场经济下，必然出现价高者得的情况。这就出现了需求者对生产供应者转移自己的价值的情况，也是生产供应者应得的交换价值、商品应有的交换价值，这有利于鼓励生产和供应。

(5) 外部性价值。不同的商品有不同的外部性，有的外部性好，有的外部性差，有的甚至是负外部性。获得并使用某种商品，就获得并使用该商品的外部性。获得了好的外部性，就获得了好的价值。外部性好的商品，其交换价值自然会相对高些；外部性差的商品，其交换价值自然会相对低些。

(6) 交换双方情况。交换价值由交换双方的具体情况共同决定，包括双方的交换意愿、承受能力、交易技巧、价值观念等。

(7) 产品一旦进入交换领域，由产品变成商品，通常，其所具有的价值就转化成了交换价值、商品价值的角色。交换价值不再由生产方单方面决定，而是由生产方与需求方共同决定；不再由该商品的生产者及其付出的劳动量单方、单因素决定，而是由交换双方、多因素共同决定。劳动量不再是商品交换价值的唯一影响和考虑的因素，而只是众多影响因素中的一种。需求方对商品使用价值、效用价值、稀缺性价值、外部性价值和劳动量的认识、判断情况，以及需求层次、需求程度、承受能力等，都决定着交换价值。生产商品的劳动量大的，交换价值不一定就高；劳动量低的，交换价值不一定就低。商品各有所长，买卖双方也各有所需，就看买卖双方需要的价值能否对接上。

(五) 交换价值构成

交换价值对需求方来讲必须是有意义、有作用、可使用的价值；对生产方来讲，必须是自己的劳动付出能够得到合理回报的价值。商品具有的劳动价值、使用价值、效用价值、稀缺性价值、外部性价值等对需求方来讲是有价值、有意义的，因此，它们是交换价值的构成部分，如下图所示。

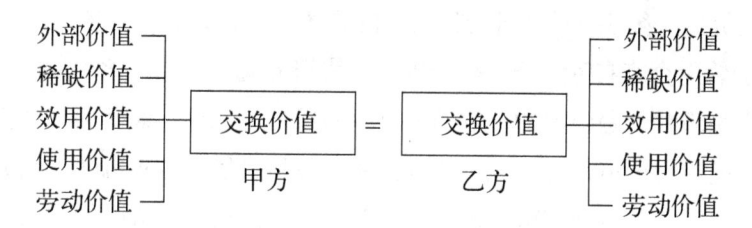

```
外部价值 ┐                              ┌ 外部价值
稀缺价值 │                              │ 稀缺价值
效用价值 ┼─ 交换价值 ═ 交换价值 ─┼ 效用价值
使用价值 │      甲方          乙方      │ 使用价值
劳动价值 ┘                              └ 劳动价值
```

可用简单的等式表示为

交换价值 = 劳动价值 + 使用价值 + 效用价值 + 稀缺价值 + 外部价值

(1) 劳动价值就是凝结在商品中的无差别的人类一般劳动量。商品是由人的劳动生产出来的，可以代替他人的劳动，节约他人的劳动。劳动价值是劳动量的实际付出，是交换价值底线，低于这个底线，交换就很难发生，或很难继续发生。对于同种商品，劳动价值即劳动含量越低，就越具有竞争优势。

(2) 使用价值。商品有具体的使用功能，能够满足他人的需要，具有使用价值，且他人又无法生产；即使能生产，也可能成本过高、不经济。优质的使用价值在交换中可以转化成理想的交换价值。

(3) 效用价值。商品对需求者来讲是有某种实际效用的，而不是单纯的

"摆设"。效用价值与使用价值不同，使用价值是商品与生俱来的客观属性，而效用还取决于需求者的需求程度和使用程度。效用价值要求商品生产供应量要适量，供过于求或供不应求都会影响商品的效用价值；要便于使用，注重改善用户体验；使用要适当，不当的使用也会影响商品的效用价值。因此，效用价值可以看成是对使用价值的某种函数，为计算和理解方便，将两者并列，并用加法式来表现，它有正值和负值。

(4) 稀缺性价值。物以稀为贵。稀缺性可带来或提高商品的交换价值。当城市空气被污染后，空气清洁的农村就会成为人们的向往。

(5) 外部性价值。外部性价值越正向越大，商品的交换价值也就越大。

从生产者角度看，劳动价值和使用价值是交换价值之源，是效用价值、稀缺性价值和外部性价值的根本。效用价值、稀缺性价值和外部性价值是劳动价值和使用价值的外部延伸。

二、交换价值与相关价值关系

劳动价值、使用价值、效用价值、稀缺性价值（简称稀缺价值）、外部性价值（简称外部价值）等是交换价值的基础。交换价值是劳动价值、使用价值、效用价值、稀缺价值、外部价值等的具体且综合的体现和量化。

由于效用价值有时大于、等于或小于使用价值，因此，效用价值与使用价值的大小关系并不是固定的。效用价值区间通常与使用价值区间有交集、重叠的情景。而交换价值则是首先要体现商品的使用价值、效用价值、稀缺价值和外部价值，而不是体现其劳动价值，因为，劳动价值不是人们的追求，不是人们交换的目的，并且，商品的劳动价值也是需求者不了解、不知情的，商品出售者通常为了获得更多利益而有意隐瞒或夸大生产商品时所付出的人类一般劳动量，从而期望获得更多的利益。站在购买者角度，你（生产者）的商品亏不亏损，我并不关心，我只关心你的商品对我有没有用处。商品的使用价值是供他人使用的，是不该隐瞒、不能隐瞒的，也是无法隐瞒的。因此，交换价值通常处在劳动价值之上，高于劳动价值，受劳动价值、使用价值和效用价值共同影响。

劳动价值通常处在价值的底层。注意"通常"这两个字，是指正常的大概率事件。使用价值和劳动价值是固定不变的，而效用价值才是变动的，忽高忽低的。效用价值有时高于使用价值，有时低于使用价值，有时甚至低于劳动价值。交换价值即价格通常在劳动价值之上的区间内波动，有时但很少跌破劳动价值这个底线。如果跌破了这个底线，就会出现大量的老板、生产者无法收回投资，无法实现生产的再循环，从而出现自己越生产、财富却越减少的窘境。

(一) 交换价值与使用价值关系

使用价值是商品与生俱来的客观"天然"的属性，它比交换价值更早存在。使用价值是交换价值的前提和条件。商品若没有使用价值，也就不可能被用于交换，也就没有人愿意与之交换，就没有交换的另一方，也就没有交换价值。在市场经济下，交换的一方为获得理想的使用价值，达成自己的目标，就必须付出相应的交换价值；否则，无法获得理想的使用价值。这就是交换法则。在这个法则的支配下，使用价值就转化成了交换价值。使用价值越大，交换价值越大。使用价值越优良，交换价值也就越大。

(二) 交换价值与劳动价值关系

没有劳动，就没有商品，就没有交换的发生。劳动价值是商品中所凝结的人类一般劳动量，它早于交换价值而呈现。劳动价值即劳动付出得到回收，是确保劳动力能够实现自身简单的生产和再生产需要的最低补偿，因而具有很强的刚性。确保劳动力简单的生产和再生产，是商品交换价值底线，即商品价格底线。因此，劳动价值即劳动付出量，是交换价值的底线，是交换价值的最低目标。低于这个目标，就会出现亏损，交换就会停止，就没有人愿意生产商品，商品生产与供应就会停止。如果这个底线得不到有效守护，那么，不仅商品生产活动会停止，劳动力简单的生产和再生产也会停止。因此，我们看到，经济危机时，因为牛奶价格太低，突破了劳动价值底线，导致奶农不得不把新鲜的牛奶倒入下水道，先期进入的奶农可能赚到了钱，而一些后期盲目投资、跟风进入的奶农，他们的生产和生活可能因此陷入困境。实际上，正常情况下，交换价值高于劳动价值底线，才能使生产者的收入越来越多。

交换不只是为了获得劳动价值，还为了获得使用价值、效用价值、稀缺价值、外部价值等。奶农卖奶是为了获得货币收入即货币的使用价值、效用价值、稀缺价值、外部价值。喝奶、用奶的人购买牛奶也是为了获得牛奶的使用价值、效用价值、稀缺价值、外部价值。但是，使用价值只有实际使用时才能呈现，而交换价值通常发生在使用价值被实际使用之前，因此，交换价值与使用价值有时也存在脱节的情况。使用价值有可能得到真正的使用和实现，也有可能无法得到真正的使用和实现。无法得到使用的商品，就没有使用价值，效用价值就可能是负值。交换价值高于劳动价值底线，也就是说，使用价值、效用价值、稀缺价值、外部价值等在交换价值中发挥了作用，在价值构成中的位置层次方面高于劳动价值，处在劳动价值这根底线的上方。

(三) 交换价值与与效用价值、稀缺价值、外部价值关系

交换者不仅看商品的使用价值，还要看商品的效用价值、稀缺价值、外部价值等，这些价值在交换中也能转化成交换价值，成为交换价值的重要构成因素。

(1) 虽然交换价值大多早于效用价值而呈现，但是，效用价值也是交换价值的基础，因为有时购买者或使用者会对商品先试一试、尝一尝，看看对自己有什么具体真实的使用价值和效用价值，自己需要购买多少商品。比如，我们上街买菜，通常是根据自己的需要量而购买，以最大限度地发挥自己的货币和所购买的商品的使用价值、效用价值等，避免买回不用，造成浪费；或者，看到生产者或出售者的演示，或者看到别人的实际使用，有效果，然后才决定自己是否正式地购买、使用。效用价值越大，交换价值也就越高；反之亦然。

(2) 相对于需求来说，如果有效供应不足，就会造成商品的稀缺性上升，造成商品价格上涨，造成交换价值提高。也就是说，稀缺价值会在交换中转化成交换价值。稀缺价值转化为交换价值，可以刺激生产和供应，从而最大可能地满足人们的需要。

(3) 正外部性价值在市场中同样可以转化成商品的交换价值。外部性价值即外部价值虽然一般不被主体占有，但是在市场中，商品拥有正外部性价值，可以丰富和满足人们的某种精神文化需要，可以吸引人们对该商品的需求，从而使外部性价值转化为商品交换价值的一部分，转化为商品价值。通常，正外部性价值越大，商品的交换价值也越大。生产者一般不会故意生产有负外部性的产品，但可能会有意隐瞒商品的负外部性。如果外部性价值是负价值，那么，会损害人们对该商品的需求，从而损害商品的交换价值。

(4) 交换的目的通常是具体、明确的，就是获得对方商品的使用价值、效用价值、稀缺价值和外部价值。交换价值通常是以劳动价值、使用价值、效用价值、稀缺价值和外部价值为基础的，是劳动及商品的使用价值、劳动价值、效用价值、稀缺价值和外部价值的重要实现方式。有些情况下，交换者只考虑获得自己想要的某种使用价值或效用价值，而忽视了商品的其他使用价值或效

用价值；只看到商品使用价值、效用价值中的"树木"，而没有看到商品的劳动价值、使用价值、效用价值、稀缺价值和外部价值的"森林"。也就是说，交换价值有可能体现的是商品的全部使用价值、劳动价值、效用价值、稀缺价值、外部价值，也有可能只是体现商品部分的劳动价值、使用价值、效用价值、稀缺价值、外部价值。即使是在交换时以商品的全部劳动价值、使用价值、效用价值、稀缺价值、外部价值为交换对象，在使用时，也不一定完全使用了该商品的全部劳动价值、使用价值、效用价值、稀缺价值、外部价值。比如，农民种水稻是为了收获水稻，但是，在收割水稻时，很难做到颗粒归仓，总会有些稻穗落入稻田而没有收回。即使是收回了，也会在后续的使用中有些损失，比如餐桌上的浪费。

效用价值是商品实际使用后的实际作用、效果和感受，因此，交换价值通常是发生在效用价值产生之前，而不是之后的。这就造成了效用价值与交换价值脱节，两者可能不完全一致的情况。实际的效用价值可能大于或等于或小于交换时预想的效用价值，三种情况都可能存在。许多情况下，交换价值中的效用价值也只是预想的效用价值，而不是实际的效用价值。

(5) 尽管使用价值是交换价值的前提，但是，劳动价值仍然是人类生存和发展的基础条件，是人类一切财富的源泉，劳动价值通常会对价格发生基础性作用。

当然，这里只是就交换价值与使用价值、劳动价值、效用价值、稀缺价值、外部价值之间的关系做简单的说明，但现实不会仅限如此。事实上，交换价值不只与上述几个方面有关，而是与更多、更复杂的方面有关，甚至与价值观、认识习惯等有关。我们的思维决不能仅限于这几项价值。比如，中央电视台农业节目中有个事例。在河南省夏邑县，有个叫王飞的青年农民，他用优质桃树做砧木，与优质杏苗进行嫁接，结出了个大味美的桃杏。王飞本以为可以卖个好价钱，可是，市场并不认同，以为他施用了"激素"——果实膨大剂。当年，全部的果子都只能免费送人吃。经过他广泛、耐心的宣传，第二年，他种出的果实才被市场接受。

(四) 交换价值与与非商品价值关系

非商品价值与交换价值有什么关系呢？其实，非商品价值一旦被吸收和使用，就会融合到商品生产和商品价值中，很多时候再也难以从商品的交换价值中分离出所吸收和运用的单纯的非商品价值。

(1) 当非商品价值被吸收后，非商品价值被劳动者吸收，构成了劳动者的劳动能力、劳动生产力和劳动效率，影响劳动者的劳动生产能力和劳动生产效率，影响劳动者的产品生产成本，并在生产产品时，转化和构成商品价值，因此，它同时也就构成了商品的交换价值和价格。在以货币为商品交换媒介时，出售商品方可能认识到自己商品所凝结的非商品价值，就会以较有利于自己的价格出售；而货币支付方如果看到对方商品所具有的某种超值的非商品价值，也可能愿意支付更多的货币以获得该商品的非商品价值。

(2) 形成商品品质优势。比如，生产者对产品进行了更多的人性化设计，将社会审美观、价值观、道德观等融入产品设计和生产中，会大大提升产品品质，从而增加社会亲和力；或者销售人员及销售策略、方法等很人性化，那么，也会有利于产品的市场销售。

(3) 形成价值增值优势，也就是形成使用价值、效用价值、稀缺价值、外部价值等方面的优势。但是，这一命题的逆命题并不一定成立，也就是说，增值优势并不一定是由非商品价值形成的，而可能是由劳动价值、使用价值、效用价值等形成的。

(4) 形成成本优势。利用更多的非商品价值进行商品生产，会降低自己的商品生产成本，从而有着交换成本和价格优势。

(5) 形成市场优势。比如，把准了政策和市场机遇，利用政策和市场风口，获得政策支持，抓住市场需求，从而使产品得到市场接纳。

(6) 非商品价值成为利润的重要部分。运用非商品价值，去生产某种产品或商品，可能产生商品使用价值优势、成本优势、交换价值优势和价格优势，并可能形成利润优势。

(7) 非商品价值可能成为交换实力的一部分。非商品价值可能体现在交换者所具有的某种交换优势、交换实力方面，从而使其在交换中具有显著的交换支配力和交换价格决定权。

(8) 非商品价值可以让交换者找到理想的交换对象。商品生产和交换要避免盲目性，就必须找到理想的交换对象，才能达到生产和交换的目的。而非商品性市场信息、外部性宣传、交换方式方法等通常有利于交换者找到理想的交换对象，从而可以让非商品价值融入交换劳动和交换价值中。

三、交换价值外延

交换价值不是纯理论概念,而是以实践为依据的概念,是实实在在发生的,是可观察、可度量的。在人类社会实践中,一切可以实现交换的东西,都存在交换价值。交换价值以实际交换为表现、以实际交换价格为呈现,而不是以理论化的分析、判断为呈现。

四、交换中的比较——交换价值形成的重要机制

(一) 横向比较

(1) 与同类生产者比较。生产者会观察学习同行、货比三家、博采众长,会与同行、同类商品的其他生产者进行比较,既观察、比较他人的商品质量、性能、效果、价格等,又比较他人的生产成本、生产工艺、生产效率等。在观察中比较,在交流中比较,在比较中借鉴,在比较中判断,看各自有什么优势和劣势。

(2) 与同类销售者比较。看同类商品在市场上各自处于什么样的质量、技术水平,各自的优势与劣势如何,销售策略如何,能够满足人们什么样的市场需求,商品的价格如何,采取了什么样的销售策略、价格策略等。

(3) 了解需求者的评价。即了解购买者、使用者的意见和建议,了解他们对同类商品进行的比较,看他们对同类商品的实际使用效果、价格、售后服务等情况如何评价,各商品的优势和劣势如何。

(二) 纵向比较

看新商品与旧商品之间的功能差异、技术差异、劳动差异和市场差异等,分析判断新商品可能的交换价值。

通过全面的比较和分析,判断和确定商品的交换价值。

(三) 内向比较

即与自己的生产能力、承受能力进行比较,与自己的需求目标进行比较。

(四) 比较是交换价值的形成机制

交换价值既不是由生产者决定,也不是由需求者决定,而是由供求双方,甚至包括无利害关系的第三方等在市场中反复比较后达成的共识,这就是交换价值形成的机制。这个机制与劳动价值形成机制不同。产品进入市场、进入交换领域,既要尊重劳动价值由商品所凝结的无差别的人类一般劳动量的劳动价值形成机制,又要尊重商品的市场价值、交换价值由市场机制决定的现实,尊

重商品不同的使用价值、效用价值、稀缺价值和外部价值对价格的影响,并把两种机制、多元价值有机地统一起来、融合起来。

第二节 交换价值实现的条件

一、有交换的现实需求

因为有资源禀赋不同、个人因素不同,因为有社会分工,劳动者们生产出了不同的商品。为了获得与自己的商品有所不同的商品,满足自己的某种需要,人们需要进行商品交换。因此,交换的主要目的是获得对方商品的某种使用价值,满足自己的现实需要,而不是为了获得对方商品的劳动价值。就需求方而言,如果对某种商品需求越强烈,而自己又无法生产该商品,那么,就会愿意付出更多的交换价值。就出售方而言,如果出售的意愿相对更强烈些,那么就会降低交换价值出售。但是,劳动者都希望通过交换后,自己付出的劳动量没有损失,这是底线。

二、有可供交换的商品

可供交换的商品就是交换的对象,也是交换价值的载体。有了交换对象和交换价值载体,交换价值才有落脚点,才有依存物,才可以进行实实在在的交换。

商品有有形商品和无形商品,即物质商品和非物质商品。

三、有差异化的使用价值

所交换的商品必须具有使用价值或效用价值,能满足对方的实际需要。有些商品,即使有很好的使用价值,但是,如果不能满足对方的需要,那么,也无法实现其交换价值。比如,夏天,一群在烈日下行路的人饥渴难耐,如果你向他们推销保暖衣,他们是不会搭理的。但是,如果你向他们推销饮用水,他们就会乐意围观。

所交换的商品仅有使用价值或效用价值是不够的,必须是自己有而别人没有、别人又需要的商品。也就是说,商品的使用价值、效用价值、稀缺价值、外部价值等必须存在差异,这种差异必须是对方需要的,能够满足对方的需要。更进一步地讲,生产者之间存在差异化的资源、差异化的技能及差异化的生产劳动,这就是市场下的社会分工与合作。

四、有交换双方

价值可以单方面认同，交换价值则需要双方认同。

交换必须有交换双方，交换价值只有在双方都认可、接受的情况下才能实现，因此，交换价值是交换双方博弈的结果。这与劳动价值由生产商品的无差别的人类一般劳动量决定，以及前面所阐述的价值只需要单方认同、接受、吸收、使用即可单方面实现的情况不同。在市场交换这个大环境下，交换双方必须都对对方的商品感兴趣，有需求，能接受对方产品。如果仅有一方，交换就无法发生，交换价值也就无法产生。

有交换双方，并不表明双方的商品存在"过剩"的情况，而是因为双方都需要得到对方商品的使用价值。比如，渔民将捕得的鲜鱼拿到市场上去卖，换回了一些货币，就是为了获得货币所具有的使用价值。过去有一种说法，就是"买鱼的人吃鱼王，卖鱼的人吃鱼肠。"意思是说，卖鱼的人总是把最好的鱼肉卖掉、把最大的鱼卖掉，自己只能吃人家不要的小鱼、鱼肠。其实，卖鱼的人也想吃鱼肉，但是条件不允许。渔民家里还需要购买其他商品，只有把好鱼肉卖掉，才能换回更多的货币，渔民才有条件去购买其他商品。

五、有信息扩散（外部性）

交换双方应当有适当的表达交换意愿的方式、合适的交换方式和适度的交换成本。卖方要能知道有买方，买方要能知道有卖方。卖方的交换信息要能够抵达买方，买方的交换信息要能够抵达卖方。双方相互理解对方的交换意愿、交换的产品。交换双方的意愿、产品要有外部性，即向外部表达交换的内心真实意愿、交换意愿信息能够得到有效的对外扩散，双方的产品要能够让对方认识、了解。如果一方不了解另一方的交换意愿，表达内容得不到对方的理解，交换也难以进行。交换成本也要适度。如果交换成本高过商品最终的交换价格，生产者就宁愿把商品扔掉，也不会出售。比如，如果芹菜的市场价格只有1角，而运输芹菜到市场的费用达到2角，那么农民情愿让芹菜烂在地里。

六、有交换场所

交换场所即狭义的、传统的市场。传统的市场，是人们在长期的生产和生活实践中形成的约定俗成的商品交换场所。交换双方在哪里表达自己的交换意愿、在哪里进行商品交换、需要什么样的交换媒介、通过什么样的方式完成交换，这都是交换场所必须具有的功能。交换场所必须有助于交换的进行，必须便于交换。

在一些自然经济区域内，所交换的商品不够丰富，交换范围较小，通常是熟人之间的交易、小范围之间的交易。这种交易，有时并不需要借助固定的场所，而只需要双方约定即可进行交易。

在一个较长的社会和平稳定、政治开明时期，社会自由自主交流日趋广泛，并向社会实践的各个方面渗透，知识、技术、信息得到发展和传播，交通顺畅，生产快速发展，商品极大丰富，交易频繁、活跃，有形市场在各地快速兴起、蓬勃发展，这些有形市场又助力了商品生产和市场经济的发展。

市场经济是商品经济高度发展、发达的经济。在市场经济背景下，由于信息纷繁复杂，交换的实现，需要有相应的简洁的、便于交易的通道或平台，这就是相应的市场。市场是人们在长期的、习惯性的实践中形成的较为固定的交易场所和交易行为、交易关系、交易规则的总称，它需要有法律、规章、规矩、规则规范约束引导交易双方的权利和义务。没有规则，就没有市场经济。因此说，市场经济就是法治经济。

过去，是"一手交钱、一手交货。"今天，交换场所、交换方式已发生了巨大的变化。网上看货、订货、网络支付、结算、工厂发货、快递送货，使得交换场所不再是原来的交换场所，出现了商流、物流、资金流、信息流相互分离的现象。当然，随着物联网和二维码等技术深入应用，一边取货、一边手机扫码付款、刷脸支付的超市购物付款新模式也正在兴起。

交换场所通常以最利于方便交换、降低交换成本（包括风险）为目标。如果交换场所不是最经济的，导致交换成本过高，交换场所恐怕也难以形成市场气候，或者需要变更、改善交换场所。

七、对商品的相互了解

交换双方通常不是盲目的，而是需要对对方商品有某种程度的了解，才进行交换。

就目前的现实来看，网店销售的商品，通常有赖于对实体店商品的了解与体验。许多人是先到实体店看货、试货，并记下所看中的商品品牌、系列号、条码、二维码等，然后上网查看网店的同款商品，再决定是到实体店购买还是网上购买。因此，实体店通常为网店扮演了体验店的角色，自己却无法实现交易，这恐怕是实体店最无奈的奉献。这种情况也符合市场规则。这会逼迫实体店以及供货商之间对合作等进行某种调整。当然，随着技术进步，这种情况会有变化。

八、有双方互信

商品经济就是诚信经济，双方互信是交换成功的重要条件。谁先交付商品，谁后交付商品，商品如何使用，商品的质量、性能是否有保障，商品情况能否达到宣传或预期的效果，商品出现质量问题之后如何处理，等等，都需要建立在互信基础上。互信不是凭空而来的，而是需要实践的积累，需要经过实践检验。

欺骗、欺诈式交换会损害交换的可持续性。

九、法律制度

随着交换推广，交换规则就出现了。市场经济是法治经济，必须有各种各样的共同规则，必须有法可依、有法必依、违法必究。所有人都要遵守市场中的法律制度，否则，市场经济将是混乱不堪的。政府要健全法律制度，完善市场机制，当好市场经济的守护神，促进市场公平有序健康发展。市场的秩序、法治状况如何，体现的是政府的职责履行得如何。

第三节 交换类型

一、不同形态商品交换

(1) 劳动—劳动交换。这是最"原始"、最直接的交换。比如，农民之间相互"换工"，今天你帮我割一天谷，明天我帮你割一天谷，用"换工"的方式进行劳动与劳动的交换。

(2) 劳动—物交换。年末，渔民帮老板捕鱼，老板按劳动时间或按捕获量，给渔民多少斤鱼，以抵作劳动报酬。

(3) 劳动—货币交换。商业社会，这种情况较为普遍。工人帮老板打工，老板按月给工人发工资，这些工资通常是用货币形式发放的。

(4) 劳动—权力交换。劳动创造权力。许多人积极为参选人服务，支持某个参选人，该参选人成功当选后，当选者就会对某些支持者委以职位，让其获得某种权力。劳动者进行劳动权利斗争，从而获得了许多应得的权利，比如，收入权、财产权、公民权、选举权与被选举权等。

(5) 劳动—信息交换。信息不是天然可得的,获得信息需要付出劳动。常言道"隔行如隔山",意思是说,不干一行,就不知道一行的情况,就不懂一行的技术。比如,从事电工,就有条件获得电工行业方面的信息;从事销售,就获得了销售方面的信息。师傅带徒弟,徒弟为师傅劳动通常是无偿的,师傅就愿意把自己的技能传授给徒弟。

(6) 劳动—能量交换。劳动与能量的交换,比较罕见,但是,也客观地存在着。比如,以前在供热公司上班的职工,享受着"近水楼台先得月"的供暖条件。

(7) 劳动—感情交换。丈夫为家庭承担更多的劳动,女婿在丈母娘家多干些事等,都是以劳动换感情。付出了劳动,得到了称赞,也是一种劳动与感情的交换。

(8) 物—物交换。用一种物质商品去交换另一种物质商品,就是物物交换。比如,用一斤大米去换半斤苹果,就是物物交换。这种交换在货币经济不发达的社会广泛存在。

(9) 物—货币交换。市场上的交换主要是物与货币的交换。今天,我们所见到的市场交换,几乎都是有形的物质商品与货币的交换。货币大量存在于交换中,充当起了交换的主要媒介,使得交换更为便捷。

(10) 物—权力交换。最典型的是腐败交易行为。比如,送几条好烟、几瓶好酒给当权者,就可以获得当权者的提拔或批文。这种交易是公权力的滥用和腐败行为。与公权交易不同的是私权交易,比如,肖像权的有偿使用和出卖,是私权的依法平等交易和使用。

(11) 物—信息交换。就是交换对象一方是物,另一方是知识、信息等。比如,过去,中国私塾里的老师,通常不收农村贫困学生的钱(银两),只收粮食,就是家长用粮食这个物换老师传授的知识。

(12) 物—能量交换。火电厂要烧煤,煤厂要用电,双方可以相互交换自己的产品。炼油厂要用电,电厂也要用油,双方可以进行产品互换。

(13) 物—感情交换。感情靠什么建立?除了真爱、真付出外,还必须有一定的物做载体。子女去看望父母,不能总是空着手,也会带些父母需要的、喜爱的物品,这既是对父母的孝敬,也是父母与子女感情的重要载体。父母与子女如此，其他人之间更会如此。男士如果不送物品给自己喜爱的女士，不用物传递、表达感情，感情如何体现？

(14) 货币—货币交换。国与国之间的货币互换、民间的货币兑换，都属于货币与货币的交换。货币与货币的交换比率，即汇率，不仅受劳动价值影响，更受货币使用价值、效用价值、稀缺价值、外部价值等的影响。

(15) 货币—权力交换。钱权交易就是如此。这个权力，既包括公权力，也包括私权力。公权力包括特许权，比如特许经营权。

纳税人的税费负担有多重、公共财力中有多少被用于改善民生，取决于民主权利能在多大程度上发挥作用。

(16) 货币—信息交换。通常是用货币购买信息，比如，购买专利权、商标使用权、著作权、专有技术等。现在是"信息爆炸""知识爆炸"社会，用货币购买信息、知识，或者用信息、知识卖钱的情况相当普遍，而且，已成为新的交易类型和新的经济热点，比如付费阅读。

(17) 货币—能量交换。"电是商品，用电须付费"这句广告词一般人耳熟能详。水电、核能、风能、太阳能、潮汐能、地热能等，都需要用货币购买。生产环保能源的企业甚至能得到政府的货币补贴，当然，这种补贴含有部分环境价值。

(18) 货币—感情交换。中国汶川大地震后，沙特、巴基斯坦等国家大力相助，这体现了他们的国际主义精神、人道主义精神，体现了对中国人民的深厚友谊。

"人情债"是社会普遍现象，世界各国都一样，天下大同。亲朋好友、同学、单位同事有喜事，大家都送去祝福，并凑个分子钱去喝喜酒，是在所难免的。

(19) 权力—权力交换。今天的权力结构是靠权力斗争出来的。没有权力斗争就没有权力的让渡与均衡。改革放权、权力调整等权力的再分配，是权力与权力制衡、交易的结果。

(20) 信息—信息交换。国家与国家的情报部门之间互换情报、共享情报。朋友之间、同行之间分享信息、知识。

交换双方掌握的信息存在数量、质量、结构等方面的差异，这就是信息不对称。信息不对称，会对人们判断商品的使用价值、效用价值、稀缺价值等产生影响，进而影响人们对交换价值的判断。

(21) 信息—能量交换。信息产品也是劳动产品。采集、处理、传播信息，需要消耗劳动量、消耗能量。信息和能量都可以是有偿使用的。信息生产单位和能量生产单位可以进行直接的交换。比如，电信部门、有线电视部门可以与供电部门协商，实现信息使用费与电费互抵。

(22) 信息—感情交换。友谊建立在真诚基础上，"朋友之间道不得假"。两个人如果有较深的友谊、感情，就会无话不说，会把最新、最真实的消息告诉对方，而这又会加深两人之间的感情。

(23) 能量—能量交换。炼油厂、水电、光伏发电、风力发电、核电、火电与供热企业之间，可以相互抵扣费用。

(24) 感情—感情交换。人与人之间靠的是感情联系。没有感情，人与人之间就没有联系。即使是双方做买卖，也要有一定的亲和力及审美观、价值观等方面的认同度。

二、不同档次商品交换

(1) 高档商品与高档商品交换。高档商品通常有很丰富的使用价值、效用价值、稀缺价值、外部价值，但是，不同的高档商品，它们具体的使用价值、效用价值、稀缺价值、外部价值的内容是不同的，这使得不同的高档商品是可以实现交换的。

(2) 高档商品与低档商品交换。高档商品的使用价值、效用价值、稀缺价值和外部价值的比重通常比较高，而低档商品则相对低些。两者交换，也是各取所需。特别是有些情况下，对高档商品的需求，有助于提高需求者的知识、技能和品位，促进劳动力扩大再生产，促进劳动生产力提高，促进社会生产力均衡。

(3) 低档商品与低档商品交换。两者的使用价值、效用价值、稀缺价值和外部价值比重都比较低，劳动价值比重都比较高，两者交换，通常是为了满足基本的生活和生产需要。

现实中、实践中，还有很多类型的交换，难以一一列举。

需要说明的是，上述交换类型只是理论上的、单纯性的，现实的交换可能是多种类型的复合、混合，交换价格就是这种复合、混合结果的呈现。

第四节　交换的失与得

一、交换的失

物质商品拥有者在交换的时候，需要把自己拥有的物质商品移交给对方，自己因此失去了此物质商品，即发生交换对象互换的情况。比如，甲用一斤大米交换乙半斤苹果，双方就需要互换商品，交换双方就会失去自己原来拥有的物质商品，而换得对方拥有的物质商品，因此，"失"的是自己原来拥有的物质商品，只有这样，才能得到对方的商品。

二、交换的不失

有的时候，交换并没有使自己失去交换对象。

(一) 劳动量不失

甲用大米与乙交换苹果，他们所付出的劳动量即劳动价值都没有失去，而是通过换得的商品继续拥有着，因为，同为低端商品，它们的交换价值包含的主要是劳动价值，它们的交换一般遵循劳动价值相等的交换原则。如果交换导致一方换回的劳动价值比自己付出的劳动价值少，那么，这对一方来讲就是劳动价值的损失，是不划算的，"吃一堑，长一智"，下次再也不这样交换。所有商品都凝结有人的劳动量，换得了该商品，就获得了其中的劳动量，自己付出的劳动量也就没有失去。

(二) 知识不失

比如，专利技术拥有者把专利技术卖给他人，卖技术的人其实并没有失去专利技术，只是卖者不得把专利技术再卖给他人而已。涉及知识信息等的交换，通常不会让知识信息的出售者失去其所拥有的知识信息，因为，知识是可以复制的。换得知识的一方其实只是获得了知识的复制权和知识的使用权而已。要想获得知识真正的所有权，还得自己创造知识，让自己成为知识的原创者。物质商品交换同样如此。

(三) 付出的商品成本不失

通过交换，把自己付出的成本收回来了。比如，卖馒头的人，通过卖出馒头，把购买面粉的成本收回来了。

(四) 知识递增、能力递增

交换的失与得也印证了劳动力在实践中获得的知识是递增的，同时，原有劳动能力还是能保持的，甚至能新增部分劳动能力，使劳动能力呈递增态势。

(五) 有利于扩大生产

交换对于双方来说，如果都只是劳动价值的等价交换，即劳动付出量的等量交换、付出多少劳动量就换回多少劳动量，那么，这样的交换对双方来说，都只是简单的交换，都只能满足双方劳动力简单的生产和再生产，而无法因为交换而为劳动力扩大的生产和再生产创造条件。只有从交换中得到自己想要而自己又无法生产的东西、得到比自己去生产要更好、更高效、更划算的东西、得到对自己有益的东西，如知识、信息、技能等，才是有益的交换、扩大的交换，才能有利于劳动力扩大的生产和再生产，才有利于企业扩大再生产。

三、交换的得

(一) 得到需要的价值

交换就是要获得对方商品的劳动价值、使用价值、效用价值、稀缺价值和外部价值等。通过交换，双方都得到了对方商品的劳动价值、使用价值、效用价值、稀缺价值和外部价值等，特别是得到了对方商品的使用价值。

(二) 得到对方知识

得到了对方商品所承载的知识、技术、信息等的使用价值和劳动价值，得到对方商品的外部性、行为的外部性，得到了对方的价值观；通过交换，增进了双方的相互了解；并且，得到交换过程中的经验、体验，得到市场信息等。也就是说，通过交换，要能增长自己的知识。简单、低端劳动力，通过产品或劳动交换，就可以取得他人商品中的知识，如图书、技术资料等，就可以学习他人商品中的知识，吸收、应用他人商品中的知识，就有可能成为高端的、扩大的劳动力。

(三) 获得盈利

通过交换，可以把自己的劳动转化成商品，转化成商品性财富、货币财富等。通过交换，在扣除成本和劳动付出后，还可能得到了一定的盈利，也就是可能赚到了钱。

四、交换价值构成的非对称性

交换双方都是为了获得对方商品的某种价值而进行交换的。虽然交换双方讲究市场交换价值相等的等价交换原则，但是，对于双方商品的价值构成来说，即对于交换双方各自商品的劳动价值、使用价值、效用价值、稀缺价值、外部价值等，不一定是一一对应等价的。有些交换双方的交换价值构成项目是一一对应等价的交换，有些并非是一一对应等价的交换，而是存在非对称、非对应、非等价交换，即可能存在某个或某些项目价值比重高，而另外一些项目价值比重低的情况。至于哪个交换是非对称、非对应、非等价交换，需要具体问题具体分析。通常，常见的产品的劳动价值比重要高些，不常见的新产品、稀缺产品的使用价值、稀缺价值、外部价值等的比重要高些。总体上看，用常见商品交换新商品，获得新商品的一方得到的使用价值、效用价值、稀缺价值、外部价值等相对获得常见商品来说要多些，而得到常见商品的一方获得的劳动价值会相对多些。而且，不对称、不等价交换通常不是静止的、固定的、稳定的，而是变化的、变动的、发展着的，是不断被均衡的。因而，对于不对称的交换，还必须发展地看，动态地看、长时间地看。也就是说，等价交换的两种商品，虽然交换价值上是相等的，但是它们在劳动价值、使用价值、效用价值、稀缺价值、外部价值方面可能是不相等的，这可称为"等价不等效"。最典型的"等价不等效"是"一字值千金"。"字"与"金"是不同的产品，金历来都是很贵重的产品，但是，比黄金更贵重的是字，是知识。一个字虽然值千两黄金，但是，两者在使用价值、效用价值、稀缺价值、外部价值等方面是不同的。

"等价不等效"体现在处理发展教育与发展经济的关系上，就是"再穷不能穷教育，再苦不能苦孩子"。中国人知道学习他人知识的重要性，知道重视教育的重要性。许多经济贫穷的家庭，都非常重视子女的教育，知道"知识能改变命运"的道理，即使"砸锅卖铁"，也要送孩子去上学、读书。"锅铁"与知识是"等价不等效"的。锅是生活必需品，但是，为了取得知识的使用价值、效用价值、稀缺价值、外部价值，也宁愿用"锅铁"换取老师的知识。

第五节　交换价值隐含的内容

一、交换价值隐含了生产者的劳动量

所交换的商品中，凝结了生产者付出的活劳动量；交换价值中，包含了生产者付出的物化的活劳动量即活劳动价值。通过交换，生产者物化的活劳动量

被转化成商品性劳动,转化成商品性的财富,转化成货币收入。也就是说,通常情况下,通过交换,交换者并没有活劳动量方面的损失,只不过是活劳动量转化了表现形式,或转化为商品性财富,或转化为货币财富。通过换回自己需要的商品,可满足自己劳动力的生产和再生产需要的物质和精神商品。如果换回的是可储藏的财富,那么,借助这种可储藏的财富,就把自己的劳动储藏起来了,可备日后所需。货币是可储藏、可流通、可支付的财富,还可为日后的购买活动进行支付。

二、交换价值隐含了商品成本

交换价值必然包含着生产者为生产该商品所花费的商品性成本。比如,卖面包的人所卖的面包里一定包含着为生产面包所购买的面粉成本。交换价值只有包含生产成本,才能符合生产者的基本要求,才符合物质不灭、价值不损的要求。如果面包里不包含或不全包含所使用面粉的成本,那么,生产经营活动就可能出现损失,甚至无以为继,劳动力的生产和再生产就无法持续循环,生产和交换就会停止。

三、交换价值隐含了利润

交换价值通常还隐含了一定的利润。"天下熙熙,皆为利来。"没有利润,谁去为交换而生产?还不如为自己生产。为交换而生产,通常就是为利润而生产,是为获得更多的收益而生产。交换双方不仅要依据商品所凝结的劳动量,还要依据商品的使用价值、效用价值、稀缺价值、外部价值等,以获得更多的交换回报。这种更多的交换回报就是利润。利润不是公开、单独呈现的,而是隐含在交换价值之中的,是交换价值大于活劳动价值与物化劳动价值之和的部分。利润有时还隐藏得很深、很隐秘,还需要经过复杂的会计核算、经济核算才能确定。

交换是交换双方的利益博弈活动。交换价值中有无利润,既取决于生产者的生产经营管理水平和能力,又取决于双方交换博弈的水平和能力,以及市场供求关系等外部环境因素。只有既善于生产,又善于交换的交换者即市场主体,才可能获得理想的利润;否则,很难获得理想的利润,甚至连投入的活劳动和物化劳动成本都难以收回。也就是说,在市场经济下,利润并不一定向着资本所有者,优待资本所有者;资本所有者并不一定就有从市场交换中获得利润的优势,特别是经济由短缺变成过剩、由竞争不充分变成竞争充分时,更是如此。商品拥有较高的使用价值、效用价值、稀缺价值、外部价值等，主体又善于在交换中呈现自己的优势，利用自己的优势，才可能从交换中获得利润。

第六节　等价交换

进行商品交换，遵循等价交换原则，即交换双方的价值要相等。但是，由于在市场中，交换双方各自的优势、需求、取舍考虑并不完全相同，故存在交换价值等价交换和劳动价值等价交换的两种等价交换情况。

一、交换价值等价交换

（一）交换价值相等

在市场经济条件下，交换价值是由商品的劳动价值、使用价值、效用价值、稀缺价值、外部价值等构成的。商品的使用价值、效用价值、稀缺价值、外部价值同商品的劳动价值一道，都可以转化为交换价值。只要交换双方的交换价值相等，就可以进行交换，也就是遵循了等价交换原则。

（二）交换价值构成项目不一定对应等价

交换双方可以根据各自的需要，从对方获得自己需要的价值项目。比如，甲方需要更高的使用价值，或更高的劳动价值，或更高的效用价值，或更高的稀缺价值，或更高的外部价值；乙方需要得到更多的能流通的货币。又如，有的人喜欢手工绣品，认为这体现了人的劳动价值；而有的人认为机器绣品更美观、质量更好，自己更喜欢机器绣品，认为只需要绣品有更高的正外部性价值、效用价值、使用价值就可以。

也就是说，即使是交换价值相等，但是交换价值的构成项目可能并不完全一一对应等价。不同的商品，其交换价值可能有不同的构成项目和构成比例。但是，双方商品的交换价值总的是相等的，这个原则是不变的；否则，就难以达成交换。

二、劳动价值等价交换

即双方商品所凝结的无差别的人类一般劳动量是相等的，没有差异的。这种交换，不考虑双方商品在使用价值、效用价值、稀缺价值、外部价值方面的差异，只考虑双方商品所凝结的人类一般劳动量是否相等，以商品所凝结的人类一般劳动量相等为交换原则，其他的不在交换者的考虑之中。这种交换，只要所凝结的劳动量不相等，就难以实现。村内居民相互交换产品通常就遵循这一原则。

三、两种不同的等价交换原则适应的条件通常不同

(一) 交换价值等价适用于不充分均衡的市场

按交换价值实行等价交换的，适应于技术不均衡、市场不均衡、产品有明显差异、竞争不充分、一方存在某种优势的情况下的交换。比如，一方有先进的技术、良好的管理优势等，导致商品的质量更好，性能更优良，商品的附加价值更高；而另一方只是常见商品，商品的附加价值低，导致双方商品的交换价值构成具有一定的不同。

市场通常是不充分的、不均衡的，这主要是由于创新优势造成的，是由于人的劳动效率、劳动能力、创新能力不均衡造成的。在目前的情况下，人类社会还不能抑制创新造成的差异，也就难以做到完全的均衡。

(二) 劳动价值等价适用于充分均衡的市场

劳动价值等价交换适用于市场公开透明、竞争充分，双方没有优势差异，市场均衡的情况下的交换。比如，村内居民互换产品，交换双方相互了解，劳动公开透明，甚至相互帮工，相互学习技术并不困难，技术均衡并没有障碍。市场总是由不均衡向均衡发展变化的。创新的生产者一开始都有自己的优势，这种优势在市场上就表现为市场不均衡。当竞争导致这种优势被市场均衡之后，商品的使用价值、效用价值、稀缺价值、外部价值等附加价值优势差异就逐渐丧失，商品的交换价值就回归到商品所凝结的人类一般劳动量这个层面上。这个时候，交换双方就遵循劳动价值等价交换的原则。比如，在很少人生产纯净水的时候，生产纯净水就有市场优势，附加价值也较高。当满街都是瓶装纯净水的情况下，纯净水的附加价值就相当低，其交换价值主要构成部分就是其所凝结的无差别的人类一般劳动量。这个时候，等价交换就遵循劳动价值相等的原则。

第七节 交换双方的考虑

就一般交换行为来讲，买方也是卖方，卖方也是买方。在货币媒介下，买卖双方通常是基于把货币作为交换媒介的条件下的定义，持有货币的一方需要用货币购回商品被称为买方，持有商品的一方需要将商品出售以换回货币被称为卖方。在以货币为交换媒介的市场交换中，卖方卖出的是非货币商品，需要的是货币商品；买方需要的是非货币商品，付出的是货币商品。货币商品与非货币商品，它们的使用价值是不同的，但双方商品的交换价值是相等的，遵循等价交换原则。

以苹果换货币为例。卖苹果的，是卖方；买苹果的，是买方。卖苹果的，获得了货币的交换价值；买苹果的，获得了苹果的交换价值。货币作为一种特殊的商品，作为商品交换的媒介，也是有价值的，其价值是由货币的劳动价值、使用价值、效用价值、稀缺价值、外部价值等构成的，这些就是货币的交换价值、市场价值的主要内容。

一、卖方的考虑

卖方需要考虑两个方面。

(1) 考虑自己投入的生产成本即物化的劳动价值和新付出的劳动量即活劳动价值能否收回，能否实现劳动力简单的生产和再生产。如果可能，还希望换回更多的价值，让自己的生产劳动有一定的盈利，让自己生活得更好些，以实现劳动力扩大的生产和再生产。

(2) 考虑对方货币的市场价值与自己商品的市场价值是不是等价的，交换是不是值得的，即需要多少货币才能换走自己的商品。虽然保持币值的基本稳定是政府的重要职责，但是，货币的市场价值通常也是波动、变化的，有时升值，有时贬值。

二、买方的考虑

买方同样要考虑两个方面。

(1) 考虑自己买到的商品的价值是不是自己需要的，会给自己带来什么效果？这个价值，包括商品的劳动价值、使用价值、效用价值、稀缺价值和外部价值等。如果换回的商品与自己付出的商品具有一一对应等价的劳动价值、使用价值、效用价值、稀缺价值和外部价值，说明双方产品处在同一档次，但产品功能有所不同。只有换回的价值在结构、功能等方面与自己的商品有显著不同，才能增加交换的必要性，交换才能完成，比如，农民用包含了自己劳动价值的大米从市民手中换回具有不同于大米使用价值的货币，或具有不同于大米使用价值、效用价值、稀缺价值、外部价值的手机等。

(2) 这个商品的市场价值与自己付出的市场价值是不是相等，这个交换是不是合算的，是不是实现了市场价值的等价交换。如果换回的市场价值小于自己付出的市场价值，就会认为交换是不"划算"的，要么就会终止生产经营，不再进行交换；要么下次就会改进生产，提高自己的劳动生产力和生产率，以利于下次交换。

三、综合买卖双方的考虑

(一) 列表表示双方的综合考虑

从上述的分析可以看到，买卖双方考虑的问题是不相同的，他们的需要是不相同的（见下表）。

买方考虑获得商品的	卖方考虑收回
1. 使用价值	1. 付出的活劳动
2. 效用价值	2. 投入的物化劳动即生产成本
3. 稀缺性价值	3. 适当的利润
4. 外部性价值	
5. 劳动价值即付出的活劳动	

买卖双方既考虑能够得到自己需要的使用价值，又考虑自己的价值得到收回，双方这样的考虑，使得各自拥有的商品的价值转化成交换价值。也就是说，买方获得的商品的价值，是商品的劳动价值、使用价值、效用价值、稀缺价值、外部价值的综合，买方付出的价值与得到的这个商品的综合价值应是等价的。卖方得到的价值，应与自己付出的商品的综合价值相当，应能弥补自己付出的生产成本、投入的活劳动量，以及获得适当的利润。但是，买卖双方一定是为了获得不同的劳动价值、使用价值、效用价值、稀缺价值、外部价值等而进行交换的，双方商品虽然在市场价值上是相等的，但通常是"等价不等效"的。这可称为"需求不对称"，这就是为什么技术应用者常常受制于技术发明者的原因。

在货币媒介社会，为什么通常没有人考虑或质疑货币的劳动价值、使用价值、效用价值、稀缺价值、外部价值等即货币的交换价值、市场价值呢？因为，货币是人们在长期的实践中形成的、被社会公认和广泛接受、通行的标准化的价值，是政府公信力的体现，一般不再需要在每次交易中都质疑、比较，否则就不是通行的货币了。

（二）按照底线思维列表表示双方的考虑（见下表）

买方考虑获得商品的	卖方考虑收回
顶部	顶部
5. 外部性价值（上层）	2. 适当的利润（上层）
4. 稀缺性价值（上层）	
3. 效用价值（上层）	
2. 使用价值（上层）	
1. 劳动价值（底线）	1. 劳动价值（底线）
底部	底部

在这个表中，越接近底部的，就越具有刚性，通常是不能有闪失的。越接近顶部的，越是有利润空间，也是交换价值可以波动的空间。

这种交换就是我们所说的"不对称交换"，因为双方提供的价值和获得的价值并不相同。虽然这种交换是"不对称"的，却是等价的，可称为"等价不对称交换"或"不对称等价交换"。

四、商品价值的基本构成

（一）价值的基本构成和等式

（1）从上述分析中可以看到，商品价值的基本构成包括但不限于劳动价值、使用价值、效用价值、稀缺价值和外部价值等，其中，劳动价值、使用价值是基础性价值，效用价值、稀缺价值和外部价值等是劳动价值、使用价值的延伸和衍生物，它们既受制于劳动价值和使用价值，又在一定程度上独立于劳动价值和使用价值。因此，商品价值构成可用等式表述为

商品交换价值＝劳动价值+使用价值+效用价值+稀缺价值+外部价值

有的人可能认为，劳动价值与使用价值、效用价值、稀缺价值和外部价值是不同类型的价值。持这种观点的人可能认为只有劳动价值可以量化，而使用价值、效用价值、稀缺价值、外部价值等不可量化。其实，在我们所看到的

市场上，所有进入市场的价值都是可以量化的，而且是可以用货币量化的。比如，一台电脑与一斤苹果虽然不能直接相加，但是，可以把一台电脑转化成苹果的斤两，或者把苹果的斤两转化成电脑的台数，或者把两者都转化成货币计量单位，就可以相加了。市场就具有这种转化机制和转换能力。市场就是大熔炉，一切商品进入市场，都能被这个大熔炉熔化成统一的、标准化的市场价值即货币价值。

由于效用价值、稀缺价值、外部价值是劳动价值、使用价值的延伸和衍生物，因此，理论上，并不能把它们与劳动价值、使用价值并列和相加，它们之间应当有着更为复杂的函数关系。但是，由于笔者对它们之间的函数关系缺乏研究，尚无法用复杂的函数来表达它们之间的关系，于是，干脆用相加的方式进行直观和简单的表达，就是在劳动价值、使用价值之外，再加上效用价值、稀缺价值、外部价值等。在这个公式中，这三种衍生的价值可能是正值，也可能是负值。这就把复杂的问题简单化了。

(2) 在现实中，人们通常把除商品所凝结的劳动价值之外的价值表述为附加值，因此：

商品交换价值＝劳动价值+附加值

附加值＝使用价值+效用价值+稀缺价值+外部价值

增加商品的附加值，就是要增加商品的使用价值、效用价值、稀缺价值和外部价值。因此，循着这个思路，生产者就知道如何去增加商品的附加值了，就是要不断改进商品的生产经营决策管理水平和生产技术、产品品质等，提高商品的使用价值、效用价值、稀缺价值、外部价值。而要改进商品的生产经营管理水平和生产技术、产品品质等，就必须多观察学习，多总结实践经验，多吸收知识劳动成果，多应用先进的科学技术，多掌握市场情况，把准市场需要，按市场需要进行生产，使商品具有独特的使用价值、效用价值、稀缺价值和外部价值，成为受市场追捧的商品，从而赋予商品更高的附加值。

(二) 劳动价值的基本构成

(1) 商品的劳动价值＝活劳动价值+物化劳动价值

商品的劳动价值由活劳动价值和物化劳动价值构成。物化劳动最初也是由活劳动物化而来的，因此，这个等式又可以表述为

商品的劳动价值＝活劳动价值

(2) 商品的劳动价值＝投入的活劳动价值+活劳动转化的商品劳动价值+活劳动转化的非商品劳动价值

这个等式考虑了活劳动要吸收的非商品性劳动价值和商品性劳动价值——所投入的商品成本或购买的原料等成本。劳动者在劳动中，会吸收转化一些非商品知识、信息、物质、能量等到新的商品中。这些非商品性的知识、信息、物质、能量等的价值又构成了新商品的价值，成为新商品的价值中的一部分。

(3) 商品的劳动价值＝投入的活劳动价值+活劳动转化的物质的商品劳动价值+活劳动转化的非商品性的物质产品的劳动价值+活劳动转化的非物质的商品劳动价值+活劳动转化的非物质的非商品劳动价值

因为，商品可以分解成物质商品和非物质商品，非商品也可以分解成非商品性的物质产品和非商品的非物质产品。

(4) 从商品生产角度讲，活劳动价值和物化劳动价值可以看成是为生产商品付出的成本，是劳动力实现简单再生产的必要条件，是必须收回的，因此，可以说，劳动价值就是成本，成本就是劳动价值。劳动价值是必须收回的，否则，劳动力的生产和再生产就无法继续，企业的再生产就无法继续，因此，可用等式粗略地表示为

商品的劳动价值＝商品生产成本

上述系列等式只是理论上的粗略分析和考虑，它与实际有时有紧密的联系和对应关系，有时又有很大的差异和脱节。而且，不同的公式，会有不同的适应条件和对象，对于上述等式的理解，需要结合具体情况，不能脱离具体情况。

(三) 从复杂劳动与简单劳动关系看商品价值构成

(1) 商品的价值＝劳动价值+使用价值+效用价值+稀缺价值+外部价值等＝劳动价值+附加价值＝简单劳动价值+复杂知识价值

复杂劳动可以分解成"简单劳动"加"复杂知识"两个部分，正如德国工程师说的，"画一条线，值1美元；知道在哪儿画，值99999美元"。简单劳动只能创造简单的、不变的劳动价值，只有复杂劳动才能创造出更多的、超过自身所付出的劳动价值的价值，商品的附加价值只能由复杂劳动创造出来，而不可能由简单劳动创造出来。

(2) 对上述等式做调整，得出下列公式：

劳动价值+附加价值＝简单劳动价值+复杂知识价值

通常情况下，附加价值对应复杂的知识价值，劳动价值对应简单劳动价值，则有：

劳动价值＝简单劳动价值

附加价值＝复杂知识价值

五、卖方获得的价值构成

(一) 活劳动价值

卖方首先要考虑保证自己付出的活劳动能收回，这是交换价值的底线。

(二) 物化劳动价值

卖方还要考虑收回所投入的商品生产成本，主要是外购的商品性成本，这些成本通常都是物化劳动转化而成的，是用价值交换来的，也是交换价值底线的构成部分。

(三) 适当的利润

这个利润就是由商品的附加值转化而来的。考虑到自己商品有特殊的使用价值、效用价值、稀缺价值、外部价值等，卖方以自己利益最大化为目标，要在获得劳动价值之上、之外，力求获得"更多的"价值，这个"更多的"价值是借助商品的使用价值、效用价值、稀缺价值、外部价值等具有的优势获得的。这个"更多的"价值就是附加价值，就是利润。如果没有特殊的使用价值、效用价值、稀缺价值、外部价值等附加值，要想在交换中获得比劳动价值更多的价值，就缺乏交换博弈的优势。只有商品具有客观的优势，交换博弈才更有优势，才能换回更多的价值，才能形成利润的来源。同时，博弈也需要技巧，也需要掌握充分有效的知识，拥有熟练交换知识、技能的一方，通常会在博弈中占有优势。

(四) 交换价值发生波动不等于劳动价值发生波动

从上述的分析中我们得知，劳动价值只是交换价值中的一部分，而不是交换价值的全部，甚至，劳动价值只是交换价值中很小的部分。交换价值变化，首先影响的是附加价值，是利润，而不是劳动价值。只有当商品的交换价值中没有或很少有附加价值，没有或很少有利润时，当交换价值向下波动幅度过大时，才可能直接触及劳动价值，损伤劳动价值。如果商品的交换价值中有较高的附加价值层、较高的利润层，当交换价值向下波动时，首先影响的只是商品交换价值的附加价值层、利润层，而不是劳动价值层。

六、另外两种交换情景

上述交换，讲的是只有一方商品有附加价值，现实中，还存在下面两种情景。

(一) 交换双方商品都有附加价值（见下表）

甲方	乙方
5. 外部价值	5. 外部价值
4. 稀缺价值	4. 稀缺价值
3. 效用价值	3. 效用价值
2. 使用价值	2. 使用价值
1. 劳动价值	1. 劳动价值

　　这种交换没有考虑以货币作为交换媒介。这种情况下的交换双方，都希望从对方商品中获得自己想要的附加价值，从而增加自己的价值，特别是获得对方商品所具有的知识、信息的使用价值，因为，知识、信息的使用价值是可以复制的，是可以提高自己的劳动生产力和生产率的。比如，苹果公司从其他公司采购并使用了世界上最先进的芯片，这有助于提高苹果手机的附加价值。一些高端人士常常参加高端学术会议，这有利于他们相互学习、吸收对方高端的附加价值，从而使自己保持或变得更高端。

(二) 交换双方商品都没有附加价值（见下表）

甲方	乙方
劳动价值	劳动价值

　　这种交换通常发生在简单、低端、普通、竞争充分均衡的普通商品之间的交换。比如，粮农用普通大米与菜农交换普通蔬菜，他们的商品都没有什么附加价值。

七、交换存在附加价值的积极意义

　　附加价值，其实就是知识的价值。知识的不平衡导致了商品附加价值的存在。附加值在交换价值中占比高，表明利润率也高。而利润率高，则会驱使人们去努力追求，从而引起劳动和资源投向的调整。同时，因技术先进的原因引致附加值高，利润率高，也表明劳动分量降低，从而可以解放劳动者，使劳动者的劳动更轻松，有更多的自由支配时间。现实中，很多交换存在附加价值，其有现实的积极意义。

　　(一) 可以促进知识的优胜劣汰

　　积极的知识总能得到社会的认同、追求和学习，而消极的知识会被社会抛弃或回避，这就形成了知识的优胜劣汰。在交换中，人类会学习、追求、交换积极的知识，而会抛弃、回避消极的知识，这是人类社会的自净能力，也是交换的重要功能。

(二) 可以促进知识的相互交流学习

知识总是在人与人之间不断流动的。落后的人总会努力学习先进知识，因此，先进的知识总会向落后的主体流动。比如，农民生产的低端农产品的附加值低，而农业科学家创作的农技书籍附加价值高，农民购买农技书籍，可以学习书中的知识。又如，某甲手机生产商购买某乙生产的手机产品，进行研究，可以学习他人的先进知识。

(三) 可以促进主体的共同进步

学习了别人的知识，自己就掌握了更多的知识。学习了别人先进的知识，自己就得到进步。农民购买并学习了先进的农技知识，就掌握先进的农业技术知识，从而提高自己的生产能力。先进的一方并没有因为被他人学习而变得落后，但是，落后的一方因为学习了先进，而变得先进，这就是先进一方带动落后一方向前进步。大家相互学习，社会就会共同进步，社会生产力就会得到整体性提高。

(四) 可以促进知识均衡

在有附加价值的交换下，交换双方拥有的知识是不均衡的。通过交换，知识会由附加价值高的一方向附加价值低的一方复制流动，从而使附加价值低的一方掌握更多的知识，甚至可以与附加价值高的一方所掌握的知识达到均衡。

(五) 可以促进知识创新

很多知识创新的灵感是在知识的交流中产生的，很多技术发明的灵感也是这样产生的。比如，看到别人把物联网技术应用到道路车辆自动驾驶上，自己产生灵感，探索把这项技术应用到物流中心的物品分拣上。

(六) 可以促进产品优胜劣汰和生产力进步

优质产品有更高的附加值，劣质产品很少有附加值，人们总是追求优质产品而淘汰劣质产品。优质产品是由先进技术和生产力生产出来的，生产优质产品必须应用先进技术和生产力。追求优质产品促使人们应用先进技术和生产力，从而使先进技术和生产力得到推广应用，使社会生产力发展进步。

后 记

探索知识价值是我毕生的追求。本书探讨在知识作用下的价值增长奥秘，为人们认识劳动、认识价值、认识企业、认识企业家提供一个新角度。

由于水平有限，书中的论述还难免肤浅。有些阐述虽然篇幅不短，可能并没有把问题观点讲清楚，字数不少，可能显得并不简洁明了。有些地方可能浓淡不当，甚至有遗漏缺失，望读者见谅。坦白说，现实的丰富直观精彩性远比这本书更显著。敬请读者在读此书时，"审问之，慎思之，明辨之"，比较之，检验之，鉴别之，启发之，提出宝贵意见和建议，边读边结合实际思考和表达同样的问题，让这本书起到抛砖引玉的作用。

在学习和思考知识价值的几十年中，中国人民大学高放教授，厦门大学胡培兆教授，中南财经政法大学教授、湖北省统计局副局长叶青给予我的鼓励和支持，成为激励我不懈追求的重要精神力量。在此，我向高放教授、胡培兆教授、叶青教授致以衷心的感谢和崇高的敬意！

本书得到了企业管理出版社陈静和蒋舒娟两位老师的大力支持，她们细致审稿令我敬佩，不胜感谢！

余青山

二〇一九年四月